[美]丹·希思——著
尚书——译

上游思维

UPSTREAM

THE QUEST TO SOLVE PROBLEMS BEFORE THEY HAPPEN

Dan Heath

中信出版集团 | 北京

图书在版编目（CIP）数据

上游思维 /（美）丹·希思著；尚书译 . -- 北京：
中信出版社，2021.7（2026. 1 重印）

书名原文：Upstream：The Quest to Solve
Problems Before They Happen

ISBN 978-7-5217-3155-2

Ⅰ . ①上… Ⅱ . ①丹… ②尚… Ⅲ . ①管理学—研究
Ⅳ . ① C93

中国版本图书馆 CIP 数据核字（2021）第 115463 号

上游思维

著　　者：[美] 丹·希思
译　　者：尚书
出版发行：中信出版集团股份有限公司
（北京市朝阳区东三环北路 27 号嘉铭中心　邮编　100020）
承 印 者：河北鹏润印刷有限公司

开　　本：880mm × 1230mm　1/32　　印　　张：9.75　　字　　数：203 千字
版　　次：2021 年 7 月第 1 版　　印　　次：2026 年 1 月第 8 次印刷
京权图字：01-2020-3440
书　　号：ISBN 978-7-5217-3155-2
定　　价：62.00 元

献给我的哥哥奇普

——让我没上成法学院的那个人

目　录

推荐序

你离上游还有多远?

自 2020 年新冠肺炎疫情暴发以来，每个人的认知都在经历颠覆、反思和重构。作为商学院教授，在和企业家学员交流的过程中，我发现在空前的不确定性面前，企业管理者会呈现两种截然相反的状态：有些企业家的主要精力用于应对不断出现的问题、四处灭火，另外一些人则更关注重新反思战略目标，转危为机。每个企业家都希望有更多的时间进行系统性思考，但却总是疲于应付、顾此失彼，这该如何破局?

从认知的角度看，以上两种状况代表了两种思维模式，丹·希思在书中将其分别概括为“下游思维”和“上游思维”。如果我们在下游解决问题，只能是亡羊补牢式的被动反应，往往是治标不治本，而上游思维则是主动的“治未病”，从根源上避免问题的发生。在实际生活中，问题发生后的解决总是立竿见影、清晰明确的，力挽狂澜更能得到认同和感激；而上游主动预防的成果则是问题没有发生，那该如何评估主动预防的价值所在？

新冠肺炎疫情防控可以说是“上游思维”的最佳应用场景，但同样存在着公共卫生的悖论——“当你做对了的时候，什么也不会发生”。在做出启动封禁、延长封禁和解除封禁的决策过程中，决策者经受了巨大的诱惑和挑战。幸运的是，两项权威的模拟研究发现，11 个欧洲国家（包括英国、西班牙、意大利、法国和德国）在 2020 年 3 月实施的大规模严格封禁，避免了约 310 万人死亡；6 个国家（中国、韩国、意大利、伊朗、法国和美国）通过各自实施的隔离措施，总共避免了 5.3 亿感染病例，相当于 6 200 万确诊病例。

如果说新冠肺炎疫情是代价沉重的一课，面向变幻莫测的未来，我们最应该学会的就是防患于未然，未雨绸缪，也就是“上游思维”。

然而，如书中所述，通往“上游思维”的道路有重重阻碍。大量心理学研究表明，对眼下紧急事项的关注是人们思维的默认功能。在日常的工作和生活当中，很多人更多时候是在下游徘徊打转，大多数企业管理者也不例外。要想向上游挺进，就要走出“隧道”，关注重要但不紧迫的事。如果我们用“时间管理四象限”（很重要很紧迫、不重要很紧迫、很重要不紧迫、不重要不紧迫）来回顾日常的时间分配，就会发现：大多数人的时间主要花在“很重要很紧迫”、“不重要很紧迫”两类事务当中。而“很重要不紧迫”的事，才是提升持续效能的根本所在——对于个人来说是学习、健康、人际交往等；对于企业来说，是战略制定、人才梯队打造和产品研发等。如果我们被困在下游，这些上游问题的恶化最终将变成“很重要很紧迫”的问题——频繁生病、焦虑抑郁、关系危机……使得我们应接不暇，最后陷入恶性循环，离上游越来越远。

在企业调研访谈中，我们看到，大多数企业管理者处于“救火”的状态中，管理在“降维”——高层管理者往往在做中层的事，中层在做基层的事，有些人甚至会沉迷在“八爪鱼”模式带来的即时成就感中。组织整体向下游滑落的背后，正是系统性思维和顶层目标的缺失，以及流程化、制度化的滞后，它最终将导致中层目标和底层目标的冲突，让更多的问题堆积到下游。管理者不得不事无巨细，亲力亲为。我们需要做的是，重新审视自己时间和精力分配的优先级，“细水长流”式持续发力，将眼光投向上游，投向系统性的改善提升。

上游工作的一个显著特征是涉及系统性的思考。在组织战略层面，“治未病”就是要挖掘现象背后的深层次原因，回溯并审视更高层的目标。在带领研究团队进行企业调研时，我们挖掘出一个有趣的案例：有一家传统的制造企业，大量的95后基层员工离职率非常高。企业一把手没有把问题丢给人力资源部门，而是亲自和每位离职员工深谈，了解背后的原因。他发现，离职原因之一是企业的生产基地大多设在县城，娱乐生活匮乏。于是他主动在员工宿舍楼配备了电影院、体育活动中心和电竞馆，后者后来独立发展成了新兴业务，迅速覆盖了几十个县级市。这就是系统性思考的价值，它跳出了“头痛医头、脚痛医脚”的“隧道视野”，突破了解决企业内部问题的范畴，催生了新的业务和商业模式。

我的主要研究领域之一是个人和组织的韧性/复原力。在后疫情时代，“韧性”越来越受到各界的关注，而个体层面的心理韧性的打造是组织和社会韧性的基础。面对疫情给个人心理带来的巨大冲击，韧性的打造也是一种“上游行动”。在企业层面，组织韧性的打造是一项复杂的系统工程，需要每个人进行认知和行动的自我革命。在这个意义上，“上游思维”给了我们重要的参考范式，让我们正视自身的惯性与惰性，也为上游领导者冲破阻碍提供了切实可行的行动指南。

我在授课时一直强调：改变思维模式是以自我的行为改变为基础的。任何经历，如果没有反思，就失去了意义——除了直接去做，并无他法。上游行动的努力没有那么轰轰烈烈，恰似静水流深，却是让世界持久美好的力量。

最好的开始就是现在，让我们一道，逆流而上。

张晓萌
马里兰大学史密斯商学院博士、
长江商学院副院长（主管高层管理教育）、
组织行为学及管理学副教授、
领导力与行为心理研究中心主任
2021 年 7 月

第 1 章

向上游移动

我们不能仅仅停留在治标阶段，

即一次又一次地被动应对问题，而是该真正谋求治本。

你和一个朋友正在河边野餐。突然，你听到河里传来一声喊叫——一个孩子快要淹死了。你们俩不假思索地跳进水里，抱起孩子，游向岸边。你还没缓过来，就听到河中又传来一个孩子的呼救声，你和朋友只好又跳回河里救她上来。接着，映入眼帘的是又一个在水里扑腾的孩子……再来一个……紧接着又是一个。你们俩都来不及救了。突然，你看到你的朋友钻出水面，上了岸，似乎要离你而去。“你上哪儿去？”你问。朋友答道：“我要到上游去，看看到底是谁把这些小孩子扔进水里的，我要去把他打一顿。”

——一则公共卫生寓言[1]（原文一般认为是欧文·左拉所著，此处有改编）

2012 年，旅游网站亿客行（Expedia）的客户体验团队负责人瑞安·奥尼尔在检视公司客户服务中心的数据时发现，其中有个数字太过离谱，简直令人难以置信：那些在亿客行网站上预订了机票、酒店或者租车服务等行程的客户，每 100 个人中有 58 个人会在预订结束后拨打客服热线寻求帮助。[2]

显然，在线旅游网站最大的吸引力就在于自助服务，无须拨打电话。不妨想象有一个加油站，你原本可以在加油机前直接刷信用卡付费，但是在大约六成的情况下，由于种种故障，你还是不得不下车走进加油站的商店里寻求帮助。这就是亿客行此时的状态。

一直以来，客服中心的管理目标就是提高效率和客户满意度。客服人员经过培训，其任务是让顾客对服务感到满意，花的时间则越少越好，因为可以节省费用。“在过去，我们的指标就是成本，”奥尼尔表示，“我们一直在努力降低成本，思考能否将 10 分钟的通话时间缩短成 2 分钟。但其实真正的问题是：为什么是 2 分钟？为什么非得需要通过客服电话来解决问题呢？”

当你花费数年时间来应对问题时，有时很轻易就会忘了你本可以预先阻止这些问题的发生。奥尼尔把他的发现汇报给了他的上司——负责全球客户运营的执行副总裁塔克·穆迪。他们一起探讨了一个非常基础却常被忽视的问题：究竟为什么会有这么多客户打电话给亿客行？他们汇总了客户寻求帮助的主要原因，并进行了排序。

客户打电话来的首要原因是什么？是为了获取一份行程单。2012 年，记录中大约有 2 000 万通来电是为了获取行程单的。2 000 万通电话！这个数字就相当于美国佛罗里达州的所有居民都在一年内给亿客行打过电话。

如果每通电话的支持成本按照 5 美元左右来计算，那就意味着，单单这一个问题的总成本就高达 1 亿美元。那么，为什么客户无法自动收到行程单呢？答案很简单：要么是客户输错了电子邮件地址，要么是行程单发到了垃圾邮件的文件夹里，又或者是客户本人把行程单当作募捐邮件误删了。更要命的是，客户没法通过网站自行找回行程单。

奥尼尔和穆迪将他们整理的数据交给了时任亿客行首席执行官的达拉·科斯罗萨西。“我们必须采取措施解决这个问题。”奥尼尔记得自己当时是这样说的。科斯罗萨西不仅认可他们对于减少客服通话量的关注，还将此事上升为客户体验团队的首要任务。[3] 来自不同运营团队的工作人员每天都在一间“作战室”会面，他们的任务简单明了：省去客户拨打客服热线的麻烦。

针对客户拨打客服热线的主要原因，战斗小组部署了相应的解决方案，各个击破。头号问题，也就是获取行程单的需求，很快就得到了解决：在公司的语音应答系统中增加一个自动选项（“重新发送行程单，请按 2”）；改变电子邮件的发送方式，避免被垃圾邮件过滤系统拦截；创建一个在线工具，方便客户自助处理。

现在，此类问题来电几乎没有了。2 000 万通客服电话的问题就这么烟消云散了。亿客行在其余的九大问题上也取得了类似的进展。自 2012 年以来，寻求客服帮助的亿客行客户比例从 58% 骤降至 15% 左右。[4]

亿客行为了减少通话数量所采取的行动就是一次成功的上游

干预。下游行动，是在问题出现时迅疾做出反应；而上游行动，旨在从根本上预防问题的发生。你可以接听客户的来电，帮助客户处理找不到行程单的问题（下游），亦可以预先确保行程单准确无误地送达客户手中，从而直接省去客服电话这一环（上游）。

相比被动应对问题，我们肯定更愿意生活在主动预防问题的上游世界中。然而，是什么阻碍了我们呢？回顾亿客行的成功历程，特别让人费解的一点是，公司为什么花了这么长时间才采取行动？2 000 万用户求助客服，只为获取一张行程单，亿客行究竟是怎么沦落到这一地步的呢？为什么它如此后知后觉，比如在第 700 万通电话被记录的时候，为什么还没有警铃大作？

亿客行的高管们并非对此毫无察觉。他们非常清楚每天会有大量来电涌入公司。这不过是因为企业的组织方式导致他们选择视而不见。和大多数公司一样，亿客行将员工划分为不同的团队，每个团队都有自己的工作重心。营销团队负责将客户吸引到他们的网站上来；产品团队说服客户完成在线预订；技术团队负责维护网站功能的顺畅运行；支持团队则需要在客户遇到问题时迅速响应，提供让顾客满意的解决方案。

请注意上述过程中遗漏的事项：没有任何一个团队的工作职责是确保客户无须打电话寻求帮助。事实上，如果客户真的不再打来电话，没有一个团队能够从中获益——他们的绩效不是这样考核的。

可以说，这些团队设定的目标其实反倒是在鼓励客户多多来电。产品团队的目标是最大限度地提高预订量。于他们而言，最好仅要求客户填写一次电子邮件地址，因为重复填写虽然可以避免输入错误，但也会增大流程的阻力。在每 100 名客户中，可能就会有 1 个人因为不耐烦而放弃交易。

不过这么做的弊端是：难免会有客户输错邮件地址，最后只好拨打客服热线索要行程单。这就属于系统性故障，这样的来电原本完全可以避免。但是，从考核目标的角度来看，两个团队依然功勋卓著：产品团队实现了一笔交易，支持团队也快速处理了问询电话。

马克·奥克斯特罗姆曾在 2012 年担任亿客行的首席财务官，在 2017 年升任该公司的首席执行官。他表示："我们在创建企业的时候希望每个人都有自己的关注重点，但这其实是在默许员工的短视行为。我们会说：这是你需要处理的问题，接下来就请明确任务、制定战略、整合资源来加以解决，至于其他一切无关事务，你尽管忽略。"

奥克斯特罗姆的意思是说，对于企业而言，划分关注重点既是优势，也是劣势。企业固有的专业化分工可以极大地提升效率，但同时阻碍了企业以有利的创新方式进行整合，并且以上游思维为指导进行整合。

这在我们的社会是非常普遍的现象。在生活中，我们总是疲于被动应对，应接不暇却无力摆脱。我们忙着灭火，忙着处理各种紧急状况，解决一个接一个问题，但我们却从来没有抽出时间去修复导致这些问题的系统。

治疗师帮助吸毒者戒除毒瘾，企业招聘人员在优秀的高管离职后寻找继任者，儿科医生给患有呼吸系统疾病的儿童开吸入剂。有专业人士可以帮助解决这些问题，这固然很好，但如果瘾君子从一开始就没接触过毒品，公司高管并没有另谋高就的打算，孩子们也从未得过哮喘，那样不是更好吗？那么，为什么我们会如此明显地倾向于被动应对而非主动预防呢？

2009年，我与加拿大某城市一个警察局的副局长有过交流，这段对话也是让我对上游思维萌生兴趣的缘由之一。他认为，相比主动预防犯罪，警察过分注重被动应对犯罪行为，“很多警察还是沉浸于‘警察抓强盗’的角色设定，说‘我逮捕了一个犯罪嫌疑人’要比说‘我跟一个任性的小孩聊了聊’容易得多。”

他举了个例子。有两名警察，一名警察在执勤的过程中，有一半的时间都是站在一个事故高发区的街角。因为司机看到她在执勤，就会更加小心地驾驶，这在一定程度上可能预防了碰撞事故的发生。另一名警察则躲在拐角处，以违反禁止转弯的规定为由没收车辆。这名副局长认为，前一位警员在维护公共安全方面做出了更加突出的贡献，但事实是，只有后一位警员会得到嘉奖，因为她手里的一大堆罚单可以证明她所付出的努力。[5]

这就是我们倾向于被动应对的其中一个原因：因为它是实实在在的。下游的工作更加清晰可见，更易于衡量，而上游的努力却模棱两可，难以量化。某一天，因为警察的出现使得司机更加小心谨慎地驾驶，从而避免了车祸的发生——但其家人永远不可能知道那个从未出现的结果，警察本人当然也不会知道。你要如何证明一件没有发生过的事情呢？身为警察局局长，你唯一的希望就是完好无损地保留撞车事故的证据，这样当事故数量开始下降时，你就能证明自己的努力已经初显成效。但是，即便你信心满满，认为自己辛勤的付出有所回报，你依然对自己到底帮助了谁一无所知。你只会在统计页面上看到一些数字降低了。你的胜利是用数据书写而成的故事，而故事的主角是那些拯救了无形受害者的无形英雄。

在本书中，我将“上游的努力”定义为：在问题出现之前就预防问题的发生，或者换句话说，系统性地减少这些问题所造成的危害。比如教小孩子学游泳就是防止其溺水的一种上游策略。但有时，即便是身经百战的游泳老手也可能面临溺水的风险。因此于我而言，救生圈也属于上游技术。从表面上看，提供救生圈似乎是在被动应对，因为但凡是需要救生圈的人肯定都已经遇到了问题。但是，如果我们想要解决的问题是“有人死于溺水”，那么救生圈就可以防止这个问题的发生。

上游工作的一个显著特征是，它会涉及系统性的思考：因为政府意识到了存在溺水的风险，于是便采购了救生圈，部署到紧急情况下随时可取用的地方。与之相对的是，一个男孩在水上乐园的游泳池里挣扎，他的父亲见状赶忙跳下水救儿子，这就属于被动应对。（上下游之间通常可以相互影响：在父亲把儿子救上岸之后，水上乐园可能会重新检视这一事故，做出系统性的改变，以防止此类事件再度发生，下游的救援行动便由此引发了上游的改善措施。）

相比“预防”或者“主动”，我更喜欢“上游”这个词，因为“河流”这个隐喻可以激励我们打开思路，探索一切可能的解决方案。本章开篇讲述了有关溺水儿童的一则寓言故事，比较了两个地点：下游和上游。但在现实世界中，在几乎可以无限延伸的时间线上，我们可以在很多个时间节点进行干预。换句话说，

“上游”并不是一个特定的目的地，而是你逆流而上的一个大方向。相比救生圈，学游泳是更为上游的解决办法。你总可以进一步向上游推进，只不过越往上游，解决方案也会越复杂。

为了更好地说明上游行动的范围，我们来看一个具体的案例。2013 年，我的父母住在美国得克萨斯州的大学城。有一天，趁着我父母在家附近散步、屋里没人的时候，窃贼闯了进去。窃贼踢开了房子的后门，偷走了一个钱包、两部苹果手机，还有几件珠宝首饰。虽然我的父母报了警，但小偷一直没被抓住。下游的被动应对以失败告终。

哪些措施兴许可以阻止这次盗窃的发生呢？案件发生的几秒前：震耳欲聋的警报。几分钟前：明确提示房子安装了警报系统，比如一些居民在院子里张贴的安保公司标志（但或许这只会让窃贼将注意力转移到邻居家）。几小时前：社区周边巡逻的警察。

几个月前：如果小偷在此次犯罪之前就被逮捕过，他就可以接受特定类型的行为治疗，[6] 预防一而再再而三的犯罪行为。几年前：请记住一点，没有哪个孩子长大的志向就是入室盗窃。因此，一个更为上游的解决方案应该是：创造一个拥有大量就业机会的社区环境，使得壮有所用，不必因走投无路而以盗窃为生。（顺便说一下，如果你觉得这听起来有点儿盲目乐观了，那么读到本书的第 5 章，你就可以了解到，有一个国家真的就是通过遵循创造机遇的理念，成功杜绝了青少年吸毒和酗酒的问题。）

你可以想象在盗窃案件发生的几十年前就预先阻止吗？事实上，这一点完全可以做到。我们永远拥有无限向上游延伸的空间。心理学家及儿童发展专家理查德·特伦布莱认为，防止不良攻击行为的最佳时机，就是当罪犯还在母亲肚子里的时候。[7]特伦布莱指出，有一组与母亲有关的风险因素，可以用来预测她的孩子长期的身体攻击行为，这组因素如下：贫困、吸烟、营养不良、愤怒、抑郁、糟糕的婚姻关系、文化程度低，以及在青少年时期就怀孕了。[8]特伦布莱表示，这些因素往往扎堆出现，更重要的是，它们都是可以被改变的。[9]特伦布莱目前正在开展一个项目，帮助处于上述高危情形中的孕妇。在接受《自然》杂志采访时，特伦布莱表示："虽然攻击性主要是存在于男性群体中的问题，但要想有效解决，我们就得多多关注女性。一旦改善了女性的生活质量，下一代的生活质量便会随之得到提升。"[10]

假设这些解决方案都能奏效，我们会更倾向于采用更为上游的解决方案，即降低孩子成长为罪犯的可能性。尽管上游的解决方案通常更可取，但同时也会更复杂、更不明朗。想想看：特伦布莱提议大幅改善孕妇所处的环境，以减少她的风险因素（贫穷、愤怒、抑郁等），从而降低她的孩子的攻击性倾向，最终达到减少犯罪行为的目的。也许 18 年后，这位女性的孩子就会去上大学，而不是入室行窃。

下游行动非常狭隘，寻求立竿见影，也更清晰明确。而上游努力所涉及的范围则更为广泛，收效缓慢，也相对模糊，但一旦奏效，就能真正从根本上解决问题，可以带来大规模持久的积极影响。

那么，在上游和下游策略中，哪一种是正确的呢？我们是应该用报警系统阻止入室盗窃，还是应该呵护未来"罪犯"的母亲？答案首先应该是（这同时也是最好的答案），为什么我们只能二选一呢？既然企业可以通过多重保护机制防止网络宕机，那我们自然也就可以通过多重保护机制来预防犯罪以及其他一些重要问题的发生。

倘若身处一个资源稀缺的世界，我们肯定只能选择一个着眼点进行干预，那么紧接着面临的问题就是我们不知道应该选择哪个点。目前我们还没有搜集到足够的证据（更何况也没有足够的意愿）来找出犯罪“河流”上的最佳干预点——更准确地说，是找出几乎所有主要问题的最佳干预点。这就是我写作本书的一个主要原因。虽然我们有各式各样的方法来解决这世间的种种问题，但我们绝大多数时候都只是局限于一小块区域：被动反应区。我们所做的只是应对、应对、应对。

我们花费数十亿美元用于飓风和地震的灾后重建工作，却总也无法筹集足够的资源用于防灾准备。数百家机构和组织的宗旨都是帮助无家可归者，但又有多少组织致力于防止有人沦落至无家可归？当埃博拉病毒开始在国外传播时，病毒立刻成了国际范围内的首要问题，可是这波疫情一旦过去，之后便很难吸引资金来支持最初暴发地的医疗系统，以预防下一次疫情的暴发。

我并不是说上游的解决方案就一定是正确的。当然，我们也不应该就此放弃下游的行动，毕竟在遇到困难时，我们总是寄希望于有人前来营救我们。问题在于，我们的注意力出现了严重的倾斜。我们现在太过专注于拯救在河里挣扎的溺水儿童，却忘了调查到底是什么原因导致他们落入险境的。

这种上下游思维转变的必要性在美国的医疗行业体现得最为明显。该行业规模高达3.5万亿美元，差不多占全美经济的1/5。[11]美国的整个医疗体系几乎完全就是为了被动应对而设计的。它的功能就仿佛一个硕大的撤销按钮。动脉阻塞了？我们来帮您疏通。髋关节损坏了？我们为您置换。视力下降了？我们可以矫正。如果一切顺利，你就可以恢复健康。但是在这样一个体系中，你几乎找不到哪个人的工作职责是"帮助你变得更加健康"（较之"被动应对导致你不健康的问题"）。

那么，医疗体系能否向上游转移呢？要做到这一点，就必须对政策进行重大改革，而医疗政策本质上又是出了名的党派问题。为了更好地了解保守派和自由派的基本价值观，由丽贝卡·奥尼和罗科·佩拉领导的一个名为"健康倡议"（Health Initiative）的组织在北卡罗来纳州的夏洛特市召集了两个焦点小组①：一组是非裔美国民主党女性，另一组是白人共和党女性。[12]每组成员都被问及一个问题："如果你手头有100美元，你会怎样使用这笔钱来提升你所在社区居民的健康水平？"她们可以选择如何分配这100美元。

非裔美国民主党女性将大约1/3的资金分配给了正规医疗系统（医院和诊所），将其余绝大多数资金用在了医疗系统之外：比如，25美元用于购买健康食品，19美元用于保障性住房，14美元用于儿童托管。那么白人共和党女性又是怎么花钱的呢？答

---

① 焦点小组是由一位主持人以一种半结构（即预先设定部分访谈问题的方式）的形式与一个小组的被调查者进行交谈，通过倾听样本对象的想法，获取对一些问题的深入了解。——译者注

案几乎完全一样，就连百分比的最后一位数都差不多。在全美范围内开展的涉及男性、拉丁裔、无明确政党倾向的中间选民等的焦点小组访谈中，同样的结果也得到了印证。佩拉表示："大家选择的支出模式惊人地相似，这让我们不禁停下了脚步。"[13]

所以，即便我们常常与不同党派的人针锋相对，私下里，大家其实都在开支的分配上达成了一致。无论身处哪个政治阵营，大家都一致认为，分配健康基金的最佳方式是将其中 2/3 的资金用于提升健康水平的系统（食物、住房等），剩下的 1/3 资金用于为患者服务的治疗系统。换句话说，大多数人都同意，我们在下游医疗体系每花 1 美元，在上游体系就应该投入 2 美元。[14]

事实证明，这一比例与全球发达国家的标准相当接近。发达国家的平均支出模式为：在下游每花费 1 美元，在上游就会花费两三美元。只有一个国家例外，那就是美国：在下游每花费 1 美元，上游的开支大约也是 1 美元。[15] 在所有发达国家中，美国在上游体系的支出比例是最低的。

一谈到医疗，我们经常听到的说法是，美国在这方面"开支太大了"。这种言论过于简单化了。从某些角度来看确实没错，美国在正规医疗上的支出占 GDP（国内生产总值）的比例超过其他任何发达国家。但如果你把各国在医疗体系以及"社会保障"（也就是上游体系的开支，涵盖住房、养老金、托儿服务等）上的支出加在一起，你就会发现美国不过是表现平平。2017 年，由伊丽莎白·布拉德利、希瑟·斯普斯玛和劳伦·泰勒共同开展的一项研究显示，在 34 个国家中，美国的总支出仅排在第 9 位。[16]

正如布拉德利和泰勒在《美国医疗保健体系悖论》一书中所指出的，在对待健康的方式上，美国真正的与众不同之处不在于花费的金额，而在于花钱的方式。与其他国家相比，美国将更多的资金投入治疗疾病，而非帮助人民保持身体健康。美国采用的是下游的手段，其他国家则选择了上游的策略。

事实上，还有更糟的：对比其他国家，美国的上游支出也算不上有多“上游”。美国兰德公司的一份研究报告指出，[17] 其他发达国家在支持家庭（儿童税收抵免、托儿服务等）方面的支出占上游预算的比例几乎是美国的 3 倍。与此同时，美国花在养老方面的资金却比其他发达国家多了 30%。[18]

正因为这种对下游的关注，美国的医疗体系善于治疗癌症、心脏病等严重疾病。所以，沙特阿拉伯的王子会不远万里飞往美国休斯敦或者波士顿接受癌症治疗。不过，受益的远远不止王子，任何患有此类疾病的患者都能从中获益。

美国在医疗领域的诸多方面都处于世界领先水平，[19] 比如膝关节置换、心脏搭桥手术，还有接受过肾脏移植的患者人数，以及在需要手术的 6 个月内即接受髋关节置换手术的老年人占比。这些都是投入下游行动的成果。

再来看看问题的背面——过度关注下游会有哪些弊端呢？要说明这一点，我们先来看看挪威这个国家。[20] 挪威和美国形成了鲜明的对比，因为两国在上游和下游医疗方面的总开支在 GDP 中的占比相似。但挪威的支出重点却与美国的截然不同：在下游每花费 1 美元，挪威就会在上游花费大约 2.5 美元。[21]

挪威这种不同的关注重点换来了什么呢？以生育为例。挪威的孕妇无须支付任何产前检查费，[22] 在医院分娩是免费的，生完孩子去医院复查也是免费的。所有费用全包。

如果父母在孩子出生前的 10 个月里有 6 个月是有工作的，那他们就有权享受很多假期：母亲可以在预产期前提前 3 周休产假；孩子出生以后，父母双方可以各自休假 15 周；在这些假全休完之后，父母双方加起来还有 16 周假期，可以根据意愿在父母之间分配。[23] 我接下来要说的话，美国人听到可能会觉得震惊：上述所有休假在挪威都是带薪的，总共是 49 周。（顺便说一下，如果新生儿的父母不符合前述对工作的要求，那他们就无法享受带薪休假，但会收到一笔一次性的补助，大概为 9 000 美元。）

孩子长到一岁的时候，就可以被送到优质的日托中心接受照看，不必担心抢不到名额的问题。[24] 日托服务的具体收费标准不尽相同，但每月最多不超过几百美元。有孩子的家庭每个月都会收到一小笔钱，每个孩子每月 100 多美元，一直持续至孩子 18 岁。[25] 这些钱可以用来购买尿布、食物或者学习用品，当然也可以为将来孩子读大学设立一只储蓄基金，尽管这可能意义不大——因为在挪威，大学学费也是全免的。[26]

挪威和美国相比，哪个国家的人更健康呢？两国可以说是实力悬殊：在全球婴儿死亡率最低的国家中，挪威排名第 5 位，而美国仅排在第 34 位；[27] 在人口预期寿命方面，挪威排在世界第 5 位，美国屈居第 29 位；[28] 在居民压力最小的国家中，挪威排名第 1 位，美国排名第 21 位；[29] 那在幸福指数方面呢，这总是美国的强项了吧？答案是否定的，[30] 挪威排第 3 位，而美国在第

19 位。①

需要记住的一点是，这两个国家在医疗体系（上游和下游）方面的支出占 GDP 的比例是大体相同的。相比美国，挪威的支出并没有更多，它只是把钱花在了不同的地方。就好比美国加强了高音，而挪威则侧重低音。美国做出的选择让自己变得越来越善于从河里打捞溺水的孩子。

美国其实完全可以做出不同的选择。

我写作本书的目的是希望说服读者，应该把更多的精力转移到上游，从个人、组织，再到国家，乃至全球，都应如此。我们不能仅仅停留在治标阶段，即一次又一次地被动应对问题，而是应该真正谋求治本。我们完全有能力这么做。

与此同时，我们也应该清醒地认识到，在做出这一转变的过程中，我们将面临怎样的挑战。以墨西哥城为例：1989 年，该市政府规定，同一辆车在每周的工作日最多只能上路 4 天，通过限号的方式（依据车牌的末位数字）来实施。[31] 其目的是鼓励市民多使用公共交通工具，从而改善空气质量。在预防空气污染方

---

① 为避免过于简单化的理解，这里需要澄清几点。第一，即便美国的上游支出水平达到与挪威相当的水平，也无法保证美国一定可以取得类似的效果。确保全民健康是一项非常复杂的事业，在美国就更是难上加难了，因为相比人群（相对）同质化的挪威，美国有着历史遗留的不平等和种族歧视问题。第二，从数学角度出发，前文所述的上游与下游支出的“比率”并不是什么金圭玉臬。（比如，你大可以通过削减下游的医疗支出，让美国的上下游比率看起来更好看，但这么做显然不可能提高任何人的健康水平。）这里的重点是，假如你把医疗支出看作一大罐钱，那就可以理解为，美国分配这罐钱的方式与其他国家不同。如果美国想要改善公民的健康状况，明智的选择应该要么是增加上游支出，要么就将现有的下游开支转移一部分到上游。

面，此举可谓一次卓越的上游行动。

但这项措施最后还是以失败告终。许多墨西哥人买了第二辆车（为了节省成本，通常买的是一辆年久失修的破车），这样他们就可以每天开车了。空气质量没有得到任何改善。

良好的初衷并不能保证结果如愿以偿。

我发现，上游行动的迷人之处，就在于它能同时反映出人性中最好和最坏的一面。选择上游就是对自主权的一种宣告："我不必受这些力量的支配。我可以控制它们。我可以改变我的世界。"这一宣言同时孕育着英雄主义和傲慢自大的种子。

有时，这种控制欲会带来巨大的成功，比如天花的根除。天花病毒仅在20世纪就夺去了全球约3亿人的生命。[32] 由于世界各国的通力合作，根除天花的计划大获成功。世界上最后一个自然感染天花的患者是来自索马里梅尔卡市一所医院的一名厨师，名叫阿里·马奥·马阿林。1977年，在马阿林被发现感染天花后，为了预防病毒的进一步传播，经过两周的拼命努力，附近社区共有54 777人接种了天花疫苗。① 这就是天花的终结。[33] 我们没有选择治疗天花，而是彻底打败了它。这就是最完美的上游行动。

但是这种控制欲——"我可以让形势的发展如我所愿"——也

---

① 一段惊人的后记：马阿林活下来了。后来，他将自己的余生都奉献给了索马里根除脊髓灰质炎（小儿麻痹症）的事业，通过他本人在天花方面的经历来强调疫苗的重要性。顺便说一下，在马阿林感染后，另一个人通过非自然方式感染了天花，那是1978年发生的一场悲剧：珍妮特·帕克是英国的一名医学摄影师，她的暗房正好位于亨利·贝德森教授的实验室楼上。贝德森当时就在研究天花病毒，因为急于完成一些研究，他在安全措施方面偷工减料，导致病毒通过通气管道感染了楼上的帕克。帕克去世了，贝德森教授也因此羞愧自杀。

会诱使我们在自己并没有完全把握的情况下贸然采取行动。我们会对自己几乎完全不了解的系统修修补补，于是深陷意外后果的泥潭。毫无疑问，想让世界变得更美好的崇高目标很容易就会让世界变得更糟。

具备上游思想的领导者还必须解决一些相当棘手的问题。如何在问题出现之前就发现潜在的问题？如果成功的定义是预防问题的发生，那又该如何衡量成功呢？（还记得前文有关警员的故事吗？那位警员利用自己的威慑力来预防交通事故，而不是等到事故发生了再来填罚单。）此外，应该由谁来为那些从未发生过的事情买单呢？

接下来，我们会深入探讨这些复杂的问题，一起会一会那些面对挑战依然勇往直前、大获成功的人。我们将一同去看看那座成为全美率先消除长期无家可归现象的城市。我们将研究一个颇具规模的城市学区，该学区通过重点专注高中某一个年级的教育，将毕业率提高了 25 个百分点。我们还会看到一家提供订阅服务的互联网公司，它可以精准预测哪些客户会在首次注册后的 4 周内取消全年订阅。

我们的探索将分为三个阶段。首先，我们将与促使我们沉迷于下游行动的三股力量做斗争，这三股力量阻碍我们预防问题的发生。其次，在本书的核心部分，我们将研究上游领导者必须回答的 7 个基本问题。我们会研究成功和失败的上游行动案例，揭示成功的策略和需要提防的陷阱。最后，我们会讨论一种“极端上游”的思路：面对一个此前从未出现过（甚至未来也可能永远不会出现）的问题时，你该怎么做？

大多数人应该都同意，“一分预防胜过十分治疗”，但我们在现实中却常常言行不一。在大部分行动中，我们已经慢慢改变了自己，致力于提供大量的治疗手段，提供各种快速、有效的治疗方式。我们会因为应对、复原和救援行动的成功而欢呼雀跃。但我们明明有能力做到更加伟大的事情：少一点儿亡羊补牢，多一分未雨绸缪。相比以往的轰轰烈烈，当今世界需要的是更为安静的一类英雄，是愿意为了一个不再需要紧急救援的世界而战斗的英雄。在我们的生活和社会中，有多少问题的存在仅仅是因为我们忘却了自己原本具备解决问题的能力？

第一部分

上游思维的三大障碍

无视问题：我不觉得这里有问题
缺乏责任心：这个问题轮不到我来解决
隧道视野：我现在没法处理这个问题

第 2 章

无视问题：我不觉得这里有问题

如果根本就看不到问题的存在，是无法解决问题的。

1999 年，医生兼体育教练马库斯 · 艾略特[1] 加入了新英格兰爱国者队。该球队的球员一直饱受肌腱拉伤的困扰。在当时的大环境里，人们普遍对伤病抱有一种听天由命的心态。[2] 艾略特表示，很多人认为受伤“不过是橄榄球运动的一部分，就是这项运动的本质。总会出现一些意外受伤的情形，没什么可大惊小怪的”。橄榄球是一项艰苦卓绝的运动，球员会受伤，而这是不可避免的。

艾略特则有着与众不同的理念。他认为，大多数的受伤事故都是训练不当所致。在美国国家橄榄球联盟（NFL）的绝大多数训练环境中，训练的重点都是让球员变得更加强壮。虽然球员的身体素质以及所处的球场位置各不相同，但他们的训练内容却大同小异。艾略特表示：“这就好比你走进医生的办公室，没有任何问诊，也不给你做任何检测，他就给你开了一张处方。这简直毫无道理可言。但职业运动员的训练就是这样进行的……不顾具体情况而采用一刀切式的训练方式。”

艾略特带来了一种全新的个性化训练方法。他重点关注的是那些肌腱更容易受伤的球员，比如接球手。艾略特仔细研究了每一位运动员，逐个进行力量测试，观察他们的冲刺机制，寻找肌肉间的不平衡点（比如某根肌腱相较另一根肌腱是否更强壮）。基于这些评估，他将球员按受伤的风险程度划分为高风险、中风险、低风险三组，再专门为高风险球员安排休赛期间的强化训练，以便针对在球员身上发现的肌肉警告信号进行相应的矫正。

就在此前的赛季中，爱国者队的球员一共遭受了 22 次肌腱受伤，[3] 但在艾略特实施全新训练法之后，受伤事故骤降至仅仅 3 次。这一成功以及其他类似的成功项目，使得先前持怀疑态度的人也变成了该理念的忠实信徒。在 20 多年后的今天，艾略特所采用的这套数据驱动、量身定制的方法的普及率已经大大提高了。

后来，艾略特成立了一家名为 P3 的体育科学公司，专门评估和培训精英运动员。该公司利用 3D 立体动作捕捉技术，在运动员跑步、跳跃和旋转时对他们进行微观分析。这种分析可以达到惊人的准确结果，类似于为顶尖运动员选手打造的核磁共振成像。艾略特可以坐在运动员面前为他一一描述：看，当你在跳跃后着陆时，你身体一侧承受的力要比另一侧多 25%。我们还注意到，你的股骨在朝内侧旋转，而你的胫骨则朝外侧旋转，因此，在我们检查过的所有运动员中，你的相对旋转幅度超过了 96% 的选手，而我们所见过的每一位处于前 5% 的运动员，在两年内都经历过膝盖损伤。所以我们应该在这方面多加努力。在针对性训练之后，我们会重新评估，看看问题得到了多大程度的改善。

目前，美国职业篮球联赛（NBA）超过一半的球员都接受过 P3 公司的分析。

艾略特认为："你不能坐以待毙，等着坏事发生，而是应该寻找风险的信号，然后有针对性地采取行动。因为如果坐等坏事发生，那你就永远也无法把一切恢复原样。"在艾略特以及其他有着相似理念的同行的推动下，损伤预防科学在职业体育运动中已经越来越流行了。

"职业运动员都在玩命努力，肯定会有人受伤，这是无力改变的。"这种心态就是典型的"无视问题"现象，即相信消极结果是自然而然的或者不可避免的，超出了我们的可控范围。当我们对一个问题选择视而不见时，我们就会像对待天气一样对待它。我们或许明知问题的严重性，但最终只会无奈地耸耸肩："我能怎么办呢？这可是天气现象啊。"

在上游思维的三大障碍中，"无视问题"就是我们将在本部分中加以探究的第一重障碍。如果根本看不到问题的存在，就无法解决问题。哪怕灾难临头，这种无视也会导致消极被动。要想往上游进发，首先就必须避免出现无视问题的想法。

1998 年，芝加哥市公立学校的毕业率为 52.4%。[4] 对于在芝加哥市公立学校读书的学生来说，获得高中学位的概率竟然和掷硬币差不多。"每一处系统设计种下的因，都决定了它最终结出的果。"[5] 医疗专家保罗 · 巴塔尔登写道。芝加哥市的公立学校就是这样一个辜负了半数学生的系统。

想象一下，假如你是这个系统里的一名老师或者一位行政管理人员，你心地善良，一心渴望改变现状，想要提升高中的毕业率。你会从哪里着手呢？你的崇高理想很快就会影响芝加哥市公立学校整个庞大的体系，包括其中 642 所学校、36 万多名学生和 3.6 万多名教职工。[6] 这是个什么样的概念呢？美国威斯康星州格林湾的学区共有 2.1 万名学生，而在芝加哥市的公立学校体系中，光是教师就有这么多了。该学区体系的 60 亿美元预算大概相当于整个西雅图市的财政预算。

这是一个关于一群信徒的故事，讲述了他们如何试图从内部改变一个庞大而支离破碎的系统，如何通过上游思维来阻止学生辍学。为了实现变革，他们首先必须杜绝一种错误的心态。美国建伍高级中学的校长伊丽莎白·柯尔比就是这场变革的领袖之一，她表示："很长一段时间以来，大家都有这样一种观念，认为孩子上了高中以后，要么就大放异彩，要么便一塌糊涂。对于这些孩子来说，高中就是我们决定成败的地方。如果他们没能顺利毕业，那就是他们自己的错。事实就是这样，所以没有人质疑这一点。"[7]

"事实就是这样，所以没有人质疑这一点。"这是典型的无视问题。在芝加哥市公立学校体系内部，许多人已经接受了如此高的辍学率。他们认为，导致学生辍学的根本原因是他们无法解决的，比如家庭贫困、从学前教育到初等教育的投入不足、情感创伤、营养不良等。此外，学生自己不够努力：总是逃课、不交作业，似乎对自己的学业毫不上心。区区一个高中教师或者校长又能改变什么呢？整体情况似乎很棘手，又一年过去了，毕业率继续徘徊在 50%，这让他们更加无助。"这世间苦难重重，但现实就是这样，我也无能为力。”

来自芝加哥市大学学校研究联盟的伊莱恩·艾伦斯沃思和约翰·伊斯顿进行的一些学术研究，给芝加哥市的公立学校带来了一线希望。他们的研究显示，学校领导或许可以主动作为，改变高中的毕业率。2005 年，该联盟公布了其研究结果，也就是能够以高达 80% 的准确率，预测哪些高一新生未来可以顺利毕业，而哪些学生会中途辍学。[8]

这一预测基于两个非常简单的因素：（1）学生修完了全年课程的 5 个学分；（2）学生在一门核心课程（比如数学或英语）上挂科不超过一学期。[9]这两个因素合在一起，就成了“新生在轨”指标。根据这一指标，满足“在轨”条件的新生，最终成功毕业的概率是其他学生的 4.5 倍。[10]

2007 年，佩吉·庞德被芝加哥市的公立学校聘为“新生在轨”项目的负责人。她认为，“新生在轨比其他所有因素加在一起还要重要”。[11]值得注意的是，该预测所基于的因素中并未包含家庭收入、种族和性别，甚至都未考虑学生在高中入学前一年（即八年级）的学习成绩。

关于最后一项：即便是在八年级时成绩处于后 1/4 的学生，如果他们在高一（即九年级）的时候还能坚持学习，保持“在轨”，那么他们高中毕业的概率为 68%，远高于该学区的平均毕业率。[12]研究人员发现，学生在九年级取得的成绩具有某种特殊性，这决定了他们最终能否顺利毕业。

这又是为什么呢？九年级有什么特别的吗？部分原因是，芝加哥不设初中：小学从 K 年级开始，经过一年级、二年级……一直升到八年级，而高中则从九年级开始。[13] 因此，从八年级到九年级是一个巨大的转变，基本可以说是从孩童一夜之间长大成人。

“处于过渡期的人是很脆弱的。”[14] 萨拉·邓肯表示，她建立的非营利组织“大学成功网络”（Network for College Success）在芝加哥市公立学校的改革中发挥了关键作用。邓肯表示，学生们在九年级时往往会初尝失败的滋味，而教师似乎更喜欢用严厉的方式来传达学业上的坏消息。“教师认为（不及格的）孩子心里应该会想，‘我需要加倍努力，刻苦学习’。有时的确如此，但对于绝大多数 14 岁的孩子而言，一旦失败，他们的理解其实是：‘我不属于这里，是我不够好。’于是他们就选择了自暴自弃。”

但是怎样才能让学生保持“在轨”呢？请记住，“新生在轨”只是一个用于预测的指标，它本身并不能解决任何问题，就好比室内安装的烟雾探测器无法灭火一样。和烟雾探测器类似，一旦警报响起，那就意味着坏事已经发生了，意味着你已经错失了预防问题的良机。（如果一名学生在九年级结束时没能保持“在轨”，那就已经产生了不良后果。）

不过，与烟雾探测器有所不同的是，“新生在轨”指标暗示了一种潜在的预防方法：确保有可能辍学的学生能够修完全部课程学分，并在核心课程上给予他们额外的帮助。① 为了完成这一使命，芝加哥市公立学校的很多传统做法都被颠覆了。

① 古话说得好，相关性不等于因果性，此处同样适用。没有人能保证提高新生的“在轨”指标分数就一定能提高毕业率，但我们有充分的理由相信，这两者之间是具备因果联系的。当然，相关工作人员也在通过跟踪改革成效来加以佐证。

首先，如果九年级是一个关键的转折点，那么你就会希望让最好的老师负责该年级的教学工作。这就完全改变了既有的优先顺序，因为通常情况下，最好的老师总是希望去教更成熟的高年级学生。但现在你知道了，九年级的学生理应得到最好的教育资源。

其次，从“新生在轨”指标的角度来看，某些纪律政策似乎是在雪上加霜，往往适得其反。“当我们刚刚接手这项工作的时候，学生动不动就被停课两周，”萨拉·邓肯表示，“停课不是因为学生带了枪支去学校，而仅仅是因为在走廊上发生了轻微的争执，连拳打脚踢都没有学生也要受罚。”[15]这是一个“零容忍”的时代。

但是，对于那些原本已经处于辍学边缘、苦苦挣扎才能勉强跟上的学生，停课两周意味着什么呢？等到重返校园时，他们会跟不上课业，考试无法及格，偏离正轨，甚至无法毕业。行政管理人员不太可能意识到，他们的严厉政策可能会彻底毁掉学生未来的职业前景。

“每一处系统设计种下的因，都决定了它最终结出的果。”

然而，最深刻的变化还是在于教师的心态。研究员伊莱恩·艾伦斯沃思表示，提高“新生在轨率”的工作“改变了教师看待自己工作的方式，也改变了师生间的关系”，“教师的态度从‘我的工作就是布置作业、批改作业’转变成‘我的职责是确保所有的学生都能顺利上完我的课，所以我需要弄清楚，如果他们有困难，那么造成困难的原因到底是什么’”。[16]

作为一名教师，如果你发自内心地认同你的工作是支持学生，而不仅仅是考核他们，那么接下来的一切都会发生改变。这种观念的改变会带来合作方式的变化。一方面，要帮助一个学习上有困难的学生，仅凭一己之力是远远不够的。你每天可能只有一个小时会见到他。他是只在你的这门课上有困难，还是有好几门课都跟不上？他缺课的频率有多高？其他任课教师有没有找到更好的方法去帮助他？简而言之，你需要更多地去了解他，你也需要合作伙伴。

以往，教师会按照隶属的部门开会，比如社会学科的教师会在一起开会，英语教师会在一起开会，等等。但是现在，教师开始以“新生成功团队”为单位，进行跨学科的交流。[17]他们会定期开会，认真检视本学区提供的数据报告，这些报告会根据每个学生的情况逐一提供实时的信息。他们终于可以全方位地了解每个学生的进步情况，这还是破天荒头一回。

“教师这个职业的魅力就在于，你愿意相信什么样的理念都没问题，但是如果你在谈论某个学生，假设他叫迈克尔，那你就是真的在关心他，”佩吉·庞德表示，“归根结底，这还是人们真正关心的现实问题……‘下周我们要怎么帮助迈克尔呢？’”[18]

每个学生都有不同的需求。比如，阿莉娅在数学方面需要开小灶，但她不会主动要求，如果你主动提出愿意帮助她，她乐意接受。马利克总是迟到，因为他每天早上都要先送妹妹去上小学，所以他早上的第一节课需要安排一门选修课，这样如果因为常常迟到导致他不及格，起码这不是一门核心课程。凯文爱偷懒，会想方设法逃避课业，但如果你去找他妈妈谈，她就会监督他。乔丹每次缺课都需要有人给她家里打电话。（出勤率管理是提升“新生在轨率”工作中最重要的一个部分，正如庞德所言：“很明显，只要你能完成学业，你就一定能顺利毕业。”[19]）

一个学生接着一个学生，一场会议接着一场会议，一所学校接着一所学校，一个学期接着一个学期，统计数字开始有所变化。学生的出勤率提高了，成绩提升了，“在轨率”也得到了改善。4年后，毕业人数的增长远远超乎所有人的想象。到2018年，在成百上千名教师、行政管理人员和学者的上游努力下，高中毕业率跃升至78%，在将近20年的时间里增长了超过25个百分点。[20]

按照粗略的估计，2008—2018年，获得高中文凭的学生多了整整3万人，[21]要不是芝加哥市公立学校的努力，这3万名学生就很有可能会中途辍学。这些毕业生永远不会知道，如果“新生在轨”项目被推迟甚至未曾启动，他们很可能已经辍学了，其生活也会因此变得艰难许多。

然而，因为顺利毕业，这些学生一生的工资将平均增加30万～40万美元。[22]芝加哥市公立学校的领导者赢得了一场上游的胜利，改革的价值有100多亿美元，而且这一价值还在持续增长中。况且，这个数字只是计算了学生们未来将获得的额外收入，并未包括更高的收入、更健康的体魄及更强烈的幸福感所带来的无数良性循环。

芝加哥市公立学校的成功故事，就是我们将在以下篇幅里探讨的诸多主题的一个缩影。要想在上游策略上取得成功，领导者必须做到如下几点：尽早发现问题，瞄准复杂系统中的抓手，找到可靠的进度衡量指标，开辟新的合作方法，以及将成功实践嵌入系统并固定下来。然而值得注意的一点是，在芝加哥市公立学校发生的这一切变革，其前提都是领导者首先必须清醒地意识到问题所在。你永远无法解决一个你看不到的问题，或者一个你认为虽然不幸但束手无策的问题。（“橄榄球是一项艰苦卓绝的运动，球员受伤是不可避免的。”）

为什么我们很容易就掉进“无视问题”的陷阱呢？为了回答这个问题，请先观察以下图片。这是一组胸部 CT（电子计算机断层扫描）的影像，放射科医生会通过分析这种图像序列来筛查肺癌。你注意到什么奇怪的东西了吗？

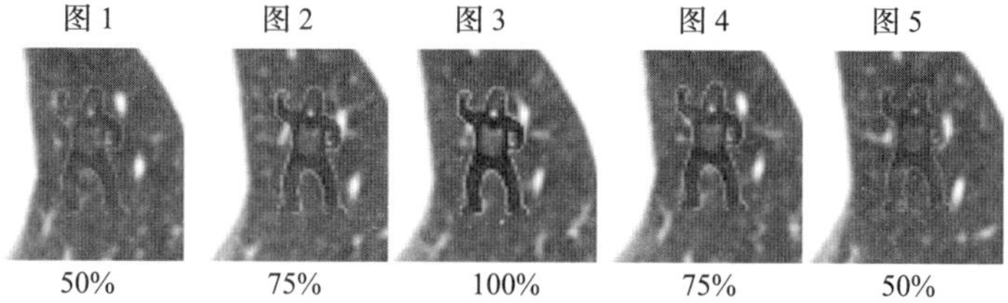

图 2-1　胸部 CT 影像。图片已获作者特拉法顿 · 德鲁授权，于 2019 年 9 月 30 提供

是的，那是一只微缩版的大猩猩。[23] 别误会，不是这个病人把一只猩猩吸进了体内。这只猩猩是由以特拉法顿 · 德鲁为首的研究人员插入图像中的，为的是考验一下放射科医生。在专注于寻找潜在恶性结节的同时，有几位医生会注意到这只大猩猩呢？

并不是很多——在 24 个人中，足足有 20 个人完全忽略了大猩猩的存在。这种现象被称为“非注意盲视”，即我们对某一项具体任务的密切关注会导致我们忽略与该任务无关的其他重要信息。

非注意盲视会导致周边视觉的缺失。倘若再加上紧迫的时间压力，就会导致人失去好奇心。“我必须专注于我手头正在做的事情。”年复一年，教师和校长总是处于提高学生考试分数的巨大压力之下，所需的资源无法获得，规章制度和课程设置的改革倒是没完没了。处在这样的大环境中，他们便逐渐失去了自己的“周边视觉”，就像放射科医生聚精会神地寻找肿瘤却忽略了大猩猩的存在一样。因此，他们渐渐不再为了低迷的毕业率而感到忧心忡忡，因为手头堆积如山的任务已让他们应接不暇。更何况就算有心，他们又能做些什么呢？

顺便说一下，如果仅仅因为这些放射科医生忽视了图中的大猩猩，你就因此小看他们，那么，不知你是否已经注意到，你刚刚阅读过的几页页码不见了，取而代之的是一个小妖精？

在本书正式出版前，我测试过一批读者，大约有一半的人注意到了页码的变化，另一半人则完全忽略了。如果你注意到了，那么我猜测，是重复出现让你的兴趣逐渐消退了。第一次看到它的时候，你可能会想：“这是怎么回事？怎么冒出来一个小妖精？”它第二次出现的时候，你的想法就变成了“哦，又来一个”。而等到第四次看到时，你就已经完全意识不到它的存在了。这就是“习惯”的力量。对于一种持续的刺激，我们会逐渐习惯它的存在。走进一个房间，你立马就注意到了空调发出的嗡嗡声，而进入房间 5 分钟后，你慢慢就听不到空调的声响，感觉一切如常了。

其实“习惯”，或者说“正常化”，常被用于治疗各类恐惧症。比如，害怕针的人可能会被要求去多看看针的照片，或者亲手去拿针，如此反复多次，直到最终克服这种非理性的恐惧。在这个过程中，针已经被去污名化、正常化了。在治疗的背景下，正常化是可取的。但若是离开这个语境，正常化本身其实是一把双刃剑，特别是腐败或者虐待行为正常化的话。

在 20 世纪六七十年代，职场性骚扰已经正常化了，甚至一度发展到了鼓励女性接受性骚扰的程度。海伦·格利·布朗是世界名刊 *Cosmopolitan* 的资深编辑，她于 1964 年出版了《性与办公室》（*Sex and the Office*）一书。她在书中写道：“已婚男子大都希望自己身边环绕的都是些莺莺燕燕，他可能会把她们当成性对象，当然也可能不会。（我觉得这也无可厚非。）他可能并不打算将你加入他睡过的女人名单里，只是想确定你对男人的基本态度。某个一本正经、觉得即便是毒药也好过罪恶（即便不是她本人的罪过）的女孩会破坏男人工作的乐趣。一家纺织企业的美女高管表示，‘我宁可接受男人无关大碍的调戏，也不愿他来给我的工作捣乱’。”[24] 这是布朗亲口说出的话。在面对性骚扰时，她就像得了斯德哥尔摩综合征。

1960 年，美国国家办公室管理协会的一项研究发现，在受访的 2000 家公司中，有 30% 的公司认为，它们在聘用前台接待员、总机接线员和秘书时，会“认真考虑”候选人是否美丽性感，以此作为录用的标准之一。[25]

1975 年，记者琳·法利创造了“性骚扰”一词，[26] 她当时在康奈尔大学教授一门有关女性与职场的课程。法利邀请女学生参加主题为“提高意识”的一节课，并询问了她们在职场工作的经历。2017 年，她在接受电台节目《媒体前沿》（*On the Media*）主持人布鲁克·格拉德斯通的采访时表示：“每个学生都有过这样的经历，因为拒绝了老板的性暗示，她们要么被迫辞职，要么被解雇。”[27]

法利有意寻找一个术语，或者说一个标签，来概括这些共同的经历，她最终选择了“性骚扰”一词。她后来在《纽约时报》撰文：“职场女性立刻开始使用这个词。时至今日，终于有了一个词能够描述她们每天都要经历的性胁迫。她们不再需要费尽口舌向朋友和家人解释‘他挑逗我，在我表示抗拒之后他还不肯罢休，所以我只好辞职了’。他做的这件事是有名称的。”[28]

前文讨论了“习惯”是如何通过“将问题正常化”来帮助克服恐惧症的。而法利所做的却恰恰相反：她创造出“性骚扰”一词，是想“将常态问题化”，将强迫女性的行为重新定义为非正常行为，对其进行污名化。通过给问题命名，她帮助整个社会清醒地认识到这个被忽视已久的问题。

“无视问题”既是一种政治现象，也是一种科学现象。人人都在参与一场旷日持久的谈判，探讨在日常生活和所处世界中，究竟哪些才算真正的问题。此类争论是有价值的，因为一旦某件事被定义为一个问题，我们就必须加以解决，与问题相伴而生的就是义务。有时我们需要和自己谈判，比如一个矢口否认自己有“问题”的酗酒者；有时我们需要与亲近的人谈判，比如夫妻之间讨论是否要去寻求婚姻咨询。社会存在着一个问题市场，市场上所有的问题都在争夺我们的资源和注意力。

有时，我们努力说服自己去解决的问题可能压根就不是个问题。1894 年，每天都有 6 万多匹马在伦敦周围运送乘客，《泰晤士报》预测，“50 年后，伦敦的每条街道都将被掩埋在 9 英尺①厚的马粪之下。”[29] 暂且不论该预测的逻辑漏洞——第 9 英尺的马粪是怎么堆上去的？——这种恐惧并非全无道理：6 万多匹马每天平均“产出”15～35 磅②重的粪便。1898 年，纽约市召开了第一届国际城市规划会议，会议的主题就是探讨马粪危机。[30] 后来发生的事情我们都知道了，因为汽车的诞生，当年人们担心的所谓的危机并未出现。（现如今，令人头疼的反倒是汽车的“排泄物”——二氧化碳和颗粒物。）

为了近距离感受一下在当今世界亲身对抗“无视问题”，或者说唤醒人们的意识、动员公众解决问题是何种体验，我们来讲一讲巴西活动家黛博拉·德拉吉的故事，她的觉醒发生在女儿出生以后。[31]

2003 年 8 月，已经怀孕 37 周的德拉吉前往巴西圣保罗州圣安德烈市进行常规的产前检查。到医院以后，产科医生告知她已经临产了——因为宫缩太过轻微，她自己都没有当回事儿。医护人员给她注射了一针催产素，促使子宫肌肉收缩以加速分娩。12 个小时过后，医生决定进行剖宫产。德拉吉的女儿索菲亚出生了，母女健康平安，都恢复得很好。

德拉吉对此十分感激，但当她回想起这段分娩经历时，却越

① 1 英尺约为 0.3 米。——译者注
② 1 磅约为 0.45 千克。——译者注

来越感到不安。为什么医生要加快分娩进程呢？为什么那么急切地给她做剖宫产手术呢？

她在网上找到了一个论坛，很多妈妈都会在这个论坛里交流分享自己分娩的经历，其中不少人都和德拉吉有着相似的经历：尽管她们都希望自己可以顺产，但最终还是接受了剖宫产手术。事实上，论坛里的许多人都反映，她们的医生不鼓励顺产。“我意识到，这不仅仅是发生在我身上的个例，全国各地的女性都有着相同的经历。大家都是这样的。”德拉吉表示。

她很快便找到了相关的数据来佐证自己的直觉。世界各地的剖宫产率相差很大：[32] 2016 年，在婴儿安全出生的情况下，瑞典的剖宫产率为 18%，西班牙是 25%，加拿大是 26%，德国是 30%，美国是 32%。2014 年，巴西的剖宫产率则为 57%，是全世界最高的国家之一。更令人难以置信的是，在巴西富豪所青睐的私人医疗体系中，84% 的婴儿是通过剖宫产出生的。[33]

当然，剖宫产是一项大手术，对母亲和孩子来说都有风险。在某些情况下，剖宫产确实可以说是救星，但高达 84% 的概率显然说明剖宫产手术已经不是用来规避风险或者危险了，而仅仅是图方便。是什么原因导致人们放弃顺产呢？这在巴西乃至全世界都是一个备受争议的话题。对于某些女性来说，她们更倾向于选择剖宫产，因为可以事先计划何时进行手术。有些人则认为，在巴西的私人医疗体系中，剖宫产是一种身份地位的象征。甚至还有报道称，巴西的高端私人诊所会提供与剖宫产配套的美甲和按摩服务。[34]

但更具说服力的原因其实是医生更喜欢剖宫产。毕竟，剖宫产手术可以一台接一台地有序进行，医生不用工作至深夜，也不必在周末或者节假日加班。此外，产科医生强烈支持剖宫产也是因为其性价比更高：顺产可能需要在 24 小时内断断续续地工作，而做剖宫产手术一般只需要集中工作一两个小时，赚的钱却比顺产多多了。[35]

除了以上这些因素，还有文化的影响。“分娩是一件原始、丑陋、肮脏且麻烦的事情，”在接受《大西洋月刊》的采访时，圣保罗大学公共卫生教授西蒙·迪尼兹如是评价医生对顺产的普遍看法，“有一种观点认为分娩是一种耻辱。当孕妇临产时，有些医生会说，‘在床上脱裤子脱得挺爽快，现在你怀上了，来了医院倒是哭了’。”[36]

这样污秽的辱骂听上去似乎只是某个极端的例子，但据巴西女性说，这绝非个例。在一项针对 1 626 名巴西产妇的调查中，大约 1/4 的受访者表示，医生曾嘲笑她们，或者批评她们因为剧烈疼痛而喊叫。超过一半的受访者表示，在分娩期间，她们感觉自己“低人一等、脆弱无助，毫无安全感可言”。[37]

在德拉吉对自己经历的剖宫产手术感到蹊跷之后，以上就是她在研究巴西产妇的分娩状况过程中所发现的事实。在她找到的那个线上论坛中，产妇们一个又一个相似的经历更是增强了她们的信念：现实需要改变。德拉吉加入了一个旨在倡导母亲权益的新组织，名为“有原则分娩”。

2006 年，“有原则分娩”向巴西联邦检察长提交了一份长达 35 页的文件，其中一半是研究报告，一半是宣言。[38]该组织认为，巴西的产妇分娩体系出了问题。调查显示，绝大多数女性都希望顺产，但她们没能如愿以偿，还是以剖宫产告终。因此，母亲和婴儿的健康都受到了影响。这篇论文解释了导致问题的系统性原因，同时也为医疗体系改革提供了一系列建议。

“有原则分娩”组织赢得了政府内部人士的支持，其中就包括杰奎琳·托雷斯，她是一名产科护士兼孕产妇健康专家，当时供职于巴西私人健康保险的监管机构 ANS。[39] 托雷斯在全国范围内寻找曾成功提升顺产率的人士，最终找到了保罗·伯伦博士。

伯伦当时正在圣保罗市以北 200 英里[①] 外的雅博蒂卡巴尔镇进行一个试点项目，试图通过不断完善的方法来提高顺产率。[40] 为了给这个项目找到合作伙伴，伯伦可谓大费周折。他到第一家医院提出这个想法时，“他们狠狠地嘲笑了我一番，说‘这可太荒唐了。产妇本人想要剖宫产，医生也想要剖宫产。哪有什么问题？’”（这是“无视问题”的典型表现。）

他最后终于在当地找到了一家愿意进行改革的医院。“医生告诉我，他们也想要改变。他们觉得目前有太多婴儿一生下来就被送进了 NICU（新生儿重症监护病房）。[41] 这让他们深感不安。”通过剖宫产出生的婴儿会有更大的概率在出生后被送进 NICU，通常是由于早产导致的呼吸问题。

在伯伦博士的项目进行之初，该试点医院的顺产率仅为 3%。[42]“整个系统就是为了剖宫产而设计的。”[43] 伯伦表示。所以他和合作者开始调整这个系统。如非必要，医生不能在产妇怀孕 40 周之前安排剖宫产，而在项目进行之前，通常到 37 周便可

① 1 英里约为 1.6 千米。——译者注

以进行剖宫产手术了。在新的制度下，医生采取轮班制，每位医生只需负责接生在自己值班期间内诞生的婴儿。（之前的传统是，医生需要为自己接待的产妇负责到底，不管产程多久。因此，医生通常更倾向于选择剖宫产。）一位产科护士会全程陪伴产妇，以提供连续性的分娩指导和帮助。为了确保医生的收入不受影响，新制度也对激励措施进行了相应的调整。

在项目实施 9 个月后，顺产率飙升至 40%。[44]

当来自监管机构 ANS 的托雷斯注意到伯伦博士的项目时，她知道自己找到了一个或许可以推广至全国的方法。2015 年，ANS 启动了一个大型项目——“适当分娩项目”来推广伯伦博士和他的团队在雅博蒂卡巴尔镇的工作。项目一期阶段历时 18 个月，在 35 家医院的共同参与下，顺产率从 20% 提升至 37.5%。[45] 其中 12 家医院的 NICU 收治率出现了明显下降。[46] 所有医院加在一起，至少避免了 1 万台剖宫产手术。[47] 项目二期始于 2017 年，合作医院的数量增加了两倍多。[48] 佩德罗 · 德尔加多是该项目合作组织“医疗改进研究所”的一位领导，他表示：“项目在一期阶段取得的成就，给巴西以及其他有类似情况的国家，比如埃及、多米尼加共和国、土耳其，带去了一线希望。”[49]

道阻且长。时至今日，在全巴西 6 000 多家医院中，该项目所覆盖的医院占比依然很小。[50] 然而种种迹象表明，整个医疗体系已经严阵以待，时刻准备好实施改革。在当初伯伦博士惨遭嘲讽的地区，如今已经有一大批医院进入候补名单，准备参与这个项目。[51] 丽塔 · 桑切斯博士是一名产科医生，同时也是该项目一家合作医院的协调人。她表示，这项活动引起了她的共鸣。“我们终于停下脚步，意识到剖宫产手术的数量实在太多了，远远多于二三十年前。所以我们开始好奇，究竟为什么会这样，我们又是怎么走到这步田地的。然后我就意识到，我甚至都没有告知我的患者剖宫产的风险以及顺产的好处。我们这些医生并没有意识到医疗体系正在逐渐转变，变得越来越倾向于剖宫产。”[52]

要想摆脱“无视问题”的囚笼，第一步就是要清醒地意识到，你已经把不正常的现象当成了正常的。“等等，为什么我觉得自己好像是被逼着做了剖宫产手术？”“等等，为什么我们开始觉得，52% 的高中毕业率是正常的呢？”对现实的不满播下了进步的种子。[53]

接下来，我们就需要去寻找一个圈子：其他人也有这种感觉吗？（德拉吉：“我意识到，这不仅仅是发生在我身上的个例，全国各地的女性都有着相同的经历。”法利谈“性骚扰”：“职场女性立刻开始使用这个词汇。时至今日，终于有了一个词能够描述她们每天都要经历的性胁迫。”）寻求到认同——“这种现象是有问题的，我们也这么觉得”——便有了力量。

紧接着就会发生非凡的事情：人们自愿承担责任，去着手解决那些并非由他们自己造成的问题。一名记者选择为了数百万遭受性骚扰的女性而战。一名被迫进行剖宫产的产妇，义不容辞地为成千上万名她从未见过的其他产妇捍卫权利。

上游思维倡导者的结论是：虽非系铃人，仍做解铃人。这种责任意识的转变以及随之而来的后续影响，就是我们下一章将要分析的内容。

第 3 章

缺乏责任心：这个问题轮不到我来解决

如果没人自愿负责这项上游工作，
那潜在的问题也就没法得到解决。

早在 1994 年之前，英特飞（Interface）地毯公司的创始人雷·安德森就已经实现了每个企业家都梦寐以求的理想。[1] 他的公司从一无所有发展到年收入约 8 亿美元，[2] 最后还成功上市了。[3] 但就在 1994 年，突如其来的一个时刻让他对自己过往的成就产生了深深的怀疑。

安德森在美国佐治亚州的一个小镇长大，凭借足球奖学金入读佐治亚理工学院，毕业后便进入了地毯行业摸爬滚打。[4] 1969 年，在英国基德明斯特市出差的时候，他平生第一次见到了模块化地毯砖，对它一见钟情。[5]

传统的宽幅地毯都是以大卷售卖，一般至少有 12 英尺宽。这就意味着，办公室只要有任何一点儿改动，比如重新摆设家具，或者更换沾有污渍的一小块区域，都必须撕掉一整块地毯进行替换。但 18 平方英寸 ① 的模块化地毯砖就可以方便日后的改

① 1 平方英寸约为 6.45 平方厘米。——译者注

造。[6] 地毯砖可以轻轻松松地被拉起，再重新组装，甚至连胶水都不需要。[7]

1973 年，时年 38 岁的安德森创立了英特飞公司，将地毯砖大规模引入美国。[8] 经过 20 多年的飞速发展，到 1994 年，英特飞已经成为全世界最大的地毯公司之一。[9] 也正是这一年，公司内部一个团队邀请他演讲，该团队当时正在努力界定公司在“环境可持续性”方面的立场。[10]“环境可持续性”在当时还算一个比较新的术语，顾客刚开始关心这方面的问题。安德森不知道该讲些什么。在那个时候，他的环保愿景不过是遵守法律底线而已。

在收到演讲邀请后不久，安德森碰巧收到了保罗·霍肯的《商业生态学》一书。[11] 在书中，霍肯对商业领袖破坏环境的行为大加挞伐。霍肯本人也是一名企业家，他是花园产品零售连锁店“史密斯与霍肯”（Smith & Hawken）的联合创始人。霍肯认为，商界领袖有责任扭转全球经济发展的大局，积极防止人为造成的环境灾难。[12]

换作别的企业领导，看到这种观点恐怕只会嗤之以鼻，但安德森却愣是看哭了。[13]

当时的安德森正步入花甲之年，马上就要退休了。英特飞公司的成功是他职业生涯中最大的成就，但此时此刻他却开始怀疑，自己为了这样的商业成就是否付出了太大的环境代价。他思考了一下世界会怎样铭记自己：雷·安德森，那个为了自己和投资者的财富而大肆掠夺地球资源的人。他在回忆录中写道：“霍肯的理念就像一根长矛刺进我的胸膛，至今还插在那里。”[14]

但从现实的角度来说，他能做些什么呢？英特飞的核心业务就是销售由尼龙丝线制成的地毯砖，而尼龙则是由从煤或石油中提取的化学物质制成的一种材质。[15] 简而言之，英特飞通过燃烧化石燃料来生产化石燃料制品，简直就是对可持续发展的双重打击。

这对安德森来说堪比晴天霹雳。当你意识到造成一个重大问题的原因就是你自己的所作所为时，你会做些什么呢？

珍妮·福雷斯特是耶鲁大学法学院的副院长。有一次，在学校召开教职工会议的时候，她坐在了后排，结果前排有个脑袋特别大的家伙总是挡住她看发言人的视线。

"'大头'其实是蛮友好的那种人，"她说，"你应该也见过这样的人吧。他先是把头向一侧倾斜，然后一边专心听讲一边把头向另一边倾斜。他快把我逼疯了。我只好不断地偏向跟他相反的方向：他向左偏，我就向右偏；接着他向右偏，我又会跟着向左偏。我当时简直是怒火中烧……电光火石间，我突然想到，我完全可以挪一下椅子，干吗非要坐在原地暗自生闷气呢！于是我就挪了挪椅子。"[16] 问题一下就解决了。

让她沮丧的是，她竟然花了这么长时间才反应过来原本显而易见的事情，那就是她完全可以掌控这个"问题"。福雷斯特表示，"挪椅子"从此成了一个隐喻，"每当我为了一些愚蠢的问题大动肝火时，我就会想：'嘿，挪一下椅子吧，为什么不试试呢？'我其实是在用这样一个暗号来鼓励自己尝试新的解决办法"。

一开始，福雷斯特觉得眼前的问题——被"大头"挡住视线——是她无法控制的外部问题。但接下来，她迅速转变了思路，重新掌控了局面。“挪一下椅子吧，为什么不试试呢？”这种转变正是预防行动的真实写照。

上游行动的与众不同之处就在于，尽管事关重大，但它并不是必需的。救援、应对和反应这样的下游行动是义务要求。医生不能拒绝一台心脏手术；日托工作人员也不能拒绝给婴儿更换尿布。但上游行动却完全出于自愿，并非强制要求。

上述观点的一个推论是，如果没人自愿负责这项上游工作，那潜在的问题也就没法得到解决。这种责任感的缺失就是让我们始终处于下游阶段的第二重障碍。前文提过第一重障碍——“无视问题”，意思是“我不觉得这里有问题”，或者说“这个问题无法避免”。而“缺乏责任心”则意味着，有能力解决问题的各方会说“这个问题轮不到我来解决”。

这两重障碍往往相伴而生。以芝加哥市公立学校的领导者为例，一开始，影响毕业率提升的原因是无视问题：“没错，很多学生都辍学了，但没办法，事实就是这样。”但除此之外，一些老师和行政管理人员认为，即便低迷的毕业率是个问题，那也不是应该由他们来解决的问题，而是学生要解决的问题，或者学生父母要解决的问题，抑或是整个社会需要解决的问题。

更何况，那些怀疑论者说得没错。辍学首当其冲的就是学生本人和家长。但摆在我们面前的问题并不是“谁在这个问题上是最大的受害者”，而应该是“谁最适合来解决这个问题，他们会挺身而出吗？”芝加哥市公立学校的领导们把毕业率当成了“自己的问题”，他们表现出了强烈的责任意识。

为什么有些问题缺少“责任人”？有时是为了追求自身利益：数百万人因烟草产品而丧生，而在预防这一问题上，烟草公司显然拥有最大的优势，[17]但这么做肯定会影响它们赚钱。有时，缺乏责任意识仅仅是因为职责划分太过分散。还记得亿客行吗？公司内部的许多团队都涉及应付客服电话的问题，但没有一个团队的职责是寻求减少通话量的方法。

在某些情况下，人们可能明明已经意识到了问题所在，却不愿意采取行动，因为他们觉得自己不具备行动的资格。一个男大学生可能对校园里的约会强奸事件感到深恶痛绝，但又不确定亲身参与由女性领导的抗议活动是否合适。斯坦福大学的研究人员戴尔·米勒、丹尼尔·埃夫隆和索尼娅·扎克专门研究了这种勉为其难的感觉，他们在论文中写道：“阻碍人们前去参加抗议活动的原因通常不是缺乏动力，而是他们觉得自己缺乏行动的正当性。”

在“法律资格”这一概念的启发下，他们将上述这种正当感命名为“心理资格”。[18]不能仅仅因为某件事伤害了你的感情，你就向司法体系提起诉讼，你必须证明这件事对你产生了实实在在的影响。只有证明自己受到伤害的确凿证据才能赋予你提起诉讼的资格。不愿意参加约会强奸抗议活动的男生可能觉得自己缺乏足够的“心理资格”，因为他本人并没有受到这个问题的实质性影响。

领导抗议活动的女大学生要怎么做才能让男生也拥有“心理资格”呢？答案可能比你想象的还要简单。米勒和丽贝卡·拉特纳进行了一项研究，向普林斯顿大学的学生展示了他们编写的

“174 号提案”，旨在“挑战他们的正义感”。该提案建议，将政府资金从一个有价值的项目挪给一个没什么价值的项目。一些学生被告知，这一资金变动尤其会损害女性的权益；其他人则被告知会损害男性的权益。

关于这一提案，男生和女生的意见是一致的，他们都持强烈反对的态度。但研究人员更感兴趣的是，男生和女生的态度是否会进一步引发行动。研究人员让学生去帮助一个叫作“普林斯顿 174 号提案反对者”的社团。当学生与结果利益相关时（也就是说，男生被告知提案将损害男性的权益，而女生被告知提案将损害女性的权益），94% 的受访者都同意签署反对该提案的请愿书，50% 的受访者同意写一份反对该提案的声明。当利益不相关时，以上两个数字则分别下降至 78% 和 22%。研究人员将这一结果归因于缺乏“心理资格”，而非自私自利（因为前文提过，男生和女生都是反对这一提案的）。男生觉得为“女性的事业”而战不太合适，女生也觉得为“男性的事业”而战不太合适。

为了证实这一猜测，在另一项研究条件下，研究人员将社团的名称改为“普林斯顿反对 174 号提案的男生和女生”。添加“男生和女生”这几个字就可以将“心理资格”同时覆盖两个性别，这一方法既简单又有效。结果是，在利益相关和不相关的两个群体中，同意签署请愿书和撰写声明的学生数量都是相同的。

当然，普林斯顿大学这样一座象牙塔，大学生有很多时间签署各种假想的请愿书，参加各种抗议活动。但在学术界之外，这种扩大“心理资格”范围的方法还适用吗？1975 年，远在“心理资格”一词被创造之前，汽车安全倡导者安玛丽·舍尼斯和儿科医生西摩·查尔斯就在《儿科学》杂志上撰文，[19]想要动员儿科医生主动积极作为，着手解决汽车事故造成的死伤问题，尽管儿科医生可能并不觉得这是自己的分内事。幼儿的头号杀手就是汽车，[20]而这一普遍问题却被人们忽视了。作者指出，在车内死伤的幼儿比在车外死伤的还要多。[21]

在《儿科学》杂志发表这篇文章时，所有新车都必须为司机和前排乘客提供安全带，[22]但绝大多数人都不愿意系安全带。儿童汽车安全座椅也已出现，但尚未得到广泛采用。[23]（实际上，儿童汽车安全座椅早在20世纪30年代就已经问世，只不过早期的座椅设计初衷不是为了提高安全性，而是为了让小孩子坐得高一点儿，能看到车窗外的风景，分散一下注意力，以免干扰司机驾驶。[24]）现在的父母可能已经难以理解当时的境况了。在当今世界，如果父母开车带着几个没有任何安全保障的幼儿，就让孩子在汽车后座上随便躺着，很难想象父母会受到社会和法律的何种制裁。但在20世纪70年代，这种景象实属司空见惯。我们对儿童车内安全的关注其实并没有那么久远的历史，而且在很大程度上都要归功于接下来要讲的这个故事。

舍尼斯和查尔斯认为，儿科医生最具备成为汽车安全倡导者的能力："使用约束装置就像免疫接种一样，都属于预防医学……要想提醒父母让孩子在车内'逍遥自在'的危险，没有人比孩子的医生更适合做这件事了。"[25]请注意，作者是在试图将"心理资格"赋予儿科医生："你们是率领大家解决问题的合适人选，这在你们的责任范围内。"

但其实，这对儿科医生来说并不是一项天然的职责。儿科医生接受的培训是诊断和治疗疾病，而不是为公共安全游说。不过，让儿科医生接管这一问题的呼吁还是得到了广泛的响应。[26]鲍勃·桑德斯博士就是响应号召的人士之一。“对我来说，那篇文章简直就是一语惊醒梦中人，对全国各地的其他儿科医生来说恐怕也是如此。”桑德斯在2004年回忆起这段历史时口述道。[27]当时，桑德斯住在田纳西州的莫非斯堡市，是一名儿科医生兼县卫生主任。[28]他很崇尚预防事宜。还在医学院读书时，他就在田纳西州为当地人接种了第一批脊髓灰质炎疫苗。后来，在急诊科时，他目睹一名婴儿因吞下一枚打开的别针而不幸丧生，他痛心不已，因为这样的悲剧原本完全可以避免。他的妻子帕特在2018年表示：“预防和护理的理念贯穿了他的工作重心。”[29]

桑德斯加入了田纳西州的安全委员会。1975年，委员会成员开始探讨立法，要求在田纳西州强制使用汽车安全座椅。[30]《儿科学》上那篇文章的发表促使该委员会加快了行动速度。

委员会起草了一项法案，要求4岁以下儿童必须使用汽车安全座椅。[31]1976年，委员会为该法案找到了一个提案人，但法案从未正式付诸表决。失败之后，鲍勃和帕特开始加大游说力度，他们把家里的餐厅改成了“作战室”，桌子上写着他们想要联系的议员和儿科医生的名字。每到周末，鲍勃就会给这些人打电话，陈述自己的理由。[32]

桑德斯法案的反对者认为这侵犯了家长的自由。该州代表罗斯科·皮克林表示：“这是一项拉尔夫·纳德①式的法案，会剥夺

① 拉尔夫·纳德，美国律师、作家、公民活动家、“现代消费者权益之父”。——译者注

家长的权利。我不希望贫困的人最后被迫购买昂贵的汽车安全座椅。”回首往事，帕特·桑德斯记起她读到过一封家长来信，信中抱怨道：“哪怕是用火箭把我的孩子送上月球，只要我愿意，我就有权这么做。”[33]

1977年，经过激烈的游说，《儿童乘客保护法案》终于在立法机关进行了投票，[34]最终获得了大约2/3的赞成票，得以顺利通过。①1978年1月1日，田纳西州成为全美第一个要求4岁以下儿童使用汽车安全座椅的州。[35]

但很不幸，法案还是有一个漏洞。州代表皮克林，也就是倡导家长自由权利的那位人士，在法案中附加了一项“怀抱婴儿”的修正案，允许父母在开车时抱着婴儿。[36] 1978年，皮克林在《田纳西人》杂志上发表的一篇文章中写道：“对于一个刚生完孩子的年轻妈妈来说，最令人兴奋的事情之一就是在从医院回家的路上抱着宝宝，跟他说话。为什么我们现在非得给婴儿系上安全带呢？”[37]

由于皮克林的修正案，桑德斯知道革命尚未成功。从本质上说，该法律保障了幼儿的安全，但对婴儿则未做强制要求。桑德斯开始用“儿童碾碎器”一词来指代“怀抱婴儿”修正案。[38]在法案通过后的几年里，桑德斯坚持不懈，一直努力推翻该修正案，但反对者却不为所动。接着，在1981年的一次交通委员会听证会上，两位家长出席做证。[39]其中之一是一位母亲，由于儿

① 有一个聪明的策略：鲍勃·桑德斯在他的口述历史中提到，当时流传一个谣言，称田纳西州的州长可能不会签署该法案。桑德斯便呼吁负责州长孙辈的一位儿科医生帮忙游说。（资料来源：美国儿科学会，鲍勃·桑德斯口述历史。）

童座椅的保护，她 11 周大的宝宝在一场车祸中幸免于难。另一个证人是一位父亲，他一个月大的婴儿在一次事故中与汽车仪表盘相撞后丧生。“非常不幸，我们当时没有安装儿童座椅。”这位父亲表示。桑德斯发现，仅在 1980 年这一年就有 11 名 3 岁以下的儿童死于车祸，其中 9 人当时就躺在父母怀里。[40]

这一证据改变了舆论的风向，修正案于 1981 年被正式废除。[41] 同年，西弗吉尼亚州成为第三个要求幼儿使用汽车安全座椅的州。[42] 到 1985 年，全美 50 个州都相继通过了儿童约束法。[43]

据美国国家公路交通安全管理局的估计，1975—2016 年，共有 11 274 名 4 岁以下儿童因使用汽车安全座椅而获救。[44] 想想这背后一连串的影响：两位汽车安全倡导者就一个安全问题在儿科杂志上发表了一篇文章；这篇文章促使田纳西州的一名儿科医生着手解决这个问题；他推动了整个州采取行动，而这个州又相继影响了其他 49 个州；约 40 年内，上万名儿童因此获救，免于完全可以避免的暴力事故。

正如《儿科学》杂志上的那篇文章促使桑德斯采取行动一样，保罗·霍肯的书也深深震撼了来自英特飞公司的雷·安德森。“这本书彻底改变了我的生活，”他在回忆录中写道，“我犹如醍醐灌顶，茅塞顿开……书还没读到一半，我终于对那个一直苦苦寻找的愿景有了清晰的轮廓，不仅仅是针对那次演讲，也是我公司未来的前景，我还有了想要迅速采取行动的强烈紧迫感。”[45]

与桑德斯相比，安德森有一个劣势：他虽然看到了一个值得采取行动的问题，但正是他的公司加剧了霍肯所抨击的环境破坏问题。在那一刻，安德森对于如何消除这种环境危害一筹莫展。但与桑德斯相比，他还有一个优势：他能让变革迅疾展开，因为他自己就是公司的老板。

1994 年，当安德森就可持续性问题向他的环境问题小组发表演讲时，小组成员对于接下来会发生什么还一头雾水。他们原本以为这场演讲不过是老生常谈，万万没想到最后竟然吹响了战斗的号角。

安德森提出了一个激进的想法：消除英特飞对环境的负面影响。“必须遏制我们此时此刻对环境造成的所有破坏。与此同时，仍要保证我们的地毯业务蒸蒸日上。”安德森表示，“我给工作组做了一场项目启动演讲，说实话，那场演讲连我自己都备感惊讶，也让他们目瞪口呆，最后激励了所有人共同采取行动。一件事总得有人带头，否则没人会做的。这是不言而喻的。我问：‘为什么带头的不能是我们呢？’”

“必须承认，他第一次提出这个想法的时候，我还以为他疯了。”[46] 时任公司首席财务官的丹尼尔·亨德里克斯在接受《纽约时报》采访时表示。当时，英特飞公司还处于过去三年经济衰退的恢复期。[47] 以英特飞的财务状况，它真的承担得了这样一个前途缥缈的新使命吗？

但安德森毫不退让。在短期内，他要求公司集中精力减少能源和资源消耗。公司内部的口号是：减量化、再利用、重回收、再循环。[48] 公司的努力很快就取得了一些小小的成就：英特飞的一个部门，仅仅通过在一家纺织厂的锅炉上添加新的计算机控制体系，就将一氧化碳的排放量从每周两吨减少到了每年几百磅。

涓滴汇海。1995—1996 年，在原材料消耗量保持不变的情况下，公司的营业收入从 8 亿美元增至 10 亿美元。改革卓有成效。在接受商业杂志《快公司》的采访时，安德森表示："世界刚刚见证了第一笔价值 2 亿美元的可持续业务。"[49]

1997 年，在公司历史上具有里程碑意义的一次会议上，安德森发表了最终被称为"零号任务"的演讲：在 2020 年之前，将环境足迹降低到零。[50]

零。

这就是英特飞的"挪椅子"时刻。"我们必须承担解决这个问题的责任。"安德森为完成"零号任务"制订了七步走的计划：杜绝浪费；实现良性排放；使用可再生能源；实现资源节约型运输；实现闭环（回收公司制造的产品，作为资源进行重组利用）；让利益相关者提高认识（向大家解释为什么可持续发展至关重要，这样他们才会加以重视）；重新设计商业模式，专注于传递价值而非物质材料。[51]

安德森敦促他的团队采取创新的思路。他举例说，顾客在买了新的地毯之后，通常会把旧的扔掉。那么，英特飞能否回收旧地毯，以此作为资源生产新产品呢？这是一个有趣的想法，但它至少有两个重大缺陷：第一，尚没有任何已知的地毯回收技术；第二，将回收的地毯运到位于佐治亚州的公司总部可能会违反另一项"零号任务"原则，即"实现资源节约型运输"。原因如下：在客户的地盘上，通常会有四五百平方码①的地毯被撕掉，等待

① 1 平方码约为 0.836 平方米。——译者注

处理，要进行回收利用，就必须用卡车把地毯运到英特飞在佐治亚州的工厂，但是仅仅运送几百平方码地毯的效率太低，因为一辆满载拖车的最大运量是 4 000 平方码。

鉴于个中重重障碍，换作其他制造商，地毯回收的想法或许就被束之高阁了。但是英特飞的团队成员知道，安德森希望他们找到解决办法。为了解决地毯拖运的问题，他们在全美组建了一个合作商网络，每次可以储存 400 平方码的地毯，直到能装满一辆拖车之后再运往佐治亚州。与此同时，团队也在全球范围内寻求地毯回收技术。[52] 他们从德国购买了一台昂贵的背衬机，它可以将旧的地毯砖分解成乙烯基塑料屑，再重新熔炼成新的地毯背衬。旧地毯就这样变成了新地毯。他们终于实现了整个闭环。

安德森“拯救世界”的新使命让员工们沉醉其中。不知何故，每次遇到阻碍，员工们总能想方设法排除万难。就连起初持怀疑态度的首席财务官丹尼尔·亨德里克斯也改变了看法：“我们的企业就是由一群梦想家和实干家组成的。”[53]

突然之间，各路人马争相涌入这家看似乏味的地毯制造商，希望谋得职位。2000 年，在听说了英特飞在可持续发展方面做出的努力后，戴维·格尔森主动给该公司打电话毛遂自荐。格尔森在纽约市长大，他说：“在那之前，如果你告诉我，有一天我会在佐治亚州拉格朗日市的一家地毯公司工作，我肯定以为这是个笑话，会觉得有点儿被冒犯。”他惊讶于在英特飞的发现，“这是一个完美的平台，让我得以投身于一项更加伟大的事业——仅凭一己之力是做不到的”。[54]

到 2007 年，英特飞的改革进展顺利，距离实现安德森的愿景指日可待。在产品销量增长 49% 的情况下，化石燃料的使用量还下降了 45%。英特飞的用水量仅占此前的 1/3，垃圾填埋场的使用减少了 80%。但此时安德森对英特飞的评价是：距离实现终极目标还有一半的距离。[55] 没有人要求英特飞在可持续发展方面更进一步，全是公司内部的严格要求。他们承担了消除环境影响的责任，方法也十分管用。

4 年后，也就是 2011 年，安德森不幸离世，享年 77 岁。[56] 在他的葬礼上，保罗·霍肯致悼词，对他大加赞颂。当年正是霍肯的书激励了安德森实施改革。霍肯表示，安德森“非常值得信赖，也很勇敢。他一次又一次地站在大众面前，告诉大家，他们所知道、所了解和正在做的几乎每件事情都在毁灭地球。他说的每一个字都是认真的，这些话深深地印在了成千上万人的心里、脑海里……”[57]

我们应该如何解读英特飞的故事呢？一方面，这个故事美好得不像是真的。2012 年，该公司资助了一个项目，收购渔民从海洋中回收的废弃渔网。[58] 这些渔网污染了水域，也危及了野生动物。回收之后，渔网被运送到斯洛文尼亚的一家工厂转化成尼龙纤维，再作为原材料被用来生产地毯砖，随后被买下并铺在美国的某一间办公室里。此刻有一名员工正踩在地毯上去取咖啡，她不知道的是，正是她脚下地毯的供应链让地球上的海洋变得更加清洁了。这真是不可思议。

另一方面，作为一家企业，英特飞并没有为它的股东带来巨额的回报。如果你在 1994 年年初（也就是雷·安德森的顿悟之年）选择投资英特飞，那么到2018年年底，你的年回报率就是3.6%，而市场整体的回报率为9.06%。[59] 公司的环保工作有可能是直接以股东的回报为代价的。不过，如果没有关注可持续发展，没了由此带来的产品创新和品牌塑造，公司业绩也有可能会更差。至于到底是上述哪种情况，这很难判断，但可以肯定的一点是，这绝不是一个人人都是赢家的童话故事。

或许英特飞的故事说明的道理并不是努力防范就一定能得到回报，或者好心永远有好报，这两句话都不对。这个故事其实是在告诉我们，骄矜自满不可取。我们是有能力做出改变的——接受这一点又能给我们带来什么危害呢？

英特飞本可以继续做地毯制造商，只不过永远是污染者。在田纳西州，鲍勃·桑德斯博士原本也可以永不插手政治，不超出自己的影响范围，仅仅作为一名儿科医生度过漫长而成功的一生。

他们扪心自问的不是“不能让别人来解决这个问题吗”，而是“我们能解决这个问题吗”。他们自愿承担起解决问题的责任。但请注意，雷·安德森和鲍勃·桑德斯并不是从一开始就觉得自己理应担责的，最终还是因为有了外界的刺激，有人向他们发起了挑战。对于我们来说，有没有可能在不知不觉中也对身边的问题视而不见，而我们明明有能力帮助解决这些问题？我们该如何开阔视野，看清真相？

“挪椅子”的珍妮·福雷斯特或许能给我们一点儿灵感。在加入耶鲁大学之前，她是一名临床心理学家和高管培训师，接受过解读人类动机方面的培训，这也对她日后成为一名管理者的工作裨益良多。例如，在 2019 年 2 月，她解决了一场员工之间的争端。[60] 涉事的是两位女员工，其中一位女员工道恩（化名）以“长期贬低侮辱下属”为由投诉了她的直属上司艾伦（化名）。

福雷斯特把这两位女员工一起叫去了她的办公室。回忆起这件事时，福雷斯特说自己当时的开场白是：“这件事我有责任，我来跟你们解释一下。我听过有关你们二人不和的传言，我也听你们的老板说遇到麻烦事了。你们知道我做了什么吗？我选择了视而不见，听而不闻。我当时想的是‘她们俩自己会解决的’，是我忽略了你们，我很抱歉。”

接下来，她说：“我希望你们各自都按照自己是唯一责任方的视角，把这件事再分别陈述一遍。”两位女士都难以接受这个要求，很快就开始相互指责。“每次我想给你指示，”艾伦说，“你都让我无法说下去。你会问一大堆无关紧要的问题。”福雷斯特会纠正她：“不对，你现在是在责怪道恩。我说的是，要假装你自己是唯一的责任方。”

最终，她们照做了。艾伦说：“好吧，我之前觉得，她提那些问题都是出于恶意，是故意跟我作对。我觉得她应该对我说的话照单全收，不要有任何质疑。但我其实可以更好地解释自己的想法和要求。”

道恩说：“她每次冲我发火和翻白眼，我都默默承受了，并没有立刻提出反对。我应该马上说，‘你看，你在冲我发火。我不明白你想要什么，帮我弄清楚吧’。”

（需要澄清的一点是，以上这种“找到你的责任所在”的方法是有局限性的。如果情况涉及上级性骚扰一名女下属，那么让这位女士“按照自己是唯一责任方的视角，把这件事情陈述一遍”就太离谱了，那就变成了受害者有罪论。在一个问题可能由多种因素所致的情况下，这种方法可以帮我们找出可行的“切入点”。）

在一开始面对问题时，三位女性（包括福雷斯特在内）都觉得自己无能为力。但是当福雷斯特敦促她们按照自己是责任方的视角来解释情况时，她们便发现了自己的力量。她们感觉到，自己从问题的受害者变成了解决方案的共同缔造者。在进行这场调解的 6 周之后，福雷斯特报告称，两位当事人“在一起工作的效率很高，合作也很愉快。这太神奇了”。

这和雷 · 安德森对员工提出的要求本质相同：对于我们造成的环境恶化问题，我们要按照自己负有 100% 责任的视角，把这件事情陈述一遍。当你以这样的视角看待世界时，你就可以发现采取行动的切入点：利用计算机控制锅炉、想办法熔化旧地毯、激励渔民从海洋中打捞尼龙网。那些始终存在但却被忽略的因果链条，此刻终于浮出了水面。

在复杂的情况下，福雷斯特提出的问题可以帮助我们排除干扰。如果你从自己是唯一责任方的视角，把你的感情问题说出来，那会怎么样？如果雇主从自己是唯一责任方的视角，描述员工的健康状况，那会怎么样？如果学区从自己是唯一责任方的视角，讲述高中辍学生的故事，那会怎么样？提出这些问题可能会帮助我们克服冷漠和自满，看到一切可能性：“我选择解决这个问题，不是出于要求才被迫行动，而是因为我有能力解决，也因为这个问题值得解决。”

第 4 章

隧道视野：我现在没法处理这个问题

当人们疲于应付诸多问题时，他们就不再试图解决所有的问题。
他们的眼光会变得狭隘，缺乏长期的规划，
也没有对各个事项进行战略上的优先级排序。

已经半退休的约翰·汤普森住在加拿大安大略省的哥德里奇镇。为了治疗青光眼，医生给他开了每天滴两次的眼药水，但汤普森总会忘记滴，于是他决定，把眼药水放在厨房水池上方的窗台上，这样他每天早上煮咖啡的时候都能看见眼药水。汤普森表示："我把眼药水放在窗台的东边，这样我就知道那是早上要用的。用过之后，我再把眼药水移到窗台的西侧，这样就可以确认早上已经滴过了，也可以提示我晚上再滴一次。晚上用完后，我再把眼药水放回窗台的东边。"[1] 汤普森的窗台系统完美地解决了忘滴眼药水的问题。

里奇·马里萨是住在美国纽约州伊萨卡市附近的一名程序员，他在生活中也遇到过类似的上游顿悟。[2]"因为我总忘记关灯，尤其是走廊里的那盏灯，我太太就很不满。"马里萨表示。走廊灯成了他们婚姻中的一个小矛盾，类似这种鸡毛蒜皮的琐事往往会让夫妻吵好几年架。（"你又没把马桶圈放下！"）

但马里萨意识到，他完全可以阻止喋喋不休的争吵：直接申请离婚。

我是开玩笑的，抱歉。他实际上是这么做的：“我主动承担解决问题的责任，买了一个计时开关。现在我只要按下按钮，灯就会亮 5 分钟，然后熄灭，之前困扰我们的问题就不再是问题了。”我在研究的过程中找到了很多类似的故事，故事中的主人公不再只是被动应对问题，而是开始主动预防问题。这些案例莫名地鼓舞人心，我本人也开始分析自己生活中的各种细节，寻找那些反复出现的烦恼，思考如何运用上游思维的魔法让它们通通消失。

例如，光是移动笔记本电脑的电源线就会浪费我大把的时间。尽管我有一间像样的办公室和一张像样的书桌，但似乎只有在咖啡店，我的工作效率才是最高的。因此，过去的我只能拔下电源线，把它装好，然后换一个地方重新插上。所以，（请准备好做惊讶状）我又买了一根电源线！从此，一根电源线始终摆在我的办公桌上，另一根则放在我的背包里。

这些都是很容易就能做到的。你需要的不过是清晰地认识问题，再小小规划一番。然而，在我开展访谈的过程中，我发现大多数人很难想出自己身边类似的例子。（顺便说一下，我这么讲并不是在自吹自擂。毕竟，有好几年，我每天都苦于把电源线移来移去，而最终促使我采取行动的……就是因为在写一本关于上游思维的书。）这就进一步引申出一个问题：既然上游思维如此简单，又能如此有效地消除反复出现的种种问题，为什么它还是如此罕见呢？

不妨想象一下，我自己的上游思维有多容易被打乱。要是我家里有人生病了，或者我在工作上或人际关系中遇到了很大的压力，我可能就无暇思考如何对我的日常习惯做出小小的改进。以上说的这些可能只是直观的感受：生活中，我们难免会遇到各种大问题，它们挤走了解决小问题的空间——我们没有足够的精力来解决所有问题。

但其实，“精力”的问题还有更多潜在的危害。研究人员发现，当资源匮乏，人们的金钱、时间或者脑力有限时，真正的危害并不在于大问题挤掉了小问题，而在于小问题会挤掉大问题。比如，一位单亲妈妈每个月都无力支付账单，信用卡也刷爆了。就在此时，她的儿子需要 150 美元去参加当地的篮球联赛。她不忍心拒绝，因为这是儿子在家附近为数不多的锻炼机会。但她拿不出这笔钱，距离下一次发工资还有 10 天，所以她只好从贷款机构那里借了一笔发薪日贷款[①]。她需要在一个月内以 20% 的利息（相当于 240% 的年利率）偿还贷款。万一还不上，她就要申请延期，利息也会水涨船高。虽然这算不上什么巨款，但也足以让她本就岌岌可危的财务状况最终走向崩溃。

理财顾问会说，这位母亲做了一个错误的财务决定。但事实上，她的儿子得到了这次锻炼机会，她也让自己多了几天或者几周的资金周转时间。危机可能会到来，但至少不是在今天。心理学家埃尔德·沙菲尔和塞德希尔·穆来纳森在他们合著的《稀缺》

① 发薪日贷款是一种无须抵押的小额短期贷款，以个人信用做担保，其依赖的信用依据是借款人的工作及薪资记录，借款人承诺在下一发薪日偿还贷款并支付一定的利息及费用。——译者注

一书中将这种现象称为“隧道视野效应”：当人们疲于应付诸多问题时，他们就不再试图解决所有的问题。[3]他们的眼光会变得狭隘，缺乏长期的规划，也不会对各个事项进行战略上的优先级排序。因此，“隧道视野效应”就是上游思维的第三大障碍，因为它把我们限制在短期的、应激性的思维当中。在隧道里，唯有前进这一条出路。

人们常说，一系列糟糕的决定会致人陷入贫穷。在某些情况下，这句话确实没错。（比如某位收入颇高的明星运动员，后来竟然破产了。）但沙菲尔和穆来纳森却有理有据地反驳说，这里的因果关系颠倒了：事实上，正是贫困才导致了目光短浅的财务决策。正如他们所写的，稀缺“让我们缺乏洞察力、前瞻性和控制力，其影响是巨大的。例如，贫穷对一个人认知能力的损害，甚至比一夜不眠还要严重。并不是说穷人本身精力不足，相反，是贫穷的经历削弱了人的精力”。[4]当人们的资源稀缺时，每一个问题都是压力的来源。穷人又没有办法用钱来解决问题，比如及时保养汽车、自费去看牙医，或者请几天假去照顾生病的父母。生活就像走钢丝一般步履维艰。

忙着挖隧道、局限于隧道视野的人是无法进行系统性思考的。他们不能预防问题，只能疲于被动应对。隧道视野不仅仅是穷人专属，缺乏足够的时间也会导致视野狭隘。

沙菲尔和穆来纳森写道：“稀缺，尤其是隧道视野，会导致你推迟一些重要但不紧急的事情，比如打扫办公室、做结肠镜检查、写遗嘱，这些事情都很容易被忽视。做这些事的成本近在咫尺，也容易拖延，而收益则似乎遥不可及，远在狭隘的视野之外。所以，人们总想等到所有紧急任务都应付完再做打算。”[5]

当然，紧急的事情是做不完的。于是，突然之间我们就 70 岁了，遗嘱却还没有写。除了对于个人的影响，企业也面临着这种隧道视野陷阱的困扰。安妮塔·塔克是一名工程师，曾在通用磨坊（General Mills）公司的一家糖霜厂提供运营支持。为了完成她在哈佛大学的学位论文，塔克一共花了近 200 个小时，在 8 家医院追踪了 22 名护士的工作日常。[6] 她发现，护士其实就是专业的问题解决者。平均每 90 分钟左右就会出现一个意想不到的问题。举个典型的例子：在为期 3 天的周末过后，因为洗衣房的一些员工周末不上班，一位护士发现她负责的病房的毛巾用完了。于是她就从隔壁病房拿了几条，然后让秘书给洗衣房打电话要毛巾。

塔克指出，护士遇到的最常见的问题就是处理遗漏 / 错误的信息以及丢失 / 损坏的设备。有一次，值班护士艾比正准备帮一位刚刚生完孩子的产妇办理出院。艾比注意到，那位产妇的宝宝没有佩戴安全标签。戴在脚踝上的标签价格昂贵（大约 100 美元一个），而且发挥着重要的作用，可以降低婴儿被绑架的风险。迅速地搜寻一番过后，艾比在宝宝的摇篮里找到了那个标签。3 个小时后，同样的事情又出现了：另一个即将出院的婴儿身上也少了一个标签。这一次，她发动了好几个人一起搜寻未果，所以艾比就报告领导标签丢了。由于她反应迅速，两位妈妈都只耽误了一小会儿就出院了。

要解决类似的问题，护士就必须具备创新精神，要坚持不懈，还要足智多谋。他们不能每次一出问题就去找领导。他们必须学会绕过问题，继续为患者提供服务。这才是好护士的定义。

这是一幅鼓舞人心的画面，不是吗？直到你意识到塔克所描述的其实是一个永远不会吸取教训、永远不会自我完善的系统。“说实话，我挺震惊的。”塔克表示。之所以感到震惊，是因为塔克所观察到的是上游行动的彻底缺失。

仅仅在3个小时内，艾比就处理了两起安全标签丢失的事故，但她从没想过要问：“为什么总是发生这种问题？”从别的病房拿了多余毛巾的护士从没想过：“哎，我们这里的流程有问题，我们需要制订一个计划来应对周末造成的毛巾短缺问题。”

所有的护士都只顾埋头挖隧道，深陷隧道视野，难以自拔。他们的时间宝贵，注意力有限。从另一个病房拿毛巾可能会导致该病房的毛巾也在几小时后告罄。此举就相当于借了一笔发薪日贷款。账单会到期，但不是现在。此刻，护士们还是可以继续埋头挖下去。

讲述这个故事的目的就是为了抨击那些护士吗？答案是否定的。我的猜测是，如果安妮塔·塔克选择追踪的是其他职业，比如律师、空乘或者教师，最后的结果肯定也是大同小异。顺便可以想象一下，倘若护士真的试图逃出隧道，那随之而来的场景会有多么离奇：一名护士发现婴儿佩戴的安全标签很容易脱落，她便把这个情况汇报给领导。然后呢？你还能指望她做什么呢？此刻有十几个病人正等着她去照顾，你难道指望她在这个节骨眼上到现场展开一次根本原因分析吗？更何况，面对一个张口闭口就是“解决流程问题”而不是从其他病房多拿几条毛巾便作罢的人，她的同事又会做何感想？相比之下，待在隧道里继续埋头挖就显得容易、自然多了。

这是一个可怕的陷阱：一旦你无法系统性地解决问题，你就注定会陷入被动应对的恶性循环之中，永无止境。隧道只会越挖越长，视野只会越来越窄。

隧道视野不仅能自我延续，甚至能带来情感上的回报。在最后一刻力挽狂澜会给人带来一种强烈的荣耀感，各种陈词滥调也会不绝于耳："团队所有成员，我们应该为史蒂夫送上热烈的掌声，感谢他帮我们灭火 / 挽救了大局 / 帮我们摆脱困境 / 拯救我们于危难之中。要不是因为有他，缺货报告就只能推迟一天发布了。"力挽狂澜让人感觉飘飘然，英雄主义使人欲罢不能。我们身边都有这样一些同事，他们似乎真心享受那些"在期限前通宵赶任务"的疯狂经历。我并不是说完全不需要力挽狂澜，有时这还是必要的。我想说的是，我们应该对这种恶性循环提高警惕。对英雄主义的需求恰恰证明了系统故障的存在。

那么，怎样才能逃出隧道呢？我们需要"偷懒"。这里说的"偷懒"是指留出一部分时间或资源专门用于解决问题。例如，一些医院会在每天清晨正式开工前召开"安全会议"，[7] 医护人员一起开会检视头一天"差点儿"发生的安全事故，比如患者差点受伤、医护人员差点儿就犯下的错误。此外，他们会提前分析当天可能出现的复杂情况。如果有这样的会议，护士就可以借机提及"安全标签总是从婴儿的脚踝上掉下来"。

安全会议所谓的"偷懒"并不是指无所事事。相反，它给大家留出了一段时间，在此期间，员工可以走出隧道，思考系统层面的问题。你可以认为这是一种结构化的"偷懒"，一个孕育上游行动的空间，需要团队合作，也要有很强的纪律性。芝加哥市的公立学校正是运用这一方法成功降低了辍学率：“新生成功团队”定期召开会议，逐个评估每名学生的学习进度。你永远不可能指望这种会议“自然而然”就能发生，要让教师们从百忙之中抽空参会绝非易事。

逃离隧道可能意味着困难重重，因为组织结构会产生天然的阻力。还记得亿客行首席执行官马克·奥克斯特罗姆说过的那句话吗？“我们在创建企业的时候希望每个人都有自己的关注重点，但这其实是在默许员工的短视行为。”专注力亦敌亦友，既可以帮助加快工作进度、提高效率，同时也会蒙蔽人们的双眼。（人们会给赛马佩戴眼罩，这样它们在比赛时就不会分散注意力，从而跑得更快。）如果你的工作重心一直都是向前、向前、向前，那你永远也不会驻足扪心自问，自己前行的方向是否正确。

甚至可以说，我们的大脑生来就具备隧道视野。哈佛大学心理学家丹尼尔·吉尔伯特认为，关注眼下紧急事项就是人类思维的默认功能。他在为《洛杉矶时报》撰写的一篇文章中说：

> 和所有动物一样，人类对迫在眉睫的危机反应迅速，所以当打偏的棒球突然朝我们的眼睛飞来时，我们只需几毫秒就能做出反应，成功躲开。大脑就是一台精心设计的避让机器，它会不断扫视周围环境，看看有什么危险的事物是它需要立刻躲开的。这就是大脑进化了几亿年来所做的事情。在几百万年前，哺乳动物的大脑才习得了一项新的技能：预测危险可能出现的时间和地点。

> 防患于未然是大脑最神奇的一项创新。没有这种技能，我们就不可能发明牙线或者401（k）养老保险制度。但人类的这项创新目前尚处于初期发展阶段。帮助我们躲避棒球的程序历史悠久、值得信赖，而用于应对未知威胁的附加工具却仍处于Beta测试①阶段。[8]

按照吉尔伯特的说法，上游思维是我们大脑的一个新功能。

似乎只有两个领域可以触发我们的上游本能：一个是孩子，一个是牙齿。一提到孩子，我们自然就能思考多年以后才会遇到的问题，提前为未来做打算：孩子看电子屏幕的时间是不是太长了？饮食够健康吗？以后能考上好大学吗？

更令人困惑不解的则是人类对牙齿的重视程度。牙齿是我们身体中最受宠的器官，哪怕我们没有涂够防晒霜，没有通过慢跑来保护心脏，也没有每年注射一次流感疫苗来提升免疫力，但无论多忙，我们都会把早晚刷牙作为一天中最重要的事情。我们还会定期看牙医，进行更严格的牙齿状况评估，甚至会补牙或者给某一颗牙齿做牙冠，即便当前没有感到任何不适。可以想一想：人类养成的最成功的预防习惯，是为了保护我们的……~~肺、大脑、心脏、~~牙齿。

未来，我们是否有一天能学会拿出爱护牙齿的一半气力，去爱护我们的地球母亲？目前国际社会在减缓气候变化方面的失败

① Beta测试是一种验收测试，是软件产品完成了功能测试和系统测试之后，在产品发布之前所进行的软件测试活动，是技术测试的最后一个阶段。——译者注

表明人类恐怕做不到。多年来，我们一直在嘲笑那些像温水中的青蛙一样愚蠢的人，置身险境而不自知，白白错失了从热锅中跳出的自救机会，等它意识到威胁时早就为时已晚。但其实，我们自己就是温水中的青蛙。

气候变化就像一款精心设计的产品，出自一位深谙人性弱点的邪恶的幕后操纵者之手。首先，气候变化的速度太过缓慢，无法激发我们的紧迫感。其次，它缺乏一张人类的面孔。正如吉尔伯特在前文引用过的那篇文章中所言："倘若气候变化是由某个残暴的独裁者或者邪恶帝国给我们招致的祸端，那么抗击气候变暖就会变成这个国家的头等大事。"要成功应对气候变化，就必须超越部落的局限，进行跨国家、跨党派、跨组织合作。最后，气候变化的特点就在于行为与后果的错配，也就是说，对气候造成最大破坏的人和因此遭受最大影响的并不是同一群人。这样描述似乎过于悲观，但有一个案例与此形成了鲜明的对比，可以让人重燃希望。就在不久以前，全人类携起手来应对一个重大的全球环境威胁：臭氧层空洞。这个威胁同时具备了上述的全部特征。把时间的指针拨回到1974年，科学家马里奥·莫利纳和弗兰克·舍伍德·罗兰在《自然》杂志上发表了一篇论文，题为"由于含氯氟甲烷引起同温层下沉，氯原子催化分解臭氧"。[9]对于一个预示着末日灾难的科学发现来说，这真是一个冷静克制的标题。

科学家的发现与氯氟碳化合物有关。[10]这种化学物质具有广泛的工业用途，可以用作除臭喷雾的喷射剂和空调中的制冷剂。氯氟碳化合物是一种极为理想的材料，无毒，不易燃，化学性质非常稳定，会在大气层中停留很长时间。[11]之前从来没人想过这种物质从你的冰箱或者腋窝里飘出后，最后会去往何处。但莫利纳和罗兰发现，氯氟碳化合物会在大气中越飘越高，直到最终被太阳光线分解，释放游离的氯原子，氯原子会消耗臭氧层，[12]而臭氧层又是抵御紫外线辐射的重要屏障。由此造成的潜在后果就是世界粮食供应中断和皮肤癌的广泛流行。[13]那么，在他们的爆炸性发现公之于众以后，发生了什么呢？没什么波澜。“消息公布之后没有引起任何轰动，因为我们在讨论的是某种无形的气体上升至某个无形的大气层，而这个大气层可以保护我们，以抵挡某种无形的射线。”莫利纳在美国公共电视网（PBS）制作的优秀纪录片《臭氧空洞：我们如何拯救地球》中表示，“他们都说：‘哦，你肯定在危言耸听。’”[14]

他们并没有危言耸听。幸运的是，世界末日没有到来，因为一个国际联盟成立了，大家携起手来，通过一系列协议限制氯氟碳化合物的使用，其中就包括1987年的《蒙特利尔议定书》。该议定书被一位气候科学家称为“踩刹车”,[15]而1992年通过的《哥本哈根修正案》则更像是发出刺耳噪声的猛然减速。（此后还达成了几项协议。）因此，人类成功阻止了问题的持续恶化。无论如何，臭氧层是无法“修好”的，[16]也就是说，如果按照目前的趋势，到2050年，臭氧层才能恢复到1980年的水平。但至少，我们已经放下了铁锹，停止了自掘坟墓，这本身就可喜可贺。

未雨绸缪本身就是自相矛盾的：我们必须营造出一种紧迫感，来解决一个可能暂时不会发生的问题。换句话说，我们必须让上游行动的感觉贴近下游行动。比如1974年，莫利纳和罗兰发表了他们的论文，当时全世界也许只有几十个人能感觉到臭氧枯竭问题的紧迫性，他们心急如焚。想象一下，在一张描绘“修复臭氧层的热情”的全球热度地图上，莫利纳和罗兰所在的学术领域就是一个炽热的红点，而地球上的其他地方则是一片冷淡的蓝色。但仅仅 10 年后，红色就如同野火一般在全球蔓延——一项全球协议即将达成。这是怎么做到的呢？

首先需要认识到的一点是，“营造紧迫感”其实就是在利用挖掘隧道的力量。与其试图逃离隧道（就像前文提到的“偷懒”），我们不如试着利用这种狭隘视野所带来的超强专注力。在面对即将到来的截止日期时，有谁不是处于效率和动力的巅峰呢？截止日期为任务人为带来了紧迫感。以美国 4 月 15 日的纳税截止日期为例。虽然这是一个随意选定的日期，但却有着左右人类行为的影响力。约有 2 150 万美国人会在截止日期前的最后一周提交纳税申报。[17] 随着期限的逼近，你终于放下了手头所有其他事情去完成报税。① 这并不意味着你已经停止挖隧道了，而更像是政府把任务塞进了隧道里，确保你一定会完成。

我们都希望隧道里全是我们爱做的事情，但事实是，隧道内部已然拥挤不堪。我们的需求要与许多更加情绪化的紧迫忧虑竞争，比如带孩子参加足球队的训练、为老板处理数据、去养老院探望祖母。这些事情你要是不做，就只能一直堆着。与此同时，臭氧层问题虽然听上去似乎很重要，但是超出了你的日常关注范

---

① 假设不存在纳税期限，相反，我们可以随时提交上一年的税款。但是，一旦过了 1 月，每拖延一个月都会在欠款的基础上再增加 2% 的利息，就像信用卡余额不断滚计一样。有人认为，倘若我们没有随着欠款的增多而最终耗尽全美的现金，那这对联邦政府来说将是一棵巨大的摇钱树。

围，在你的隧道以外。为了改变这种漠不关心的态度，包括罗兰在内的许多科学家都积极参与，大声疾呼，强调臭氧枯竭给人类带来的后果，[18] 尽管这并不符合他们作为科研人员所接受过的培训，也违背了他们的本能。哪怕面对的是对研究结果持敌对态度的人，他们也不愿放弃科普的努力。

他们的倡议还通过意想不到的方式引发了支持。1975 年，全美最受欢迎的电视剧《全家福》（*All in the Family*）播出了这样一集，在剧中，文理学院大学生迈克（外号“呆瓜”）责备他的妻子格洛丽亚，因为她使用的喷发定型剂含有氯氟碳化合物，会破坏臭氧层，最终会“导致全人类的灭亡”。[19] 这一集电视剧播出后，喷雾剂的销量出现了显著下滑。[20]

“臭氧层空洞”一词也加剧了这种紧迫感。[21] 今天的我们对这个术语已经很熟悉了，但直到 20 世纪 80 年代中期，也就是《自然》杂志上那篇论文发表 10 年之后，人们才真正开始使用这个词。一些科学家持反对态度，[22] 认为这么描述不够严谨，但这并未阻挡“臭氧层空洞”一词的迅速走红。研究员理查德·斯托拉斯基曾在一档播客节目上表示，“通过一个简单的关键词，你可以更容易地触达更多公众”。[23]“洞”这一概念使得问题更加形象生动、有画面感，能唤起人们的行动意识。如果重要的东西，比如屋顶、船只或者毛线衣上有了一个洞，你就会马上去修补。补洞是紧迫的，而臭氧层的缓慢枯竭则不然。

这场运动还有另外一面，那就是如何应对国际行动的潜在反对者。像美国最大的氯氟碳化合物生产商杜邦（DuPont）这样的公司，多年来一直在抵制针对该化合物的禁令，但等到《蒙特利尔议定书》通过时，杜邦公司却成了一个坚定的支持者。[24] 日后，两位研究员分析了杜邦在其中所扮演的角色，他们得出的结论是："杜邦对议定书的支持也依赖于美国官员的谈判能力，因为这些官员确保了欧洲生产商不能通过该国际条约的任何条款获得竞争优势。"[25] 换句话说，杜邦可能会抵制仅针对美国的禁令，但如果它在全球范围内所有的竞争对手都面临着同样的禁令，杜邦就不会觉得自己处于不利地位。

其他反对者还包括一些发展中国家的领导人。[26] 他们认为，明明发达国家才是罪魁祸首，凭什么让发展中国家来承担解决问题的高昂成本呢？时任英国首相玛格丽特·撒切尔带头要求工业化国家提供大部分的必要资源。[27]（这位"铁娘子"表面上看起来不像是会支持臭氧层保护的那种人，但她的背景提供了一条线索：她在大学里学的是化学专业，也做过一段时间的化学研究员。）

在做出这些妥协之前，为保护臭氧层所采取的国际行动原本会对杜邦公司和发展中国家构成威胁。从定义上讲，威胁肯定都是紧迫的。因此，国际谈判代表所做的其实就是对紧迫感的一种协调：增强支持者的紧迫感，削弱反对者的紧迫感。

回首往事，我们会觉得诸如此类的案例注定会成功。"我们当然修复了臭氧层——我们别无选择！"但其实，这期间可能会有无数种方式让所有努力付诸东流。此处仅举一例：1987 年 5 月，也就是《蒙特利尔议定书》签署的几个月前，美国内政部部长唐纳德·霍德尔在内部辩论中对提案提出批评，建议人们可以从现在开始戴帽子、戴太阳镜、涂防晒霜，而不是禁用氯氟碳化合物。[28]此番言论一出，立刻引发舆论哗然。（那时候要是有推特这样的社交媒体该多好，大家就可以对那条评论畅所欲言了。）最终，霍德尔让步，里根政府保持了作为协议关键一方的地位。[29]

最初持怀疑态度的里根总统最终却成了这项工作的忠实信徒。国务卿乔治·舒尔茨在 PBS 制作的那部纪录片中谈到里根的态度："你觉得一切都是杞人忧天，也许你是对的，但你也得同意，万一真的发生了，那就是一场毁灭性的灾难，所以还是保险起见吧。"

气候科学家使用"成功避免的一个世界"来探讨通过臭氧层协议所预防的问题。"我认为这个短语有助于思考我们成功避免的那个世界，"美国国家海洋和大气管理局（NOAA）的研究员肖恩·戴维斯在一场 TEDx 演讲中表示，"通过签署《蒙特利尔议定书》，我们避免了对环境和人类福祉造成灾难。到 21 世纪 30 年代，我们每年都将避免数百万个新增皮肤癌病例，而且这个数字会继续增长"。[30]

"成功避免的一个世界"是一个容易引起共鸣的短语。可以说，这是所有上游行动的目标：避免一个持续存在某种伤害、不公、疾病或苦难的世界。通往这一目标的道路是艰难曲折的，我们已经看到了途中的重重阻碍：无视问题（"我不觉得这里有问题"）、缺乏责任心（"这个问题轮不到我来解决"），以及隧道视野效应（"我现在没法处理这个问题"）。

在本书的下一部分，我们将着重研究那些为了"成功避免的一个世界"而战的领袖。他们试图避免的问题在领域和重要性上可能千差万别，从家庭暴力、电梯故障，到物种入侵、人行道破损，再到顾客流失和校园枪击。尽管关注点大相径庭，但他们所采用的策略却有一些重要的相似之处。他们每个人都必须以自己的方式解决 7 个关键问题，从“如何团结合适的人”到“谁来为没有发生的事情买单”。

接下来，我们将看到一个挑战了不可能的国家，几乎消除了青少年药物滥用的问题。如果你觉得拥有一代快乐而清醒的青少年只能存在于幻想之中，那就赶紧翻页吧。

第二部分

上游领导者需要解决的 7 个问题

如何团结合适的人

如何改变系统

在哪里找到抓手

如何得到问题预警

怎么知道你成功了

如何避免造成伤害

谁来为没有发生的事情买单

第 5 章

如何团结合适的人

找到合适的人将问题全面包围起来；尽早告知他们问题所在；协调所有人的努力，以防止具体案例的出现。

1997 年，有一张摄于冰岛雷克雅未克市中心的照片，后来成为一个全国性重大问题的象征。[1] 照片上是一个人头攒动、比肩接踵的城市街区，大多数人都是金发碧眼，还有零星的黑发女郎。时值冰岛的夏季，白昼时间长，天色只会稍微暗淡几个小时。所以尽管拍摄于凌晨 3 点，[2] 但照片上所有的面孔都清晰可见，几乎无一例外是醉酒的青少年。

青少年已经占领了整座城市。

1998 年，在冰岛十五六岁的青少年中，42% 的人表示在过去的 30 天里喝醉过，[3] 近 1/4 的人每天吸烟，17% 的人吸过大麻。[4] 达格尔·艾格特森曾经是一名内科医生，他在 2014 年当选雷克雅未克市市长。“我记得我小时候曾帮一个朋友在小巷里催吐。还有一个朋友掉到过海里，他当时把港区的输油管道当成平衡木走……这些都是很平常的故事，就是成长的必经阶段。在 14 岁那年的暑假，打工领到人生第一份薪水的时候，大家都经历过。”[5]

这种行为已经不能算作青少年正常的小打小闹了。在 22 个欧洲国家中，冰岛十年级学生因饮酒而发生事故或受伤的比例位居第二。[6] 在其他类似事项中，比如在 13 岁或以下年纪喝醉过的比例，[7] 以及在过去一年中喝醉 10 次或以上的比例，冰岛同样名列前茅。[8] 冰岛的青少年对这一切习以为常，他们觉得世界本就如此。但在 20 世纪 90 年代，随着药物滥用率的逐年攀升，一些领导人开始担忧起来。[9]

这些领导人不再对问题视而不见——他们再也不愿将青少年的这种行为视作自然的或者不可避免的事情。他们决定采取上游行动。那么，该怎么做呢？

为了取得成功，进行上游干预的领导者需要解决七大关键问题，在本书的这一部分，我们将各用一章来逐一讨论这些问题。我们将探究为什么每个问题都很难回答，而聪明的领导者又是采取了何种策略来克服困难的。这七大问题中的第一个是：如何团结合适的人？

回想起来，许多上游行动都是一种志愿工作——是主动选择，而非出于义务。在冰岛确实如此：许多人和政府机构必须应对青少年药物滥用的后果，但没有哪个机构或个人的职责是预防药物滥用（至少在一开始是这样的）。然而，很多人出于关心都想尝试一下。因此，同许多上游努力一样，第一步就是“包围问题”——招募拥有共同目标且涉及各方面的人员和组织。

1997 年，以学术研究者和政治家为首的一群人发起了一场名为“无毒冰岛”的反药物滥用运动。[10] 团队急切地寻求社会各界人士的帮助，[11] 包括有参与意愿的研究人员、政策制定者、学校、警察、家长、青少年、歌手 / 音乐家、非政府组织、政府机构、冰岛各地市政府、私营公司、教堂、医疗中心、体育俱乐部、运动员、媒体工作者，以及国家烟酒专卖局。这看起来似乎是一群庞大的合作者，但别忘了，大多数冰岛人都居住在首都雷克雅未克或其周边地区，雷克雅未克的人口还不到 25 万。[12] 在大陆地区，整个国家的国土面积和美国肯塔基州差不多大（与肯塔基州最大的区别在于冰岛特有的活火山、巨大的冰川，以及歌手比约克[13]）。重点是，在冰岛这个国家，几百位来自不同领域的领袖可以相对迅速地集结。

吸引各方的是打击毒品和酒精的一个全新愿景。在过去，这项工作的重点是改变个体行为，也就是让青少年戒酒戒毒。但本次运动的领导者却认为，大家曾经更多关注的是个体的主动拒绝，以致失去了全局观：[14] 如果根本不提供毒品会怎么样？或者，如果这些青少年喜欢的是其他活动，比如足球、戏剧或者徒步，从而根本不想醉酒会怎么样？简而言之，如果吸毒和酗酒在他们的世界里不再是常见之事，而是变成不正常的行为，那会怎么样？"我们想改变社区环境，从而改变孩子们的行为。"社会科学家、该运动的主要领导者之一因加·朵拉·西格福斯多提表示。[15]

学术研究已经明确了青少年药物滥用的一些风险因素，[16] 比如与酗酒或吸烟的朋友混在一起，或者有大把自由时间和这样的朋友出去玩，一起去参加派对或者凌晨 3 点混迹于市中心的街头。[17] 还有一些保护性因素可以降低药物滥用的风险，[18] 其中大多数因素归根结底就是让青少年以更好的方式来度过闲暇时间，[19] 比如参加体育运动和课外活动，或者只是多和父母待在一起。（有趣的是，研究表明，和父母待在一起的时间长度要比质量更重要，而西格福斯多提的报告显示，这对许多冰岛家长来说并不是个好消息。[20]）简而言之，青少年可以自由支配的时间是有限的，所以一旦孩子循规蹈矩的时间多了一个小时，那就意味着他调皮捣蛋的时间少了一个小时。这项运动的指导思想非常简单，就是一方面减少药物使用的风险因素，另一方面增加保护性因素，从而改变青少年所处的文化环境。[21] 从家长、政治家到体育俱乐部领导在内的所有参与者各自拥有不同的资源，但他们的共同之处就在于，各方都具备影响其中一个或多个因素的能力。

社区和家长通过努力改变了流行节日的文化。[22] 过去在节日期间，很多青少年都在无人看管的情况下四处闲逛，现在则鼓励一家人一起过节。他们还专门招募青少年来编写和拍摄反酗酒的电视广告。

大部分的行动都依赖于多方的合作。举个例子：冰岛早就规定了不同年龄段的孩子可以外出的特定时间。这项“外出时间”政策其实就是柔化的宵禁制度，[23] 但因为对违反规定者没有相应的法律惩罚措施，所以常常被人忽略。比如在那张标志性的照片里，挤在雷克雅未克街道上的所有孩子其实都违反了规定。[24]

为了改变这种无所谓的态度，运动参与方给所有青少年的父母寄了一封来自雷克雅未克市长和警察局局长的信，呼吁他们让孩子遵守外出时间。[25] 信中还附了一个冰箱贴，上面写着年轻人可以外出的具体时间。[26] 西格福斯多提表示，在过去，外出时间的规定基本完全依赖家长执行，这就使得那些遵守政策的极少数家长成了孩子眼中的“坏人”[27]。可以想见，青少年会抗议：“别人的爸妈都不在乎这个宵禁！”但一个冰箱贴就让宵禁制度看起来更加“正式”了，遵守程度也显著提高了。[28]（一些社区的家长还会在夜间组织巡逻，敦促流连街头的青少年赶快回家。[29]）

该运动最大的创意来自美国临床心理学家哈维·米尔克曼的研究。[30]米尔克曼专门研究成瘾问题，他表示：“我意识到，与其说人们是对毒品上瘾，不如说是对改变大脑中的化学物质上瘾，而改变大脑中的化学物质就会给他们带来自然的快感。”[31]换句话说，我们不应该反对青少年“追求快感”的本能，而是应该为他们提供更安全的获得快感的方式。该运动的领导者已经意识到，孩子们需要更好的方式来度过课余时间，这也是一个典型的保护性因素，但米尔克曼的发现还是带来了细微的差别。青少年需要更多的课外活动，但也不是随便什么活动都行，他们真正需要的是能让他们自然产生快感的活动：比赛、表演、锻炼、展览等，这是迫使他们承受更多生理或心理风险的活动。

放学后，冰岛的孩子们常去“体育俱乐部”，[32]在那里，学生可以参与各种各样的体育运动，从足球到高尔夫球，再到体操，不一而足。许多社区花钱给体育俱乐部请了更好的教练，足球教练也不再由家长自愿担任，而是由更富经验的资深球员受聘担任[33]。这种体育运动的“职业化”至关重要：冰岛的反药物滥用行动将非正式和正式的体育运动加以区分，而后者才是最关键的。如果你和朋友约在某个街区临时打一场篮球赛，相比其他不打篮球的同龄人，你喝酒的量只会有增无减。但如果你是在篮球联盟打球，情况就不一样了。你做出了承诺，属于一个团队，你的社交网络都围绕着一个健康的活动。为了支持大家加入“体育俱乐部”，以及参加其他娱乐活动，雷克雅未克以及随后效仿的其他城市向每个家庭都发放了一张价值数百美元的礼品卡，可以用来支付会员费或者课程费。[34]

功夫不负有心人。团队开展了一项名为“冰岛青年”的年度调查，[35]旨在衡量该国青少年的饮酒和吸毒习惯，同时也追踪了该运动所明确的风险和保护性因素（例如，与父母相处的时间）。这项调查就好比这场运动的一块记分牌。为了检视调查结果、计划后续行动，团队召开了会议——总也少不了会议。医生开处方，矿工挖掘，教师教学，而上游行动者则热衷于开会。在运动开展的头 5 年里，仅指导委员会就召开了 101 次会议。[36]但这些会议并不同于你在工作中经历的那种眼神迷离、昏昏欲睡的会议。倘若方式得当，上游会议也可以让人充满活力：富有创意、开诚布公、即兴发挥，洋溢着为实现宏伟目标而共同奋斗的激情。

甚至在最初几年，运动就已初显成效：正式体育运动的参与度提升了，[37]孩子与父母相处的时间增加了，[38]对外出时间的遵守度提高了，[39]还带来了一种成功的感觉，这种情感上的回报可以让人们保持对工作的全情投入，也能吸引新的伙伴加入队伍。2018 年，在这场运动开始约 20 年后，青少年文化发生了转变。[40]为了让结果更加具象化，我们可以想象一个有着 40 名学生的高中班级。1998 年，班上有 17 人在过去 30 天内喝醉过，9 名学生每天都吸烟，7 人抽过大麻；而到 2018 年，仅有 3 人在过去 30 天内喝醉过，只有 2 人每天抽烟，仅 1 人抽过大麻。图 5-1 中的下降趋势说明了一切。

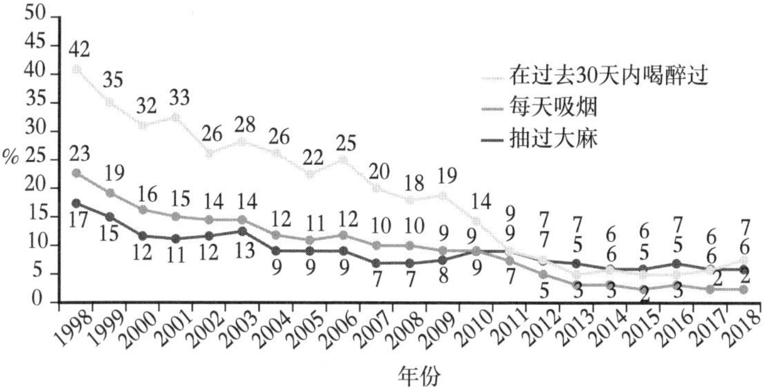

图 5-1　1998—2018 年冰岛青少年文化变化趋势

也许冰岛案例中最令人惊讶的地方在于运动大获全胜，如春风化雨，润物细无声。如今的大多数青少年甚至对此毫无察觉，[41] 在他们成长的世界里，几乎根本不存在药物滥用的现象。

冰岛的这场运动令全世界艳羡，包括西班牙、智利、爱沙尼亚和罗马尼亚在内的其他国家迅速效仿。[42] 西格福斯多提认为："这种模式最重要的一个元素就是赋权，为社区、家长和孩子赋予表达的权利。系统中的每个参与者都扮演着各自的角色。我觉得这就是背后的驱动力。"[43]

你该如何团结合适的人？不妨从西格福斯多提的观点入手："每个参与者都扮演着各自的角色。"既然你的进展可能取决于人们的自愿行动，那么明智的做法就是尽可能广纳贤才，维持一个强大的阵营。

但仅凭"多多益善"的理念是远远不够的。核心团队成员的选择应该更具战略性眼光。要想采取预防性干预措施，往往需要在散兵游勇之间进行一种全新的整合。上游努力要想取得成功，就必须全方位将问题包围。这意味着，你需要吸引那些能够从各个关键角度全面解决问题的人。冰岛运动的领袖成功动员了所有青少年，以及几乎所有能够对青少年产生重大影响的人，比如父母、教师、教练等。每个人都做出了重要的贡献。相比之下，下游行动的范围则狭窄得多。回想一下本书开篇亿客行的例子：接听客户来电只需一位客服人员，但要免去客户来电的必要，则需要整合多个团队的力量。

你一旦从各个角度包围了问题，那么接下来就需要组织好各参与方的行动。你还需要一个意义重大、令人信服的使命，一个让大家哪怕在重压之下也能为之奋斗的共同目标。比如在接下来的这个故事里，工作的压力是因为关乎他人性命。

1997 年，刚从大学毕业的凯莉 · 邓恩来到了美国马萨诸塞州纽伯里波特这座古朴的小镇，[44] 从波士顿往北开车大约一小时即可到达此地。抵达后不久，她便收到了一张传单，内容是招募志愿者去法院帮助申请了禁制令的受害者，她决定应征。在完成了一些培训之后，某个星期一，她来到当地的地方法院，第一次作为志愿者正式上岗。她还随身带了一本书，以为周末刚过去不会发生什么事，工作会比较清闲。

等她到了才发现，已经有 3 位女性在排队等她了。一位在周末被锁在地下室里。另一位被丈夫殴打，当时她的孩子疯狂地抓着她的手臂，在手臂上留下了一块瘀青。

“我简直吓坏了。”邓恩表示。她当时心想：“天啊！我真不敢相信在刚刚过去的这个周末，这个安静的新英格兰小镇上到底发生了什么。”对于这份帮助家暴受害者的工作，邓恩越来越投入，很快就成了那个志愿者组织的全职员工，现在这个组织名为“珍妮·盖格危机中心”。[45]

据《纽约客》杂志报道，5 年后，邓恩帮助过的一位名叫多萝茜·吉奥塔–科特的女性被当时已经分居的丈夫残忍杀害。[46]多萝茜长期遭受虐待，曾试图在保护两个女儿人身安全的前提下申请离婚。事发当天，她丈夫从其中一个女儿面前冲过去，撞开了多萝茜卧室的门，把她拖了出来。当警察赶到时，他已经开枪打死了多萝茜，然后自杀了。两个女儿从此成了孤儿。

这起谋杀案让邓恩对自己曾经笃定的信仰产生了怀疑。[47]“摆在我面前的只有两条路，要么辞去这份工作，要么就得认真思考我们到底在做什么：我们是如何建立这些体系的？这些体系真的可以帮到别人吗？”邓恩在谈及她对多萝茜遇害的感受时说：“她的故事让我们看到了这个体系的缺陷所在。”

该体系拥有的几个不同的功能是各自独立的：警察负责响应 911 报警电话；医护人员负责处理伤口；援助者帮助受害人；地方检察官负责案件起诉；假释官在罪犯服刑完毕出狱后继续加以监视。像多萝茜这样的女性基本就处于这些角色的掌控范围之外。没有哪个群体的使命是防止凶杀案，也没有哪个团队具备相应的应对能力。邓恩发现，防止谋杀的唯一方法就是团结上述所有群体，将他们的注意力集中在高危女性身上。①

但是你怎么才能预先知晓哪些女性最有可能成为凶杀案的受害者呢？在这个问题的指引下，邓恩发现了杰奎琳·坎贝尔的研究。坎贝尔是一名护士，也是约翰斯·霍普金斯大学研究家庭暴力的领军人物。在职业生涯的初期，坎贝尔意识到了家庭暴力的普遍性。[48] 在读护理学硕士期间，她曾与美国俄亥俄州代顿市当地的警察局合作，查阅过所有涉及女性被丈夫、男友或者前夫、前男友谋杀的案件。（如果一位女性被谋杀，凶手符合上述身份的概率接近 50%。[49]）

她看过的不少文件都附有犯罪现场的照片，[50] 其中一个场景深深地印在了她的脑海中。照片中一名妇女被铐在椅子上，死于枪伤。她丈夫开枪射中了她的太阳穴。犯罪现场非常恐怖，但还有一个细节吸引了坎贝尔的注意——死者的手臂上打了石膏。档案显示，她的尺骨骨折了（人的前臂有两根平行的骨头，一根是尺骨，另一根是桡骨）。发生事故时，通常都是这两根骨头同时骨折，或者只是桡骨骨折。只折断尺骨的情况比较罕见，这意味着患者是因防御而受伤。可以推测出，这名妇女当时正举起手臂保护自己，在这个过程中被某个硬物砸断了骨头。

但令坎贝尔吃惊的并不是受伤本身，毕竟，她看过的每一份文件都有生理摧残。真正让她震惊的是死者手臂上打的石膏。因为石膏意味着该妇女生前向医疗体系寻求过帮助，但没人愿意或

① 蕾切尔·路易斯·斯奈德在《纽约客》上用更长的篇幅讲述了多萝西·吉奥塔–科特和珍妮·盖格危机中心的故事。我正是通过斯奈德那篇既感人又深刻的文章才了解到该中心的工作的。

者能够保护她免受进一步的伤害。坎贝尔表示："因此我认为，我需要与遭受虐待的女性合作。"

坎贝尔开始研究从家暴升级为谋杀的规律。有些危险因素是可以预见的，比如施虐者持有枪支或者酗酒成性。还有一些因素则不那么明显：如果伴侣中施虐的一方失业了，那么受害者的风险就会更大。基于这些数据的规律，坎贝尔开发了一种"危险评估"工具，[51]多次验证显示，该工具可以准确预测伴侣杀人案的发生。该工具的最新版本会要求女性受虐者在日历上标出过去一年间她们每次被家暴的大致日期，然后回答关于施虐者的 20 个判断题，包括：

- 他失业了吗？
- 他是否威胁要伤害孩子？
- 他是否控制了你的大部分或者全部日常活动？例如：他是否规定你可以和谁做朋友，何时可以见家人，可以花多少钱，或者什么时候可以开车？[52]

多年后，已经成为珍妮·盖格危机中心高管的凯莉·邓恩意识到，坎贝尔的危险评估工具就是一种预警系统，本可以用来防止多萝茜的遇害。[53]假如多萝茜填写过这份问卷，她最终的评估分数就是 18 分（满分为 20 分），意味着"极度危险"。[54]坎贝尔的工具为援助者争取到了在最坏的情况发生之前进行干预的时间。现在邓恩必须弄清楚应该如何利用这段时间。

2005 年，邓恩筹建了"家庭暴力高风险团队"，[55]由所有与虐待案件打交道的人共同组成，包括警察、假释及缓刑监督官、当地医院的工作人员、受害人的援助者、地方检察官办公室的代表，甚至还有一个对施暴者进行干预的组织。她将问题全面包围。高风险团队由 13 ~ 15 人组成，每月召开一次例会，检视在坎贝尔的危险评估工具中得分最高的女性案例。[56]

这种合作实属罕见，几乎就是在挑战不可能。比如，在许多社区，受害人的援助者和当地的警察简直就是水火不容。在此之前，这些人主要的工作就是传递接力棒：医院将受害人交给援助者；援助者会将存在施暴者的事实汇报给警方；警方再将案件移交地方检察官处理；等等。但他们从未坐在一张桌子前一起合作过，更不必说着眼于主动预防而非被动应对了。

在会议中，高风险团队会逐一检视案例。通常第一步是为女性制订一个应急计划：[57] 万一需要逃跑，她可以去哪里？住旅馆或者打车的钱由谁来付？逃跑的事需要通知谁？另一个经常讨论的话题就是“巡逻”的需求：警察会在巡逻过程中开车经过受害人的家，[58] 从而向施虐者传递一个信号：我们在盯着。

巡逻同时也是向受害人发出信号。博比 · 怀尔是附近城市埃姆斯伯里的一名退休侦探。他提到，曾有一名警察在开车经过时发现一名妇女的家有异样，于是就停了车。“他把车停好，敲了敲门，问那位女士：‘一切都好吗？’女士回答：‘是的，为什么这么问？是有什么事吗？’警察接着说：‘嗯，阁楼上的灯是亮着的，但之前从没亮过。我想确认是不是一切都好。’那位女士欣喜若狂。”之所以欣喜若狂，是因为这位警察竟然如此细心，能注意到新添了一盏亮着的灯。她邀请警察进家吃些饼干再走。

在整个团队合作的时候，他们开始寻找系统中可能被施暴者利用的漏洞。比如，当罪犯被要求佩戴 GPS 定位手环作为释放条件时，在正式释放和第一次假释报到领取手环之间，通常会有几天的间隔。“那么，这几天他们会去哪儿？”怀尔侦探表示，“而现在的协议是：罪犯一被释放就会进入缓刑期，立刻就要戴上手环。这样的话，（罪犯）就不会有几天不受监控的空窗期了。”[59]

“20 年前，如果你跟我说警察可以和反家暴倡议者共处一室，一起喝喝咖啡，嘻嘻哈哈，友好相处，我会告诉你不要痴心妄想了。万万没想到这个幻想竟然成真了。”道格·高德特表示。[60] 高德特是一名倡议者，他所在的组织也加入了这个高风险团队。

自 2005 年以来，该团队已经受理了超过 172 个高危案例，其中 90% 的受害者表示没有再次遭到殴打。[61] 邓恩透露，在高风险团队成立之前的 10 年里，该地区有 8 人死于家庭暴力。[62] 高风险团队的使命就是保护那些置身于最大暴力风险中的女性，在团队为这些社区提供服务的 14 年里，没有一个妇女死于与家庭暴力有关的凶杀案。[63] 一个都没有。

高风险团队成功的经验似乎是：找到合适的人将问题全面包围；尽早告知他们问题所在；协调所有人的工作，以防止具体案例的出现。最后一点需要澄清一下，这不是一个讨论“关于家庭暴力的政策问题”的组织，而是一个防止特定的妇女被杀害的组织。

这一点与前文提到的芝加哥市公立学校的故事不谋而合。还记得负责“新生在轨”项目的佩吉·庞德吗？她说过：“教师这个职业的魅力就在于，你愿意相信什么样的理念都没问题，但是如果你在谈论某个学生，假设他叫迈克尔，那你就是真的在关心他。归根结底，这还是人们真正关心的现实问题……‘下周我们要怎么帮助迈克尔呢？’”

纽伯里波特镇的行动也是出于同样的动机。警察、地方检察官、反家暴倡议者和医疗工作者各自有着不同的优先事项。但他们共同的愿望就是避免邻里乡亲被家暴致死的悲剧重演。正是这个共同的目标成了他们合作的动力。

两个故事的另一个相似之处就是体现了数据的重要性，这也是我在研究中反复观察到的一个主题，也是一个让我感到意外的主题。我知道数据对于激发灵感和衡量进度非常重要，但我没有预料到的是，它竟然会成为许多上游行动的中心。“中心”从字面上理解也没错，因为无论是芝加哥市的教师和辅导员，还是纽伯里波特镇的高风险团队成员，他们都是围坐在一张桌子旁盯着数据看，探讨如何根据面前的最新数据安排接下来一周的工作。

在芝加哥市，数据的内容是：自从上次会议之后，迈克尔来上学了吗？他所有的课程成绩如何？本周我们该怎么帮助他？而在纽伯里波特，数据的内容是：虐待妮科尔的人在哪里？他最近在做什么？本周我们该怎么帮助妮科尔？

这种系统就是乔·麦卡侬所说的“用于学习的数据”。[64] 麦卡侬是一位社会领域的专家，擅长将小范围展开的行动推而广之，曾是非营利组织和政府部门的负责人，还作为顾问为许多国家的运动提供过建议。[65] 麦卡侬将“用于学习的数据”与“用于监测的数据”区分开来。使用数据进行监测的场景如下：“史密斯，上季度你没有达到销售目标，怎么回事？”“威廉姆斯，你的客户满意度下降了，这可不行。”

因为利用数据进行监测实在太过普遍，领导者有时甚至完全忽略了其他的数据使用模式。麦卡依表示，当他询问社会领域的领导者，他们在数据和指标方面的首要任务是什么时，“我从没听到有谁的回答是‘建立对前线人员有用的数据系统很重要’。从来没有。但这其实才是首要原则！设计系统时，你应该思考的是，教师将如何利用这些数据来改善课堂教学，医护人员将如何利用这些数据来改善对病人的护理，当地社区如何利用这些信息。但事实上，很少有系统是按照这个思路设计的。”

麦卡依认为，要想让团队发挥出最佳水平，就要告知他们一个清晰明确、令人信服的目标，以及用于衡量进展的实时数据流，其余的就让他们自由发挥。亿客行就是一个很好的例子。跨职能小组的目标是帮助数以百万计的客户免去拨打客服电话的麻烦。这是一个富有价值且具有挑战性的目标。接着，小组成员就被关进一个房间里，利用定期更新的数据观察来电的数量是在上升还是在下降。团队成员提出预防措施，然后逐一进行测试，观察哪些措施行之有效。这就是“用于学习的数据”。他们不需要老板站在旁边，冲他们大喊具体的指标：“在明天之前，我们需要削减 4% 的电话量！”

团队成员互相监督，数据让他们实事求是，也敦促他们不断努力。要让数据为前线所用绝非易事。但有时，用具体数据来证明自己的努力是解决重大问题的不二法门。

2014 年，时任美国伊利诺伊州罗克福德市市长的拉里·莫里西在一位同事的怂恿下参与了“市长挑战项目”。[66] 该项目由联邦政府发起，旨在解决全美各地社区中退伍军人无家可归的问题。彼时，莫里西担任市长的第三个任期即将过半，自 9 年前首次上任以来，他就一直致力于解决无家可归的问题。[67]

在一定程度上，无家可归是罗克福德市经济低迷的“副产品”。2013 年，登载于《华尔街日报》的一篇文章为这座位于芝加哥市西北约 90 英里处的城市描绘了一幅惨淡的图景：“罗克福德市一度是一个繁华的制造业中心，喷枪和电动车库开门器都诞生于此，而如今，这座城市却早已失去往日光辉，沦落为美国的溺水之都。在城区约 32% 的抵押贷款中，房屋的价值都低于房贷欠款。”[68] 莫里西本人也深受其苦，他自己就是溺水屋①的房东。

罗克福德市的人口（2018 年约为 15 万）自大衰退以来持续减少，[69] 因为居民纷纷离开本市，去别处寻求更好的发展机会。“整座城市的人有一种相互依存的关系，”莫里西认为，“我们沉迷于平庸，无法自拔，对于失败亦习以为常。我们就像一个大家庭，有着很多成瘾家族的那种特性，大家相互指责，来回推诿。”对莫里西来说，无家可归就是这种失败主义的一个表象，是“犯了太多错误之后的一个集中爆发点”。[70]

尽管莫里西知道无家可归的问题非常重要，但在被同事怂恿接受挑战时，他还是持怀疑态度。“近 10 年来，我一直致力于

① 由于市场、物价、购买力等多方面影响，房价大跌，导致房贷债务超过住宅价值，这种房子就叫溺水屋。——译者注

解决这个问题，在我的第一个任期内，我们专门为此制订了一个10年计划，但我们非但没有成功，还让情况变得更糟了……这一次会有所不同吗？”[71]

2015年年初，他不情愿地接受了挑战，同意前往芝加哥与社会服务部门的同事一起参加一个培训课程。[72] 培训由美国住房和城市发展部（HUD）组织。在参加培训课程的人中，他是唯一的一位市长。

起初，莫里西和他的同事并没抱太大希望，毕竟这不过是由联邦机构组织的一场研讨会。但事实上，这次课程竟然成了罗克福德解决无家可归问题的一个转折点。原因很简单，莫里西终于明白了过去失败的原因。“有一种灵光乍现的感觉，我们突然就明白究竟缺了什么。”[73]

不到一年之后，也就是2015年12月15日，罗克福德成了全美第一座有效解决当地退伍军人无家可归问题的城市。[74] 9年时间都止步不前，却在不到一年的时间里大获成功，这座城市是怎么做到的？

第一个变化是心理上的。罗克福德的社区服务主任詹妮弗·耶格是解决无家可归问题的主要领导者之一，她把这称为“相信神话的时刻”。“第一步就是要相信你自己真的能做到，这很难，需要做出巨大的思想转变。我们不再只是像过去那样应对问题，而是寻求彻底消灭问题的方法。”[75]

2018年秋，我在罗克福德市的公众服务部大楼里见到了耶格。[76] 她的办公室没有窗户，显得死气沉沉的，面积很大，但形状颇为奇特，类似一块拼图，在拼图的凸起处摆放着一堆高耸的白色小盒子——几百个低流量淋浴喷头。喷头将被装进节能工具包中，分发给低收入人群。这显然是因为没有其他地方可以存放了。倘若需要为某项上游工作制作招聘海报，那上面应该画着耶格的办公室，里面是堆积如山的淋浴喷头，还有一句口号：如果你追求的只是刺激，那还是回到下游去吧。

在参加完住房和城市发展部组织的培训之后，罗克福德的团队为消除退伍军人无家可归的问题进行了三次重大转变：战略的转变、合作的转变，以及数据的转变。[77] 战略的转变就是采用"住房优先"策略。在过去，获得住房的机会就像在无家可归者面前晃动的胡萝卜，只是为了引诱他们自己解决问题：接受药物滥用治疗、精神疾病治疗，或者参加职业培训。当时的想法是，无家可归者需要靠自己赚钱才能获得住房。

"住房优先"策略打破了这一顺序。[78] 帮助无家可归者的第一步，而非最后一步，就是让他们尽快拥有住所。"我不再认为这些人是'无家可归'，而是开始将他们理解成没有房子的人，"耶格表示，"无家可归者就是一个没有房子的人。除了住房，无家可归者和居有定所的人面临的是同样的问题……但后者就可以开始解决其他问题了。"[79]

随着"住房优先"策略的出现，合作方式也发生了转变，其中就包括"统一入口"。[80] 城市为无家可归者提供了许多不同的住房选择，比如支持性住房、过渡性住房、收容所等，还有许多不同的机构与他们打交道。就好比一家酒店有 7 个不同的前台，每个前台都有自己的一套政策，规定谁可以预订房间，可以住多久之类的。耶格的同事安吉·沃克认为，这个系统太"混乱"

了，因为“每个人都可以随心所欲地在任意时刻带走他们想带走的人”。

沃克表示，现在的情况是，“我们的办公室就是系统唯一的入口。如果你无家可归，需要住所，你就必须来我们这里”。统一入口的好处是，你可以仔细考虑将住房分配给谁，可以进行优先级排序。在之前混乱的体系中，住房往往是先到先得，甚至更糟的情况是，住房会优先分配给最容易安置的人。由于组织得到的奖励数量通常与其成功安置的人数挂钩，这就激励了组织挑选那些最容易安置的人。

现在的任务已经变成了为最弱势的群体提供住房，为最急需住所的人提供住房。这就引发了最终的转变——数据的转变。此前，在住房和城市发展部的要求下，罗克福德的住房团队会对无家可归者进行一年一度的“时点”普查。[81]“时点”普查的方法是在某一天走访该地区所有的流浪汉收容所，统计那里的总人数。“甚至没有人到街头巷尾真正数一数居无定所的人。”[82]沃克表示。在沃克接手统计任务之后才最终解决了这一问题。人口普查从每年一次的“时点”统计，演变为“花名册”的形式。

花名册实现了实时的人口普查，将罗克福德所有无家可归者的名字罗列在一个谷歌文档里，记录的内容包括他们过去的经历、健康状况，以及普查人员最后一次见到这个人时他所在的位置。使用花名册的做法与高风险团队在纽伯里波特的工作惊人地相似。罗克福德项目的合作者——退伍军人事务部、消防部门、健康和心理健康中心，以及社会服务机构的代表，每月都会召开一两次会议，探讨无家可归的问题。[83]见面的时候，他们会谈论花名册上具体的人。

安吉·沃克描述了她在一般情况下开启会议的流程。“我会说：‘约翰·史密斯，32 岁。他说他是为了逃离家庭暴力才无家可归的。上一次他提到自己和朋友住在一起。这儿有谁见过约翰·史密斯吗？’”消防部门的人可能会答道：“哦，我们上周把他送去医院了，他可能还在那儿。”接着，心理健康团队的人可能会接话：“不对，两天前我在桥底下看见过约翰。”当地流浪汉收容所“木匠之家”的工作人员可能会补充道：“约翰最近经常来我们这里吃午饭。”然后大家会一起制订一个计划。“好的，‘木匠之家’的人，看来你们最常见到他。你们能不能问问他现在住在哪里？有什么需要？告诉他，如果准备好了，我们随时可以给他提供住处。”

这种会议在过去也开过，但是花名册的使用带来了彻底的改变。莫里西市长表示，在此之前，这些会议都是“发牢骚大会”，“我们会坐在一起，吐槽各种问题”。[84] 詹妮弗·耶格认为，现在的会议“感觉充满活力。数据变得栩栩如生，因为它会说话，会跟我们交流……告诉我们‘需要看看这个，需要想想那个’。”[85]

贝丝·桑德尔是“为零而建”（Built for Zero）运动的负责人。该运动旨在帮助全美各地的社区根除无家可归的问题。贝丝认为，社区开始以这种方式使用数据是具有变革意义的。“数据让你不再沉迷于脱离现实的思考，不再为了人们自以为在发生的事情而争吵，而是去关注实际正在发生的事情。你不可能用静态的数据来解决一个动态的问题。”[86]（罗克福德市是加入“为零而建”运动的 60 多个社区之一。）

利用上述流程，罗克福德市在2015年收容了156名退伍军人，[87] 后来还实现了所谓的“功能性零增长”①。2017年，他们实现了长期无家可归人口的功能性零增长，[88] 希望在2019年年底前，实现青少年无家可归人口的功能性零增长。鉴于此前很长一段时间的原地踏步，罗克福德市在过去几年确实发生了天翻地覆的变化。没有改变的是：参与解决无家可归问题的人、他们手里拥有的资源，以及这座城市的宏观环境。仅仅通过改变他们合作的方式以及指导合作的目标，他们的行动效率便得到了显著的提高。

“每一天都艰难无比，”沃克表示，“给人安排住所很难，与房东打交道也很难。我会和客户吵架，和中介吵架。这是一场艰苦卓绝的战斗，真的是这样。我经常会看到一张图片，画着一个推石头上山的人，不知你见过没？我觉得我每天的工作就像那样。但如果最终可以根除无家可归现象，那似乎一切就是值得的。”[89]

沃克和耶格已经开始着手解决“流入”的问题，[90] 也就是减少无家可归的新增人口数量。出于你所能想到的所有原因，这是一个相当棘手的问题，但他们已经找到了一个切入点：驱逐。在罗克福德市的一些社区，租客驱逐率高达24%。[91] 2019年年初，该市开展了一个试点项目，[92] 在租客即将被房东驱逐的情况下，

① 功能性零增长（functional zero），意味着街头无家可归者的数量少于该城市每月的住房安置量。比如，某座城市每个月可以安置5个街头流浪者，如果社区中一共只有4个无家可归者，那么这座城市就依然可以保持其“功能性零增长”的地位。这并不是在钻数据漏洞，只是承认“真正的零增长”是暂时无法实现的，因为总会有新的人不幸沦落至无家可归的地步。重点在于，即便有新增的无家可归者，他们也很快就能得到安置，因为这个系统在持续发挥作用。

政府会充当租客与房东的中间人。在某些情况下，市政府会为房东和租客协商一项新的付款方案；[93] 有时，市政府会为租客支付租金。相比等到这些租客沦落至无家可归再来重新安置他们，支付一两个月的房租显然要划算得多。耶格的报告称，该试点项目使因驱逐而无家可归的人数减少了 30%。[94]

他们正在向更上游迈进：不是迅速采取行动为无家可归者提供服务，而是从一开始就想方设法帮助他们留在原地。这是变革系统的一个典型案例，也是我们接下来将要探讨的主题。我们能学会完善造成问题的体制吗？在这个过程中，我们能否从一开始就降低问题出现的概率呢？

第 6 章

如何改变系统

上游行动就是要降低问题出现的概率，
因此，工作必须最终落脚到系统性变革上。
改变系统就是去改变支配我们的规则或者影响我们的文化。

安东尼·伊顿在加拿大蒙特利尔长大，于 1985 年搬到美国巴尔的摩市，[1] 在约翰斯·霍普金斯大学医学院就读，打算以后当一名外科医生。但当他第一次来到巴尔的摩时，他目睹了就此改变他一生的景象：巴尔的摩东部破败的社区。

伊顿表示："我当时还以为有人往那里扔过炸弹。不少人都坐在楼梯上，一脸茫然，我当时就在想，'这是什么情况？'"伊顿是非裔加拿大人，他从未见过在巴尔的摩那样贫苦条件下生活的黑人。在加拿大的城市里找不到类似的情况。"一位高年级的黑人学长带我四处转，我当时一脸震惊，他问我怎么了。我问他'这里什么时候发生过战争？'他鄙夷地看着我，'你本来以为会是什么样子？这可是市中心贫民区'。"

伊顿感到难以置信，美国人对城市贫困的态度竟然只是耸耸肩表示无奈。"在这个'第一世界'国家，这怎么可能呢？这还是那个自诩样样第一、全世界最伟大的国家吗？这算什么？我完全无法理解，良心深感不安。”

数年后，到 2003 年，他再一次感受到了这种不公。在此期间，伊顿获得了医学学位，还在加州大学伯克利分校获得了法律学位和公共卫生硕士学位。他担任阿拉米达县公共卫生部门的主管，对他所在辖区居民的预期寿命产生了兴趣。虽然许多公共卫生部门都公布过预期寿命的数据，但这些数据往往被汇总成一个区域性摘要，比如阿拉米达县所有居民的平均预期寿命。但伊顿和他的同事所感兴趣的，是更为精确的具体数据：按社区来追踪预期寿命。灵感来源就是伊顿说的，“东巴尔的摩，我去过那里，我不相信如此恶劣的生活条件不会对居民的健康状况造成丝毫影响”。

虽然前任官员中没有人做过这种分析，但伊顿意识到，他手边就有自己需要的所有数据，就写在该县的死亡证明上：种族、居住地、死亡年龄、死亡原因。[2] 伊顿的工作职责之一，就是亲笔或者利用机器自动签署每一张死亡证明。（“没有我的签字，谁都死不了。”他打趣道。）

分析得出的结果可谓触目惊心。2009 年，作家苏珊娜·博安和桑迪·克莱夫曼在伊顿的同事马特·拜尔斯的协助下，为《东湾时报》撰写了系列文章，题为“缩短的生命”，记录了这次分析的结果。[3] 在康特拉科斯塔县邮政编码为 94597 的地区（核桃溪镇），平均寿命为 87.4 岁，而到了邻县阿拉米达邮政编码为 94603 的地区（奥克兰市的索布兰特公园社区），平均寿命骤降至 71.2 岁。伊顿的团队发现，相隔 22 英里的两个地区，预期寿命竟然相差约 16 岁。

在巴尔的摩、明尼阿波利斯、洛杉矶等其他城市收集数据后，他们也发现了同样的情况。[4]在克利夫兰市，从沙克尔高地社区到鲍德温水处理厂仅有 4 英里的距离，步行大约需要 80 分钟，但两地的预期寿命却足足相差了 23 岁。[5]伊顿表示："这就好比将瑞典和阿富汗放在了同一座城市里。"[6]

对于这样的寿命差距，似乎没人能给出合理的解释，这也引起了伊顿的兴趣。许多人认为，关键在于医疗保健的覆盖率不足，也许那些预期寿命较短的人享受不到医疗保险，或者没有办法选择优质的医疗服务。但数据分析显示，这方面的因素仅仅起到一小部分作用。也许贫困地区的人死于艾滋病或者谋杀的概率更高？也许婴儿死亡率更高？不幸的是，这三种理论都是对的，但它们同样也只起到一小部分作用。哪怕是一些更宽泛的因素，比如不健康的生活习惯（特别是吸烟的概率更高），也无法解释出现寿命差距的主要原因。

刚刚提到的瑞典和阿富汗的类比也从侧面说明了，15 ~ 20 年的预期寿命差距是巨大的，仅靠几个增量因素是无法解释的。能产生这样的差距，背后一定是强大的系统性力量。

伊顿意识到，并不是某一个特定的因素导致了预期寿命的差距，而是所有因素加在一起导致的结果。他在一次电台采访中表示："从根本上说，导致人们生病、感觉不舒服的原因，是对生活缺乏掌控感。他们被各种困难围攻，在夹缝中艰难求生。他们努力搜寻住所，寻求良好的教育，避免犯罪，寻找工作和健康的食物，在某些情况下，甚至还要费力寻找饮用水。所以美国的低收入人群需要同时应付一大堆事情。"[7]

由于疲于应付各种难题，穷人总是承受着巨大的心理压力。伊顿在一场 TEDx 演讲中谈及，贫困社区就是“慢性压力的孵化器。低收入人群和高收入人群在生理上就有所不同。不是因为他们生来如此，而是我们造成了他们的窘境”。[8] 有确凿的证据显示，慢性压力会导致一系列健康问题，包括心血管疾病、糖尿病和炎症。

因此，医疗系统在缩小寿命差距方面毫无优势可言。问题根本就不在于人们缺乏治疗，而是他们的健康状况不佳。请记住：“每一处系统设计种下的因，都决定了它最终结出的果。”这些社区的设计，就决定了过早死亡的后果。

对于伊顿来说，这是一次艰难的认知：作为一名医生和公共卫生官员，他通过训练学会使用的工具，竟然都不足以解决这个问题。究竟该如何重塑一个已经彻底崩溃的系统呢？

1962 年，旧金山巨人队正准备在赛季末主场迎战洛杉矶道奇队，进行至关重要的三场系列赛。[9] 以盗垒大师莫里·威尔斯为首的道奇队领先巨人队 5 场半。在系列赛开始之前，巨人队的教练找到球队的球场主管马蒂·施瓦布，问他有没有什么“好办法”可以拖慢威尔斯。

诺埃尔·海因德在《体育画报》上引用了马蒂的儿子杰里·施瓦布说过的话：“在系列赛开始的当天，天还没亮，我和爸爸就赶到了烛台球场，去布置一个陷阱。”

海因德接着写道：

在火把的照耀下，施瓦布父子找到威尔斯将要起跑上一垒的位置，将表层土挖走，换成了一片掺杂着水、沙子和泥煤苔的泥泞沼泽，最后再将1英寸[①]厚的普通内场土壤盖在上面，掩人耳目，使得这片长15英尺、宽5英尺的泥潭表面看起来与球场的其他地面别无二致。

但道奇队没有上当。当球队开始击球热身时，球员和教练都注意到了场地上的流沙。裁判也注意到了，于是下令移走流沙。施瓦布和场地人员推着独轮车出来，把混作一团的泥泞物铲起来，不久又推着满载的独轮车回来。泥潭还是同一片泥潭，只是刚刚加入了一些新土，反倒让它变得更加松散了。

裁判莫名其妙地就表示满意了。接着，马蒂·施瓦布让他儿子给内场浇水——当然是能浇多少就浇多少。等到比赛开始时，一垒和二垒之间基本就是一摊沼泽。（“他们在二垒下面发现了两条鲍鱼。”一位愤怒的洛杉矶体育专栏作家撰文嘲讽道。）原本有望赢得“最有价值球员奖”（MVP）的莫里·威尔斯没能盗垒成功，他的队友也都没有，最终巨人队以11比2获胜。高兴的施瓦布父子继续制造了更多的沼泽环境，巨人队所向披靡，横扫道奇队，最终赢得了大联盟的冠军。

这个故事透露着一丝狡黠。当然这肯定是作弊，这一点毋庸置疑，但同时又挺好笑的。管理球场的一对父子竟然捉弄了大联盟的最有价值球员，真是想想就觉得很有意思。弱者得了1分，

① 1英寸约为2.54厘米。——译者注

帮助他们的主场球队有了胜算。

现在，想象一下这个故事的暗黑版：在体育世界之外，弱者会一次又一次地输掉比赛，因为整个比赛早就被人操纵了，一切都对他们不利。他们的球棒更重，手套更小，围栏更靠后，而且不管往哪个方向跑，球员都必须经过一片沼泽地。这就是安东尼·伊顿在那个邮政编码研究中发现的问题。某些社区的人全无胜算，根本就赢不了。

当然，总有例外情况：在预期寿命较短的地区也有健康的人，在健康的社区也有疾病缠身的人。通过艰苦卓绝的自我奋斗以及外界支持，个人可以摆脱不利的社区环境。每年我们都会在新闻上看到，某个学生克服重重阻力最终被哈佛大学录取的故事。我们为他感到高兴。但我们真的应该高兴吗？

伊顿表示："每年我读到这样的故事时，都会感到十分恼火。市中心贫民区当然也有聪明的有色人种小孩！这样的孩子有好几百万个呢。我们在为这个孩子欢呼雀跃，他当然值得一切鲜花和掌声，但我们并没有切中肯綮：为什么这样的故事如此罕见？"[10]

系统是决定概率的机器。在最为完善的系统中，比如预期寿命最长的社区，概率绝对对你有利。将其类比到轮盘赌中，比赛的规则就是，如果小球落入红区就算你赢，落入黑区也算你赢。而在有严重缺陷的系统中，比如身处环境最恶劣的社区，你仍然可以玩轮盘赌，游戏中依然存在选择和运气的因素，但这一次，只有当小球落入狭窄的绿色区域，击中编号 0 和 00 的时候，你才算赢。

当我们惊叹于这个贫民区的孩子考入哈佛大学时，我们也惊叹于他取胜的概率。但我们没有意识到，这种赞美实则隐含着对我们将他置于恶劣环境的控诉。“我们逼着你必须登上珠穆朗玛峰才能出人头地，你居然做到了！恭喜你！”（换作在英国格林尼治、美国康涅狄格州，或者某位对冲基金经理的孩子考入哈佛大学的故事，我相信没人会感动到流泪。）

上游行动就是要降低问题出现的概率，因此，工作必须最终落脚于系统性变革。因为系统才是产生概率的源头。改变系统就是去改变支配我们的规则或者影响我们的文化。

作家戴维·福斯特·华莱士讲过一个故事：“有两条小鱼一起游着，碰巧对面游过来一条年长的鱼，老鱼朝两条小鱼点点头，说：‘早上好，孩子们。今天的水怎么样？’两条小鱼继续朝前游了一会儿。最后，其中一条看了看另一条，忍不住问：‘它说的‘水’到底是什么玩意儿？’”[11]

系统就是水，有时候甚至就是指字面意思。几十年来，为了防止蛀牙，社区供水中添加了微量的氟化物。这是一个隐形的项目，毕竟，你还记得自己最近一次想起水中含有氟化物是什么时候吗？然而，这一隐形项目的影响却是巨大的。在美国，超过2亿人能够饮用加氟水。由于该项目取得了圆满成功，美国疾病控制与预防中心（CDC）将其列为20世纪公共卫生十大成就之一。[12]一项研究估计，在饮用水氟化上每花1美元，社会就可以在牙科费用上节省20美元。[①]

① 这还不包括因为减少看牙医的次数而避免的焦虑。本着上游思维的精神，我建议每次在看牙医的24小时前，就开启预防性的“笑气治疗法”。

一个精心设计的系统就是最好的上游干预。以汽车安全为例：1967 年，每行驶 1 亿英里就约有 5 人死亡。[13] 50 年后，由于酒后驾车的人减少了，道路、安全带、安全气囊和制动技术也得到了改进，每行驶 1 亿英里的死亡人数已经由 5 人下降到了 1 人。[14] 系统有了显著的改善，而且在此期间，并没有任何顶层的规划，不存在什么“系统架构师”。相反，成千上万的人参与其中，包括汽车安全专家、运输工程师，以及“反酒后驾车母亲协会”（Mothers Against Drunk Driving）的志愿者，他们共同完善了这个系统，让数百万人都能生活在一个更加安全的世界里，他们塑造了“水”。

他们还没有停下前进的步伐。尽管取得了初步成功，但美国每年仍有超过 3.7 万人死于车祸。[15] 在未来的某一天，自动驾驶汽车的出现或许可以尽可能消除这些死亡事故。与此同时，为了帮助容易犯错的人类司机，很多领域每周都会进行无数的调整。在事故高发的急转弯地段，交通部门已经开始安装高摩擦表面处理材料，[16] 也就是用超强黏合剂在现有道路的表面覆盖高度粗糙的材料。在肯塔基州，这种处理方法得到了广泛应用，车祸事故因此减少了近 80%。[17] 那些原本可能会发生车祸的司机没有一个知道，可能正是由于建筑工人在路面安装了高度粗糙的材料，他们才捡回了一条命。随着“水”的变化，结果也跟着改变了。

当然，同样的逻辑也可以应用到商业中：有时只需对环境做小小的改变，问题就会迎刃而解。在一些快餐店里，顾客会将垃圾连同装食物的塑料托盘一起扔掉。对此，餐厅的应对措施是将垃圾桶的投放口改成更小的圆孔，这样托盘就塞不进去了。问题一劳永逸地解决了。

荷兰电动自行车公司VanMoof接到投诉，称有不少自行车在运输过程中被损坏。[18] 该公司的创意总监贝克斯·拉德在内容创作平台“媒介”（Medium）上写道：“等到产品送达的时候，好多自行车看起来就像是被联合收割机咀嚼了一遍。这对我们来说增加了成本，也让我们的客户十分恼火。”该怎么解决这个问题呢？他们开始在包装盒的侧面印上平板电视的图案，因为包装盒的形状与平板电视盒本身是很相似的。“我们团队设想，包裹里的物品越贵重，快递员就会越小心地对待包裹。”公司的联合创始人塔可·卡利尔告诉记者。从此以后，损坏的货物减少了七八成。

在家庭生活或者工作中，你所看不见的“水”又是什么呢？有趣的是，我们的孩子往往可以看到这种“水”。他们甚至会模仿我们都没有意识到的那些事情。我的朋友告诉我，他看到自己年幼的女儿弓着腰坐在一副扑克牌前，用食指来来回回戳纸牌。他困惑不已，然后突然反应过来：“原来她是在模仿我玩手机的样子！那时我才意识到，我花在苹果手机上的时间可能太多了。”另一位父亲也在网上说，在州际公路上开车时，他两岁半的孩子坐在后座上问：“爸爸，今天又碰到了哪个蠢蛋吗？”[19] 孩子们看到的是我们最真实的一面。

当然，他们并不是什么都看得见。对于我们的孩子来说，我们就是系统架构师。我们是司法系统、住房部门、社会服务，以及（至少在一段时间内的）教育系统。就像前几章提到的，只有在非常罕见的几种例外情况下，我们才能自然而然地运用上游思维，而养育子女就是其中一个例外。作为父母，我们做的几乎每一件事都是为了孩子未来的幸福和健康考虑：家里安装的各种儿童保护设施，通过威逼利诱让孩子学会礼貌用语，还会买很多图书，立下种种规矩，给他们报补习班、兴趣班，以及千方百计让他们少看电子屏幕，虽然最终是徒劳。这些都是上游举措。

如果我们能拿出对自己孩子一半的关心，去关心一下邻居的孩子和他们的未来，世界会变成什么样子？

没有哪个孩子天生就该面对和赌博一样低的成功概率。一个公平公正的社会应当建立在公平公正的制度之上。虽然个中道理显而易见，但即便是那些努力追求公平和正义的人，有时也会忘记这一点。社会部门的人需要应对这么多项目的悲剧就在于，他们的工作之所以必要，是因为系统缺陷的存在，但领导者却心照不宣地接受了这些带有缺陷的系统。几年前，我和一个基金会合作，这个基金会的目标是提高低收入人群的经济保障。它支持的项目之一是为低收入人群提供财务培训。但我们应当明白，它所服务的群体之所以贫困，并不是因为缺乏财务知识——该群体贫困是因为缺钱。是一个缺乏足够发展机会的系统塑造了他们。倘若这些穷苦人民出生在一个更好的系统里，比如 6 英里以外的另一个社区，他们或许就可以赚到足够多的钱，哪怕只有拙劣的预算技能也无大碍。

同时，观察一下这个基金会的现金流，你就会发现，现金流先是被分配给理财经理，他们负责监控基金会的投资组合，可能每年拿走了其中 1% ~ 2% 作为工资；现金流接着被分配给年薪 6 位数的高管，之后是补助金经理、培训场地管理员、培训师，以及项目效果评估员。你最终会惊讶地发现，整个生态体系中的每个人都得到了报酬，除了那些被帮扶的低收入人群——他们得到的只是培训。

可以试着从系统变化的角度来思考这个培训项目。可以说，这个项目源于社会上的不平等，但它却进一步加剧了这种不平等。因为它为受过良好教育、心地善良的领导者创造了完美的就业机会，但却没有为它本应服务的底层人群创造机会。我常常想，如果直接把基金会关了，到贫困社区四处派发现金，会不会更简单、更行之有效呢？当然，这不是系统层面的改变，但至少可以显著改善“低收入人群的经济保障”。

“捐赠者选择”（DonorsChoose）网站为教师提供了一个众筹物资、电脑、书籍或其他课堂材料的平台。[20]这是一个经营有方、运作有效的组织，由一名教师创立，在不到20年的时间里已经帮助逾50万名教师筹集了超过8.75亿美元的资金来采购教学物资。① 按照现在的发展趋势，20年后，网站将为更多的教师提供服务，也许会占据整个教师群体中很大的一部分。我们难免会得出这样一个结论，即这项工作可以使得学区不再需要为教师资助各种急需用品，会让已经超负荷工作的教师再添一项筹款的工作职责，还会赋予私人捐助者课堂资源分配的决定权，让他们可以随心所欲地批准或者拒绝资助。其他国家并没有类似的网站，可能是因为它们的学校会为学生所需的全部物资买单。

① 我曾多次为“捐赠者选择”网站上的教师项目捐款，也曾在该组织的一次活动上做了主题演讲，甚至还在之前写的一本书中对该组织大加颂赞，表扬其向捐赠者寄送由学生手绘的感谢信的做法。我很喜欢这个团体。即便我很担心它长期的系统性影响，我也愿意为它加油打气。

因为害怕建立一个不公正的系统，“捐赠者选择”是否就应该从此关门？按照同样的逻辑，因为有了慈善食堂的存在，不够完备的社会保障体系就可以延续了，那我们是否就应该对慈善食堂大加挞伐？在我们等待可能永远不会到来的改革的同时，不给今天的贫困家庭提供食物，或者不给今天的学生提供教学物资，似乎并不公平。

对于一个支离破碎、经费不足的教育体系来说，“捐赠者选择”是一根拐杖。拐杖至关重要，但也只是权宜之计。“捐赠者选择”团队应该立志生活在一个不再需要这个网站的世界里。

慈善食堂的志愿者也应当渴望创造一个不再需要慈善食堂的世界。但是，他们不应该只是期许那样的未来，而是应该为了理想奋力拼搏。“捐赠者选择”网站涉及大约 400 万名支持者、50 万名教师及 3 600 万名学生。要是能把这些人作为一股政治力量动员起来会如何呢？相比寻找变通方法绕过问题，他们难道不能帮忙改变这个体系吗？

我向“捐赠者选择”的创始人查尔斯·贝斯特提出了这些问题，他指出，网站上大约一半的项目需求都“超出了教育体系所能资助的范畴：去最高法院旁听案件审理，观察破茧成蝶、体验生命的循环，让残疾学生骑马放松心情，等等”。[21] 他也承认，在更基本的需求方面（比如书籍、物资、设备等），“如果能让我们破产，我们也很乐意”。祝他们马到成功。

对于每一个社会领域的组织而言，其中一项使命都应该是努力向上游推进。包扎伤口，但同时也要预防受伤；帮助那些遭受不公待遇的人，但同时也要消除不公。正因如此，在美国伊利诺伊州罗克福德市成为史上首个消除退伍军人以及长期无家可归者的城市以后，团队立即开始采取上游行动。“我们能通过阻止驱逐来防止出现无家可归现象吗？”

系统性变化在组织的内外部都很重要。例如，许多组织都在追求的员工的多元化。首先必须认识到的一点是，对于一家员工相对同质化的大型组织来说，多元化并不会意外到来。记住这句话：“每一处系统设计种下的因，都决定了它最终结出的果。”

我并不是说，这些组织的招聘系统是有意设计成歧视候选人的。在当今时代，没有多少组织的领导会反对多元化，但光有良好的意愿并不能改变糟糕的系统。（就像在芝加哥市的公立学校，没有哪个教师或者行政管理人员会反对更高的毕业率。恰恰相反，他们都希望毕业率得到大幅提升。尽管如此，多年来，他们仍在不知不觉中为一个辜负了半数学生的系统服务。）

有待解决的问题是：既然组织里的大多数人都支持员工的多元化，我们为什么却总是做不到呢？答案可能很复杂：在招聘时，我们会把网撒在一个比我们想象中浅的池塘里。要么是我们看重某些特定种类的证书，这些证书一方面限制了申请者的数量，另一方面对提升工作业绩的实际作用却寥寥无几；要么是我们会因为自己甚至都没有意识到的偏见而排除了某些候选人。

要想解决这些问题，应当从整个系统入手，而非仅从个人角度出发。提倡在组织内部进行变革的倡议者应该重新考虑这个系统的方方面面。“也许我们的目标院校不应该只限制在这 10 所大学。也许我们应该隐去简历上的姓名和性别。也许我们应该对领导进行面试培训，从而避免面试时的交流沦为闲聊。”（闲聊会让我们偏爱“讨人喜欢”的面试者，或者说，偏爱与我们自己更为相似的面试者。）

系统的改变始于一簇勇气的火花。一群志同道合者满怀热血呼吁变革。但火花转瞬即逝，最终还是要消除对勇气的需求，使勇气变得不再必要，因为它会迫使系统内部实施变革。当正确的举措自然而然地出现，而不再是因为个人激情或者英雄主义时，成功便如期而至。

当概率发生改变时，成功便如期而至。

这就是安东尼·伊顿在权衡该如何应对社区不公时所考虑的改变。他的团队在分析社区时震惊地发现，相比你的遗传密码，你所在地区的邮政编码能对你的健康水平起到更具决定性的作用。2009 年，也就是揭露社区预期寿命差异的系列文章刊载的同年，伊顿得到了一个机会，来帮助消除这些不公平的现象。他加入了加州最大的私人健康基金会——加州捐赠基金会（California Endowment），参与创建了一个雄心勃勃的项目，名为“建设健康社区”（Building Healthy Communities），[22] 并担任项目负责人。项目于 2010 年启动，为期 10 年，耗资 10 亿美元，旨在解决加州 14 个最贫困社区的健康不平等问题。

要让这些社区扭转大局、反败为胜，伊顿和他的团队提出了怎样的议案？他们会从关注糖尿病或哮喘等慢性病开始吗？会建设社区花园等显眼的健康标志吗？会吸引杂货店来帮忙解决食物短缺问题吗？

都不是。他们的愿景始于权力：向这些社区的居民展示应该如何为自己而战，如何重塑他们的生活环境。[23]

“这项工作的理念是，你就是伟大事业中的一分子，”伊顿表示，“你不再孑然一身，无依无靠。你拥有巨大的个人力量与集体力量……积极参与民主进程可以让你表达自主权，而自主权对你的健康有利。”[24]

“建设健康社区”项目的变革理论是，[25] 如果你让人们为自己的利益而战，他们就会赢得政策的胜利，他们会改变整个体系，从而一点一滴改变他们的环境，增加自己的胜算。该项目资助了 14 个社区，其中之一就是弗雷斯诺。针对该地区的早期工作主要集中于南弗雷斯诺缺少公园的问题上。2015 年，在项目的资助下，弗雷斯诺在城市公交车上投放了以下这则广告：

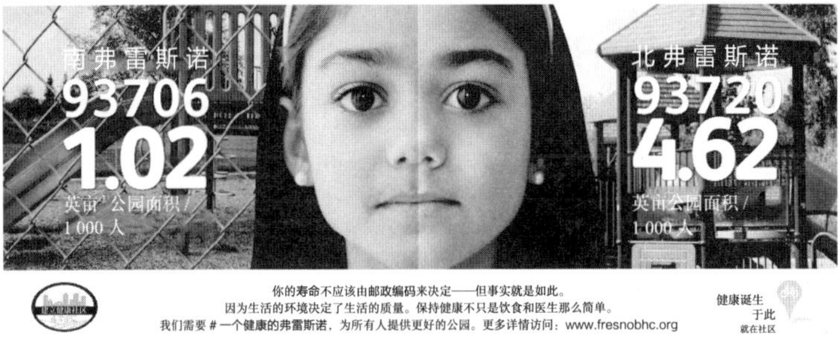

感谢弗雷斯诺“建设健康社区”项目，感谢你们分享自己的经验，感谢你们持续努力为每个人创造 # 一个健康的弗雷斯诺。

① 1 英亩约为 4 047 平方米。——译者注

市政执政官否决了这则广告，认为政治色彩太过浓厚。[26]政治化会引起媒体和公众的关注，而吸引关注正是广告的意义所在。在一场新闻发布会上，弗雷斯诺“建设健康社区”项目的活动家桑德拉·凯勒登站在放大版的广告前，[27]对大家说：“弗雷斯诺市认为，我身后这个画着可爱小女孩的漂亮广告牌太有争议性了，太过政治化了，不应该让你们看到。”[28]

由弗雷斯诺“建设健康社区”项目领导的政治动员成效渐显。2015年，市议会批准了一项全新的公园总体规划，[29]这是朝着资源公平分配迈出的第一步。2016年，项目帮助兴建了一个滑板公园，[30]弗雷斯诺的学区也同意在课外时间开放16个学校操场供公众使用。[31]2018年，弗雷斯诺市议会批准了一项举措，允许将一处18英亩的地产改造成一座大型足球场。[32]

弗雷斯诺“建设健康社区”项目争取到的另一项变革源于一个名为“变革性气候社区”（Transformative Climate Communities）的州计划。这是加州的一项温室气体减排计划。根据总量管制与交易法案，[33]企业可以购买空气污染额度，接着，“变革性气候社区”通过拨款将企业缴纳的这笔钱重新分配给受污染最严重的社区。加州已经同意给弗雷斯诺拨款7000万美元。[34]但对于这笔资金的使用存在争议。[35]前州议员、加州捐赠基金会公关总监萨拉·雷耶斯表示：“市政府想把全部资金花在建设始于中央山谷地区的高速铁路上。但社区表示，‘不，这笔钱本应提供给受污染最严重的弱势社区。你们不能把钱都拿走’。”

弗雷斯诺“建设健康社区”项目召开了一系列公众会议，试图编制一个替代方案。最终，经过长期的政治斗争，超过一半的资金重新分配给了弗雷斯诺西南部和其他一些社区，其中 1 650 万美元用于建设弗雷斯诺城市学院的一个新校区，540 万美元用于建设马丁·路德·金磁石核心公园。[36]

更大的权力会带来政策的胜利，而政策的胜利又会带来更好的环境。在弗雷斯诺，系统正在得到改变。

2019 年 4 月，我与桑德拉·凯勒登交流了一天。她向我介绍了许多为改造社区而奋斗的当地领袖：一位律师推动了达林炼油厂的搬迁，这家有毒害的工厂原本距离公立学校不到 1 英里；一些青少年通过收集调查数据，帮助重新绘制城市公交车的路线图，而公交车正是低收入社区的重要交通工具；贫民区的房东仗着合法或非法移民房客不会向当局投诉，明目张胆地放任害虫和霉菌泛滥，倡议者便挺身而出，推动严格执法。

我还见到了剑桥高中的学生凯舒恩·怀特，他正在自己所处地区的各所学校安装空气质量监测仪。[37] 怀特还在开发一款应用，可以实时显示每个位置的空气质量。“我要让社区居民了解他们居住环境的空气质量，以及空气污染造成的长期健康危害。”怀特对《弗雷斯诺蜜蜂报》的记者表示。怀特本人患有哮喘。在弗雷斯诺西南部等空气污染严重的社区，哮喘是很常见的一种疾病。[38]

“建设健康社区”项目已经表明，它能够在弗雷斯诺等地取得政策的胜利，促成环境的改善。2010—2018 年，“建设健康社区”在其覆盖的 14 个社区取得了 321 项政策胜利，实行了 451 项系统变革。[39] 权力发挥了作用。

伊顿认为：“法律只是基于权力输入的一套规则。如果你想改变规则，你就必须改变输入权力的多寡，这样结果才会有所不同。”[40]

以上所有努力足以改善健康水平吗？请不要忘记，这才是我们的终极目标：消除不同地区之间悬殊的预期寿命差距。答案尚未可知。我们花了几十年，甚至几百年，才创造出这些支离破碎的系统，那么修复系统也至少需要几十年的时间。大多数机构都拿不出以几十年计的耐心。基金会仅提供为期数年的资助；非营利组织平均每年有 1/5 的员工离职。[41]

但像活动家桑德拉·凯勒登这样的人就在放长线钓大鱼："我们花了 50 年才建立了老年人医疗保险制度。到达终点线的已经不再是当年站在起跑线的那一批人。我们中的许多人是看不到这项工作的最终成果的。”[42] 作为栽树的前人，她知道最后乘凉的将是她的孩子，甚至更有可能是她的孙子孙女。

无论我们行动的规模有多大，无论是在组织还是在社区，系统的改变都无法一蹴而就。但这些改变是提高胜算的最大希望。凯勒登，以及成百上千位像她一样的领袖，正在帮助铲除一个容易导致人们过早死亡的系统，希望取而代之的是一个崭新的系统，能从根本上提高寻求机会和获得健康的可能性。

第 7 章

在哪里找到抓手

上游的改变往往意味着摸着石头过河，一点点弄清哪些措施可行，哪些不可行，以及需要满足何种条件。

古希腊博学家阿基米德说过："给我一个支点和一根足够长的杠杆，我就能撬动整个地球。"对于寻求变革的领导者来说，这是一句励志名言。

事实上，如果你重读这句名言，你就会发现重点是要满足对杠杆和支点的要求。他表达的真正含义是："如果你能建立一个帮助我轻松撬动地球的系统，那我就可以撬动整个地球！"没人会愿意把改写后的这句话印在咖啡杯上。①

因为要在复杂的系统中预防问题发生，找到正确的杠杆和支点恰恰是最困难的部分。在上一章中，我们看到系统具有强大的力量和持久性。也正因此，上游的努力必须以系统的改变为终点。与此同时，这种力量和持久性也使得系统变革举步维艰。那么，在寻求系统变革的过程中，你该从哪里入手呢？比如，对于

① 我这么说对阿基米德不太公平。这运用在物理学上肯定是一句伟大的名言，但我们这里讨论的是励志鸡汤。

一项长达数十年的变革计划，第一个月应该做些什么？你寻找的是一个抓手、一个切入点。本章就将针对如何寻找抓手展开讨论。

2008 年，在芝加哥市的犯罪浪潮中，三位同事共同创立了“芝加哥大学犯罪实验室”（以下简称“犯罪实验室”），这三位创始人分别是芝加哥大学研究犯罪和枪支暴力的经济学家延斯 · 路德维格、芝加哥大学公共政策教授哈罗德 · 波拉克，以及公共卫生专家罗丝安娜 · 安德[1]。他们的目标是建立一个证据库，让政策制定者可以据此减少犯罪，让学术研究可以更好地与公共政策接轨。[2] 简而言之，他们在寻找的就是抓手。

芝加哥市在打击犯罪方面一无所获，路德维格对此深感失望。每个人都有自己的“答案”。学校有答案，当地非营利组织有答案，政策制定者也有答案。问题是，没人知道谁的答案才是正确的，甚至没人知道到底是否有正确的答案。几乎没有证据表明哪项措施可以有效预防暴力。

路德维格表示，他与市政府领导以及学者谈论过芝加哥市的暴力问题，这些人所关注的往往都是帮派活动。人们脑海里想象的都是美剧《火线》（*The Wire*）里的场景：积怨已久的犯罪团伙枪杀彼此的头目。从这个角度来看，暴力事件似乎是有意为之，甚至是具有战略意义的，是帮派为了金钱和权力而相互争斗的“副产品”。“犯罪实验室”的三位创始人想要检验一下这个“常识”。（上游行动的领袖应当对所谓的常识保持警惕，不能轻易就拿常识当证据。）

波拉克、路德维格和安德找到了 200 起涉及年轻男性受害者的杀人案，仔细研究了案件相关的法医报告。[3]在研究这些报告时，他们确实发现了一些“战略性的”帮派袭击，但更常见的一种情形却出乎他们意料。典型案例是这样的：两群青少年在午后争论他们中的某个人是否偷了一辆自行车。[4]他们为此吵得不可开交，被指控的那个少年转身走开了，另一个少年觉得此举太过无礼，于是就掏出枪朝前者的背上开了一枪。在另一个案例中，几个人当时正在打篮球，他们为裁判的一次判罚吵得面红耳赤。其中一人跑出去拿来了武器，结果就有人死了。

这些案件与帮派无关，当中的暴力也毫无战略可言，死亡完全可以避免。这样的情形平平无奇，在全世界任何一个角落，但凡有十几岁的男孩子，就会因为诸如自行车或者篮球比赛这样微不足道的小事发生争斗。但在芝加哥市，那些男孩有枪，他们开了枪。

“每当读到这样的报告时，你就会想：‘我简直不敢相信有人竟然会因为这点儿小事就付出了生命的代价。’”波拉克表示。经过研究，波拉克为导致暴力死亡的原因建了一个心理模型，“我们来自芝加哥大学，所以必须得建立等式，我的基本等式是，几个年轻人加上冲动，或许再加上酒精，再加一把枪，就等于一具尸体。”[5]

以上所有因素都是潜在的抓手：缓解冲动、减少饮酒或者提高获得枪支的门槛。那么下一个问题就变成了：能否找到一种干预手段来实现其中一个目标？

“犯罪实验室”发起了一项“创新挑战”，邀请各个组织提交有关减少青少年暴力的提案。一个名为“青年指导”（Youth

Guidance）的非营利组织提交了一份提案，描述了一个非比寻常的项目，乍看起来似乎与暴力毫不相干。项目名叫“做个男人”（Becoming a Man）。

当时只要提到这个项目，人们立刻就会想到项目的缔造者安东尼·拉米雷斯–迪·维托里奥，绰号“托尼·D”。[6] 此人极富魅力，从小在芝加哥市西南地区长大。“我是那种出淤泥而不染的好孩子，”他对《福布斯》的记者说：“父母离婚后，我跟着妈妈生活。她只能依靠福利救济养活 5 个孩子。不管是在社区还是在我家，总是充斥着各种暴力事件，比如我哥哥吸可卡因后的亢奋、毒瘾发作，我妈妈对他大喊大叫，他后来被逮捕了。我唯一感激的是我妈妈，她给我灌输了积极的价值观，比如要尊重他人、待人友善。”

托尼·D 是家里的第一个大学生，他热爱心理学，相继获得了心理学的学士和硕士学位。但他最重要的学习经历却是在学校之外获得的。23 岁时，他遇到了平生第一位男性导师，一位质疑却又肯定了他的武术教练。“我以为我够阳刚，是因为我可以卧推 275 磅，抽 3 根大麻，还能熬夜一宿。他却教会我努力、专注、专心。”

这样的一位男性榜样填补了托尼·D 生活的空虚，激发了他对自身价值和身份的探索。他加入了一些男性团体，一同勇敢面对宏大的问题：作为一个男人到底意味着什么？如何克服童年的创伤？在生活中保持正直意味着什么？

经过这段自我发现的时期，托尼·D 的内心有了明确的目标：他希望以支持过自己的人为榜样，为年轻人提供支持，他还想帮助芝加哥市的贫困社区打破父亲缺位所导致的恶性循环。“青年指导”组织聘他担任芝加哥市高中生的职业顾问。

按照岗位描述，他本应帮助孩子们制作简历，培养职业技能，但他还是忍不住突破就业指导的职责范围。他开始邀请男生来上他的小班课程。[7]如何吸引学生参与呢？他们可以每周逃一次课。在课程一开始，托尼·D会率领大家开展破冰活动，让他们放松大笑，互相熟络。其中一个活动叫作“拳头”。[8]学生们两两一组，每组中有一名学生会分到一个球，另一名学生被告知要在30秒内从他的搭档手中拿到球。场面立马乱作一团，每组学生都在互相争夺球的控制权。30秒后，双方互换角色，第二轮混乱开始。

活动结束后，托尼·D会指出，学生中没人想到可以直接向自己的搭档伸手要球。起初，这些年轻人嗤之以鼻：“他才不会给呢！”“他肯定会以为我是混蛋！”但托尼·D接着问：“如果你的搭档礼貌地问你要球，你会做何反应？”不少人都说出类似于“我可能会给的，不过是个球罢了”这样的话。

托尼·D在每节课的开头引入了一种叫作“签到”的传统。[9]他让男生围成一个圈（每节课通常有8～10人），依次简要回顾一下自己当天在身体、情感、智力和精神方面的状态。起初，学生都很不情愿，将信将疑。托尼·D会鼓励他们至少用一个字来回答，是喜，是怒，还是哀？渐渐地，他们开始愿意敞开心扉。学生发现，在这里跟大家无论是交流问题，还是谈论痛苦抑或是愤怒都没有关系。到了学期末，这已经成了他们最喜欢的活动之一，是在上学的日子里唯一可以放下戒心，真正做自己的机会。

就像一个男生对该项目的研究员说的那样：“我很喜欢跟大家坐在一起互相交流的感觉……可以让人变得心平气和。”[10]

愤怒管理成了课程中反复出现的主题。托尼 · D 告诉学生，你可以屈服于内心的愤怒，表现得像个“野蛮人”，也可以自我疏导情绪，成为一名“勇士”；愤怒既可以是一种破坏性力量，也可以是一种建设性力量，全凭我们的自由选择。

这样的道德指导似乎已经深入人心。一个男生向研究员回忆起自己将培训内容付诸实践的经历：“我的一位老师拒收我的项目作业，因为我晚交了一两天。但我没有因此就抓狂，或者在老师的办公室里大吵大闹，而是选择了接受。”[11] 他接着问老师，是否还有其他事情是他可以做的，希望能尽量弥补一下分数。最终，老师还是收下了他的论文，但会扣掉一点儿分数。这位少年表示：“如果我当时大发脾气，我可能就会被老师赶走，说不定更会影响成绩。”

多年来，托尼 · D 一直持续打造“做个男人”项目。课程逐渐发展成了“四不像”的形式，融合了互助小组的自我坦白、男性导师的严厉之爱，以及认知行为疗法的元素。认知行为疗法可以帮助人们学会改变自己的思维模式，从而进一步改变自己的行为模式。除此之外，课程还必须得是有趣的、很酷的。毕竟，哪个少年会愿意参加治疗或者“互助小组”呢？平衡这些需求就像走钢丝一样，但效果似乎很好，项目从来就不缺学员。

托尼 · D 和他在“青年指导”组织的同事向“犯罪实验室”递交了一份有关“做个男人”项目情况的提案。“犯罪实验室”

的领导知晓这个项目后，发现这与他们从法医报告中得出的结论存在关联。[12]专注于认知行为疗法和愤怒管理的“做个男人”项目，是否可以成为缓解情绪冲动的抓手呢？（回想一下哈罗德·波拉克提出的有关暴力的“等式”：几个年轻人加上冲动，加上酒精，再加上一把枪。）这个项目是否可以缓解或者打断一个年轻人的愤怒情绪，从而避免由一场篮球赛引发的争吵以凶杀告终呢？

2009年5月，“青年指导”组织赢得了“犯罪实验室”发起的“创新挑战”，获得了资金，可以将其工作推广至18所学校。[13]资助的一个条件是，这项工作将接受随机对照试验①的检验。检验的关键指标是：“做个男人”项目会降低逮捕数量吗？尤其是与暴力行为相关的逮捕。

对于“青年指导”组织来说，同意这一条件冒了极大的风险。一般而言，在一项社会科学的随机对照试验中，找到显著因果关系的概率非常低。这也不难理解。人类生活是一个错综复杂、相互关联的系统，干预措施可能只会对其中的一两个变量发挥作用。更大的问题在于，万一研究证实项目无效，该组织的资金来源可能就从此断了。没有哪个捐赠者会愿意支持一项被证明无效的干预措施。但从另外的角度看，许多资助者反倒会基于坊间反馈，愿意支持那些未经检验的干预项目。在社会领域，正是这一现实

---

① 随机对照试验是制药公司在寻求新药批准前必须实施的一种标准研究。在一项随机对照试验中，你要先找到一群人，以本案为例就是数百名高中男生，然后将他们随机分配到干预组（组内成员需要接受干预，比如参加“做个男人”项目）或者对照组（不接受干预）。接着观察两组受试的结果，如果两组之间存在显著差异，那就有理由认为是干预导致了这种差异。如果没有对照组，因果关系就很难界定。

激励了鸵鸟政策：把头埋在沙子里，逃避真相，自欺欺人。

雪上加霜的是，在进行大规模检验之前，人们还必须先扩大项目的规模，这就又增加了一个风险因素。此前，这个项目一直是托尼·D的独角戏。虽然“青年指导”组织在好几所学校开展过项目，但这一次，研究涉及的是18所学校。如果托尼·D是唯一一个能够兼顾治疗、趣味性、自我控制和严厉之爱的人，那该怎么办呢？

几个月后，团队又招募了13名导师，而托尼·D则忙得不可开交，尝试将他自制的课程讲义转换成一套适合培训新导师的正式“课程”。[14] 因为无法在新学期开始前完成课程制定，所以导师们接受的是滚动式的指导。（“这是你们下周要在课堂上做的事。”）

在2009—2010学年，每所参与学校的“青年指导”导师都开展了27次每周一小时的“做个男人”课程。[15] 坊间的反馈是积极正面的：男生来报名参加了，他们全情投入，似乎受益匪浅。令人惊讶的是，在扩大规模的过程中没有出现什么大问题。周复一周，员工的印象也普遍是积极正面的。但对于那个最关键的问题，也就是项目能否减少逮捕数量，组织几乎一无所知。组织无法获得准确的数据，而唯一可见的证据又往往是负面的，比如当导师得知他们的一名学员被捕时。[16]

学年结束后，“犯罪实验室”的研究人员需要9个月的时间来分析数据，等待结果出来简直度日如年。①

① 顺便说一下，要是伊利诺伊州的警方拒绝为团队提供相关青少年的刑事犯罪和刑拘记录，该研究就会泡汤。令人惊讶的是，上游工作的成败往往取决于普通、单调的工作，比如数据库访问。

最后，2011 年春，“犯罪实验室”的哈罗德·波拉克召集了“青年指导”组织的团队，向他们公布研究结果。

在参与项目的学生中，被捕的人数相比对照组下降了 28%。[17] 因暴力犯罪被捕的人数减少了接近一半（下降了 45%）。当时在座的所有人目瞪口呆。波拉克表示，那是“我整个职业生涯中的高光时刻之一。他们不知道结果会是什么，因为在参与课程的学生身上看到了太多的悲剧——有人被枪杀，有人挂科，有人被刑拘。但他们永远看不到的是，如果他们没去开课，那又会是怎样一番图景”。[18]

“犯罪实验室”的研究人员得出结论，“做个男人”项目已经成功地让中学男生在高危场景下保持冷静。[19] 在篮球比赛中，一场因裁判的判罚而大声吵嚷的比赛可能仍然免不了面红耳赤，但不会再升级为枪战。针对波拉克提出的犯罪等式中有关冲动的部分，“犯罪实验室”找到了一个抓手。（有关该项目后续测试的说明，请参阅脚注①。）

虽然上游工作的每个领域都有着自己独特的等式，因此相应的抓手也各不相同，但“犯罪实验室”的领导者所采用的寻找抓手的策略则是有一定普适性的：让自己沉浸在问题中。

还记得吗？“犯罪实验室”的领导一开始就仔细研究了 200 多份法医报告。他们不满足于对暴力的常识性解释，于是追溯到

① 第二次研究再次显示了项目的积极作用，而第三次研究（涵盖了更广泛的青少年群体）的结果则好坏参半。这种现象屡见不鲜：早期成功的试点项目很难进行大规模推广。这是社会领域的一个重要议题，但与我们本章的内容关系不大，对这方面感兴趣的读者可以参阅附录。

了源头。北加州的永久医疗集团（Permanente Medical Group）也采用了类似的策略。[20] 2008 年，负责医疗质量和安全事务的主任艾伦·韦皮敦促各大医院的领导减少可预防的失误和感染，这是导致病人死亡的一个主要原因。她要求这些领导对他们各自医院的最近 50 名死亡病人进行详细的案例分析。令他们惊讶的是，大约 1/3 的死亡都是败血症所致，而在当时，几乎没有哪家医院会关注败血症的问题。到 2011 年，医院领导将败血症患者的死亡率降低了 60%。[21] 通过对问题的深入了解，他们找到了预防不必要死亡的抓手。对问题的事后分析可以变成解决方案的序曲。

如果你研究的是一个非致命的问题，那还有其他的策略可以帮你深入研究。美国库根建筑设计事务所负责规划机场和学校等公共建筑，公司的两名建筑师希望预测老年人走在这些建筑物里时会遇到什么困难。[22] 该如何深入了解这个问题呢？或许可以采访一下老年人，问问他们的过往经历？陪他们一起走走，获取更加直观的感受？你也可以查阅事故报告，了解事故和跌倒发生的细节以及地点。不过，建筑师迈克·斯坦纳和萨曼莎·弗洛雷斯更进了一步。他们穿上了“年龄模拟服”，亲身体验了一把衰老的感觉。

斯坦纳向电台节目《此时此地》（*Here & Now*）的主持人这样描述他的模拟服：“服装配套的带子会降低你的肢体灵活性，还可以通过人为增重模拟人在衰老时的身体状况。肘部的束缚可以让你体会关节无法自由运动时的感受。随着年龄的增长，手指会逐渐失去灵活性，服装配套的手套就可以模拟这种状态。”服装的重量会让你感觉肢体笨重。护目镜模拟视力下降，耳机模拟听力下降。套鞋会模拟脚神经受损，让你更难察觉地面的位置。

斯坦纳和弗洛雷斯穿着这套服装走过达拉斯—沃思堡国际机场（商务旅客一定知道，这个机场真的去一次就能让人老一回）。“我注意到的第一件事，”弗洛雷斯在节目中表示，“就是穿上这套服装，我要花更多的时间才能到达不同的地方，所以需要时不时坐下来休息一会儿，因此机场内就需要有更多的长椅，要有更多的扶手让人们可以抓一下。通常，我们会把机场大厅设计成开阔的空间，以便容纳巨大的客流量。但如果你突然失去了平衡，或者只是需要休息一会儿，大厅里其实没有什么地方可以让你抓一抓、靠一靠。”他们还注意到，坡道会让人失去方向感，需要设计指示标语告知地面会出现倾斜。此外，如果在扶梯升降前只有两级平行于地面的台阶，要想站上扶梯就会很困难。库根建筑设计事务所现在会建议在机场的公共场所安装三步式的自动扶梯。

当你深入研究一个问题时，你到底在寻找什么？怎样才能一眼就发现潜在的杠杆和支点？正如冰岛的领导者所做的那样，在寻找可行的抓手时，你的第一步可能是去考虑，对于你试图预防的这个问题，风险和保护性因素分别是什么？对于酗酒的青少年来说，参加正式的体育活动是一个保护性因素，因为它能填满青少年的课余时间，让他们产生自然的快感。父母的疏忽就是一个风险因素，如果父母常年不在家，孩子就更有可能不受管教。每个问题都有一系列因素可以增加或者防范风险，而其中的每个因素都是一个潜在的抓手。

除了关注风险和保护性因素，也可以考虑一下你的抓手是否可能是某个特定的亚人群。许多成功的上游干预实际都是斥巨资帮助一小部分人。乍一看，这似乎是一个天然就不受欢迎的组合：我们为什么要在少数人身上花大价钱呢？因为在许多领域中，正是那一小部分人给整个系统造成了沉重的负担。“犯罪实验室”开发了一种模型，用以预测该市 5 000 名“涉及枪支暴力”的最高风险人群。“涉及枪支暴力”指的是要么因持枪暴力犯罪而被捕，要么成为持枪暴力犯罪的受害者。① 5 000 人大约是芝加哥市总人口的 0.2%。[23] 一年后，“犯罪实验室”研究了该市的凶杀案受害者，其中 17% 来自他们列出的 5 000 人高风险名单。[24] 最危险和身处最大风险的都只是很小一群人。与此同时，“犯罪实验室”的另一项研究估计，一次枪伤的社会成本是 150 万美元。[25] 这些数字表明，社会可以负担巨额投资来改变这一小群人的暗淡前景。本着这种精神，“犯罪实验室”正在测试一个项目。针对那些被判有罪且很有可能再次犯罪的暴力罪犯，项目愿意给予他们一个全新的开始，为他们提供一份带薪的工作，并提供认知行为治疗。[26] 该项目的费用为每人每年 2.2 万 ~ 2.3 万美元。

在医疗领域，少数病人可能是急诊科的常客，有的人甚至每年去急诊室超过 100 次。[27] 这些人通常有着非常复杂的个人情况和患病历史。典型的例子可能是一位患有糖尿病、哮喘、慢性疼痛、病态肥胖且居无定所的男性。治疗这些疾病的费用可能非常

① 为什么要同时关注受害者和施暴者，而不仅仅是关注施暴者呢？因为这两者往往是同一群人，许多实施暴力犯罪的人最终都会沦为暴力犯罪的受害者。此外，许多暴力犯罪没有破案，这意味着（可悲的是）受害者更容易被找到。

高昂，所以医疗系统有能力为这些患者量身定制个性化的健康计划，包括住房援助、家庭医疗保健、定期上门看护服务等。如果你能精准帮扶一群不断制造大问题的人，你一定要有雄厚的资本实力，可以花一大笔钱来帮助他们。①

在寻找可行的抓手时，一个必不可少的环节就是衡量成本和收益。我们总是希望每投入一笔钱都能得到最大的回报。“物有所值”固然重要，但我希望将其与另一个有害的观点严格区分开来。关于预防工作最令人困惑且最具破坏性的一个理念是，预防行动必须为我们省钱。关于上游干预的讨论似乎总会绕回投资回报率：今天投入的 1 美元会在长期内给我们带来更多的收益吗？如果我们为无家可归的人提供住房，最后会通过减少对社会服务的需求收回成本吗？如果我们为罹患哮喘的孩子提供空调，最后会通过减少急诊次数收回成本吗？

这些问题并非无关紧要，但也绝无必要。除了预防手段，在医疗体系中没有任何其他环节会通过“省钱”这一维度来加以衡量。你的某位邻居毫无顾忌地整天大吃培根，当他最终需要心脏搭桥手术时，没人会问他是否“值得”做这个手术，或者这个手术从长远来看能否为整个系统省钱。在他需要手术时，他就应该接受手术。但当我们开始讨论防止儿童挨饿时，突然之间，这项工作就必须得收回成本了，这很不科学。为无家可归的人提供住房、预防疾病或者给忍饥挨饿的百姓提供食物，不是为了经济回

① 值得注意的是，在给商家带来巨额利润的一小部分顾客身上，我们也能看到类似的现象。比如拉斯韦加斯的豪赌徒，因为他们总是挥金如土，让赌场赚得盆满钵满，所以赌场完全可以给予他们更加贴心的服务和额外的福利。毕竟，还有什么比一掷千金的客人更珍贵的呢？

报，而是为了道德回报。既然我们从来没对下游干预提出这些要求，那也请不要用这样的要求来破坏上游行动。

在医疗领域，已经有越来越多的人开始参与讨论影响人类健康的环境条件，话题从住房到公共安全，再到空气质量，即“健康的社会决定因素”。行业会议里不涉及这些议题的反倒是极少数。一方面，这是重大利好，因为这反映出人们对医疗领域的兴趣正在向上游转移。唯一的缺点在于语言层面。“健康的社会决定因素”就属于那种枯燥乏味的华丽辞藻，一听就让人兴趣全无，就好比非得将“约会”这个简单的词汇重新命名为“有抱负的人际交流”。

对于医疗行业，这是一个激动人心的时代，因为你可以感觉到大家慢慢不再无视问题。在美国新泽西州哈肯萨克市子午线健康中心执业的初级诊疗医生卡梅拉·罗凯蒂表示：“医生历来接受的训练是专注于临床干预和问诊。你来到我的办公室，我试图改变你的健康状况。我会在我的本子上开个处方，药品可以改善你的身体状况。但这只是健康等式中最微小的一个部分。要想真正改变一个人的身体状况，就得打开他们的冰箱，问问他们的睡眠质量，了解他们所承受的长期压力，再来解决这些问题。”[28]

这种观点得到了迅速的传播，人们越来越认识到影响健康的上游因素的重要性。但要落到实处还得面临严峻的挑战。医生究竟能做些什么来帮助一个缺乏健康食物或者压力巨大的病人呢？更何况，在大多数医疗体系中，医生的上游努力会导致收入损失，因为他们是按次收费的。医生一天中能够进行的“对症下药”次数越多越好，而与压力过大或者孤独寂寞的病人多交谈15分钟则不能算作“对症下药”。（在第11章，我们将研究一些新的支付模式，可以让预防手段更容易获得资助。）

我耳闻目睹过无数医疗行业的领袖讨论这些困境，你可以感受到其中的激烈冲突。一方面，人们明显热衷于上游行动。我相信，即便不是大多数，也有很多领导真心认为上游行动才是正确的做法。另一方面，没有人愿意主动承担责任，去满足大家对上游医疗的需求——当然，这也是可以理解的，毕竟很多因素都超出了医疗系统的范畴。因此，这些领导到目前为止所做的就是寻找抓手，虽然这在整个庞大的医疗体系中显得微不足道，但也具有象征意义。例如，许多初级诊疗医生现在会询问他们的病人是否经常挨饿，如果是，患者就可以被分配到基层社区的合作伙伴，比如当地救济贫穷人群的食品库。[29]医疗体系与能够提供帮助的各方进行合作，使得患者可以从体系之外获益。

但是，如果医疗系统内部也能进行变革，会怎么样呢？因为医生的培训和激励通常会把他们推向下游，所以他们会觉得上游行动不够自然。那如果将上游行动改造得更加自然又会怎么样呢？美国新泽西州西东大学的哈肯萨克子午线健康中心就致力于实现这一愿景，重塑医生的训练方式。[30]课程的核心就是“健康的社会决定因素”。

在学年开始时，学生会与附近社区的个人或家庭配对。在入学后的第一学年，学生每一两个月就会与配对对象见面，上门了解他们的生活和健康状况。当然，学生此时还不能提供任何治疗，毕竟只是一年级的新生，但他们需要帮助这些家庭实现一个与健康有关的目标。“我儿子患有自闭症，我需要有人帮助他”，或者“我一个人在家坐在轮椅上，挺郁闷的，我需要一些社交渠道”。

“我们大可以在课堂上夸夸其谈，但学生永远无法切身体会这些事情的重要性，除非他们能够真正接触人，真正感同身受。”上文提及的那位初级诊疗医生罗凯蒂博士表示。罗凯蒂也是这个医学院项目的负责人，该项目名为“人类的维度”。

阿米拉·麦卡琴是该医学院的首届一年级新生。她和另外一个同学的配对对象是养老院里一位91岁高龄的老人。麦卡琴第一次见他时非常紧张。她平时说话细声细气，只有提高到大喊大叫的音量才能让老人听清她在说什么。两位学生问老人需要帮忙实现什么目标时，他的第一反应是：“我都91岁了，哪还有什么目标？”但他随后想到了两件事：学习使用电脑，克服短期失忆。所以麦卡琴下一次来访的时候，她就和同学一起教老人如何在养老院的电脑上玩记忆游戏。

另一组学生的配对对象是一名糖尿病未得到控制的男子。（这意味着他的血糖水平不健康，这通常可以通过定期监测、控制饮食及注射适当剂量的胰岛素来避免。）学生不明白为什么这个人会遇到困难，因为他看起来对自己的身体状况一清二楚，各方面也很注意。后来，在他们某次前去拜访的时候，一个邻居敲门问：“我要去商店了，你准备好购物单了吗？”学生们终于恍然大悟：这个人不能自己去杂货店，只能依赖邻居采购食物。所以对他来说，要获取那些可以帮他控制病情的食物（通常是易腐烂的食物）就更难了。

医学院学生的另一项工作是参与社区活动，而不仅仅是接触特定的人。他们要拜访当地非营利组织的负责人，参加公共会议，提供社区服务。“当我们第一次规划课程的时候，别人会问我：‘你这创办的是什么呀？这到底是社工学院还是医学院？’”罗凯蒂回忆道。

第一届学生于2018年夏入学。起初，学生们对这项工作热情高涨，甚至热情过头了。在开学的头几个星期，他们会带着解决各种社区问题的计划书来到罗凯蒂的办公室。到了学年中期，各种考试和考证的现实压力开始慢慢侵蚀他们的理想主义。学院录取的都是卓越的精英学生，他们知道如何在考试中取得优异成绩，如何撰写出色的论文。但是要怎样才能“出色”完成帮助一位孤独老妪的任务呢？

部分学生甚至一度发展到了要造反的地步。一些有意见的学生被派去参加学校董事会的一次会议。会议的前45分钟竟然不对外开放，所以他们只好等着。随后，会议又公开讨论一名教师与董事会之间的合同纠纷。学生们怒不可遏，给罗凯蒂发了封邮件质问：“你凭什么浪费我们的时间，让我们干这件事？”这不是他们读医学院的目的。

但奇怪的是，这恰恰是他们读医学院的目的。因为在罗凯蒂看来，医生的使命是让人们保持健康，这不仅需要他们了解医学的技术层面，还需要了解社会层面的因素，他们要学会理解生活方方面面的复杂性，以及体系的复杂性。你会开始意识到，哪怕是再简单不过的任务，比如准时出现在医生办公室，也可能受到无数因素的干扰：公交车晚点了，恶劣天气使得患者没法走到公交站，病人负担不起医院外的停车费，就诊指示是线上发送的而患者没有电脑，又或者只是早上起来感觉太难受，不想再大费周章去一趟医院。每当你禁不住想依赖非黑即白的简单判断，比如“这一切确实很难，尽管如此，要是她真的在乎自己的身体，她本应准时就诊，本应注射胰岛素，本应过来续方”时，那就去回想一下那次持续了两个小时却似乎一事无成的学校董事会会议，回想一下依赖邻居采购食物的那位老人，然后深吸一口气说：“哪有什么容易的事？世界太复杂，没有捷径可走。但如果我能学会放下交叉的双臂，伸出双手，我就能做一个帮助他人减轻痛苦而非忽视痛苦的人。”

到 2019 年春末，医学院首届学生的第一学年结束时，学生们已经恢复了最初的热情。他们一致表示，自己非常珍惜与配对家庭和社区共度的时光。在医学院最后两年的学习中，他们会继续深入社区和人群，等到毕业时，他们的观念将与大多数医生截然不同。不少学生都会留在新泽西州，在子午线健康中心执业。罗凯蒂相信，这批学生将从内部改变医疗系统：“我们的学生会成长，成为改变医疗文化的中坚力量。”

该学院希望，通过让未来的医生更接近疾病和绝望的源头，他们可以更快地找出提升健康程度的抓手。纽约大学法学教授、作家、“平等司法行动”（Equal Justice Initiative）组织的创始人布莱恩 · 史蒂文森将这种现象称为“接近的力量”。[31]

史蒂文森在 2018 年《财富》首席执行官峰会上发表演讲时表示：“我认为，要想真正打造更健康的社区、更健康的社会、更健康的国家及更健康的经济，我们就必须找到贴近贫穷人群和弱势群体的方法。我坚信，当我们自我孤立，纵容自己无视那些脆弱无助、备受冷落的群体时，我们就会催生这些问题。我相信，通过‘接近’，我们可以学会改变世界……”

接近并不能百分之百保证社会进步。这只是起点，远非终点。上游的改变往往意味着摸着石头过河，一点点弄清哪些措施可行，哪些不可行，以及需要满足何种条件。但在这摸索前行的过程中，即便失败也是胜利。因为每有所学，在寻找撬动地球杠杆的旅程中，我们就又前进了一小步。

第 8 章

如何得到问题预警

预见问题的能力让我们拥有了更多解决问题的空间。

2010 年年底，罗丽·萨茜娜成为职场社交招聘平台领英（LinkedIn）“客户成功团队”的主管，负责一款面向招聘人员的旗舰产品。（“客户成功”就好比“客户服务”的上游版本，团队的使命是确保客户对所购买产品或服务的满意度。）该招聘产品以订阅的形式提供，旨在帮助企业找到、吸引新员工。产品非常畅销，但“流失率”也很高。[1]“流失率”是指没有续订的客户比例，是衡量诸如流媒体播放平台网飞（Netflix）和《人物》（*People*）杂志等订阅业务健康状况的关键指标。当萨茜娜加入领英时，流失率约为 30%，意味着每年在 10 个客户中就有 3 人不再使用该招聘产品。

该公司管理流失率的传统方法是在续订期前指派人员与客户密切合作，特别是与那些存在流失风险的客户保持沟通。工作的重点是“留住”账户。但这一回，萨茜娜的老板、销售主管丹·沙佩罗表示，他们扪心自问了一个新的问题：我们能提前多久预测客户会流失？他们的想法是，如果能尽早觉察流失风险，他们就能及时进行干预，以期获得更高的续订率。

完成数字运算后，他们意识到可以在客户购买产品的 30 天后合理预测谁会流失。怎么做到提前这么久就能预测客户的流失倾向呢？萨西娜发现，在产品使用和流失率之间存在着很强的负相关性。也就是说，如果招聘人员经常使用领英的产品，他们往往会坚持续订。这毫不意外。（毕竟，最有可能取消订阅《人物》的是那些拿到了杂志也不怎么看的人。）新的发现是，重点在于让客户在购买后尽快开始使用产品："我们发现，在最初 30 天内使用该产品的客户，续订领英服务的概率是其余客户的 5 倍。"萨西娜表示。

"我们简直大吃一惊，"沙佩罗表示，"我们说，'让我们把用来"挽留"客户的所有资源，都适当转移到客户引导上去'。"他们在团队内设立了一个新的岗位，叫作"引导专员"，专门负责给客户打电话，教他们如何使用产品，但任务绝不仅仅是那种令人昏昏欲睡的软件功能培训，专员实际上还会帮客户分担一些工作。

举个例子。专员拨出的一通电话很可能是这样的："我知道您在找一个常驻亚特兰大的软件工程师。我冒昧设计了一个搜索功能，可以帮您找到符合要求的候选人。我可以带您了解一下如何根据需要调整搜索的参数。在您确定了一些合适的候选人之后，下一步就是用我们的站内信功能联系他们。我们根据过往经验找到了回复率最高的措辞方式，我已经据此为您起草了一份电子邮件的内容模板。"

短短两年，在公司营收出现爆炸式增长的情况下，流失率还是减少了大约一半。而成功的关键因素之一就是客户引导。流失率的改进每年可带来数千万美元的收益。

预见问题的能力让我们拥有了更多解决问题的空间。因此，与上游行动相关的一个关键问题在于，针对你试图解决的那个问题，如何得到预警？就好比为你的工作量身定制一个烟雾警报器。在领英，触发警报器的烟雾是一名客户在订阅后的首月内未使用产品。在芝加哥市的公立学校，触发警报器的烟雾是学生在高一时“脱离轨道”。

预警信号并不是天然自带优势的。它们的价值取决于问题的严重性。你或许不需要也不想看到信号提示你床头灯的灯泡即将烧坏。（相比之下，提示一座灯塔顶部的灯泡即将烧坏的预警信号则很有价值。）价值还取决于预警是否提供了足够的响应时间。如果汽车轮胎提前 30 秒发出爆胎预警，那或许可以救你一命，而提前半秒的警告则可能毫无价值。

有时，就像领英一样，我们可以运用历史规律指导预测。在纽约市及其周边地区运营的医院和医疗设施网络美国犹太保健集团（Northwell Health）就采用了这种方法。该集团推出的“紧急医疗服务”的负责人面临着一个生死攸关的运营挑战：他们希望在人们拨打 911 后，救护车能够尽快抵达现场。[2] 因此，他们利用历史数据创建了复杂的模型，以预测 911 报警电话会在何时来自何地。

“我们并不是拿着一个水晶球来预测紧急情况，我们所预测的是：基于历史情况，人们将会做出何种行为。”犹太保健集团紧急医疗服务中心的助理副总裁乔纳森·沃什科表示。

事实证明，紧急情况完全有规律可循，不管是时间（白天拨打的 911 电话多于夜间）还是地点（老年社区拨打的 911 电话多于年轻人社区）。在美国国庆和新年前夜，报警电话的数量会上升（醉酒容易干傻事），而在圣诞节和感恩节，报警电话数量会下降。（因为比较有爱，或者饮酒没那么疯狂？）星期五和星期六夜间的 911 业务繁忙，星期日则比较清闲。流感季节会忙得不可开交。

还有一些细微的差别：一个奇怪的现象是，在疗养院的用餐时段会出现一个峰值。你可能会想，疗养院的食物有那么糟糕吗？不，只是因为在用餐时段，看护人员必须得去看看病人，这时可能就会发现情况不妙。出于同样的原因，在疗养院的工作人员轮班期间也会出现一个高峰。天气也会起一定的作用：据沃什科了解，通常在下大雪的时候，心脏病的发作率会有所上升，有时是人们铲雪用力过度所致。

犹太保健集团是如何利用这一预测模型来加快救护车救援速度的呢？答案是，基于该模型，在城市周边提前部署救护车。想象一下，在距离几家疗养院不远处一家麦当劳餐厅的停车场里，停着一辆载有护理人员的救护车。虽然暂时还没有人拨打报警电话，但很可能会有人打，那么电话响起的时候，护理人员就能迅速赶到。

这与通常情况大相径庭。对于大多数美国人来说，他们所在的社区都由消防部门管理紧急医疗服务。[3] 救护车停在当地的消防站，当接到 911 电话时，急救医生或者护理人员会开车出去帮助伤者。这是一个被动应对的系统，由此导致了一个奇特的现象：如果你生活在这样的一个社区里，哪天意外出现心脏停搏，你的生死可能就取决于你住得离消防站有多近。（这可以变成房地产中介的一个卖点："一楼大平层！距离消防站只有 3 分钟的车程！"）

相比之下，犹太保健集团以及一些大城市的其他紧急医疗服务则会战略性地将救护车部署在城市各处，以确保它们所覆盖的所有人口距离救护车都只有很短的车程。在纽约州赛奥赛特地区的紧急医疗服务指挥中心，有一个房间看起来有点儿像美国国家航空航天局（NASA）的任务控制中心。墙上是大显示屏，显示着犹太保健集团紧急医疗服务覆盖区域的地图。所有救护车的实时位置都被精确定位在地图上，每辆救护车的周围都有一个晕圈，显示它在 10 分钟内可以抵达的区域。接到 911 报警电话后，距离报警地点最近的救护车就会被派遣过去。接着，附近所有的救护车都会动态改变位置，以填补派遣的救护车留下的缺口。

这是一个非常成熟的系统，效果很好。犹太保健集团的平均响应时间约为 6.5 分钟，[4] 而全美范围内的平均响应时间为 8 分钟。犹太保健集团在一项叫作自主循环恢复（ROSC）的指标上表现卓越，[5] 救护车的响应速度功不可没。该指标是衡量心脏停搏的患者中，通过有效治疗恢复自主循环的百分比。病人显然也对他们获得的护理很满意：94% 的患者表示愿意向其他人推荐犹太保健集团。

犹太保健集团为问题的预警树立了典范：数据提示了一个我们在正常情况下注意不到的问题，比如，需要在用餐时段将救护车部署到距离疗养院更近的位置。这种预测能力让我们有时间采取行动预防问题的发生。犹太保健集团的医护人员无法阻止心脏停搏的发生，但可以阻止部分患者的死亡。

在犹太保健集团，几分钟的时间弥足珍贵。在其他案例中，即便是提前几秒的预警也很宝贵。研究应急准备的教授亚历克斯·格里尔在2012年发表了一篇文章，称日本的地震预警系统在全世界名列前茅，其中包括一个从全国各地超过3 200台地震仪和地震烈度计收集信息的观测中心。[6]该中心可以探测到“地震纵波”，这种波超出了人类的感知范围，是地震发生的第一个预警信号。

2011年，该系统为日本做出了贡献：“当地时间14：46：45，当东日本大地震的纵波传出时，”格里尔写道，“距离震源最近的内陆传感器迅速响应，系统在仅仅3秒内向各大企业、铁路运营商、工厂、医院、学校、核电站及公众的手机发出警告（即当地时间14：46：48）。”

3秒！警报发出约30秒后，仙台的大地开始震动，大约60秒后，东京发生地震。“这看起来没多少时间，”格里尔写道，“但也足以让企业关闭生产线，医生停止手术，学生躲到桌子下面，司机将车停靠到路边，人们打开备用发电机，火车停驶。”

类似的预警系统也是一个商业优势。在国际商业机器公司（IBM）的一则电视广告中，在办公楼大厅里，一名维修工朝一名保安走过去。

维修工：你好。

保　安：请出示通行证。

维修工：我是来修电梯的。

保　安：电梯没问题啊。

维修工：对。

保　安：但你要修电梯？

维修工：对。

保　安：谁派你来的？

维修工：新人。

保　安：哪个新人？

维修工：沃森（Watson）①。

维修工看了看桌子上黑色的电脑机箱，保安也看了一眼。

沃森（用一种傻乎乎的声音说）：我对传感器和维护数据的分析表明，3 号电梯将在两天后出现故障。

维修工：这就对了。

保　安：你还是需要出示通行证。[7]

这不是幻想。② 如今，许多大型电梯公司都推出了“智能”电梯，[8] 可以将海量的各类分析数据发送至云端，包括光线、噪声、速度、温度等，技术人员可以利用这些数据找出潜在问题的蛛丝马迹。

IBM Watson 的物联网技术专家约翰·麦克劳德在接受《计算机世界》采访时表示：“在线接入云的最大好处之一，是让你能够将潜在的问题扼杀于摇篮之中。比如电梯门关上所需的

① IBM Watson 是 IBM 研发的认知计算系统。——译者注

② 没想到沃森竟然可以跑得这么远：从赢了综艺节目《危险边缘》（*Jeopardy*）智力游戏的那台电脑变成了一台摆在任一办公大楼里对着空气大声做出预测的黑匣子。

时间通常是 5 秒，但可能会逐渐延长到 5.1 秒、5.2 秒。进出电梯时可能没人会注意到这一变化，但它可能意味着某个地方不够灵活，需要润滑……如果发现这一细节，你就可以提前采取行动应对问题，而不是等到电梯门卡住、把人关在电梯里的那一天。”[9]

随着物联网的兴起，这种预警解决方案将会变得越来越普遍。我们的世界中将布满各种传感器：检测心房颤动的智能手表，[10] 警告石油管道泄漏的智能设备（这种设备有个奇怪的名字叫“智能管道猪”），[11] 当公交司机在驾驶中睡着时可以发出警报的智能摄像机。[12] 虽然技术可以帮助我们进行预警，但有时最好的传感器不是设备，而是人。

每年，美国心脏协会都会培训 1 600 万人学习心肺复苏术，[13] 这相当于部署了 1 600 万台活人传感器，用于监测心脏病突发的情况。更妙的是，那些接受过心肺复苏术训练的人还可以针对问题采取行动，而不仅仅是发现问题。（他们或许还能帮助患者坚持到救护车赶到的时候。）

依靠人类进行早期侦查的又一案例是一项名为“发现可疑，立即报告”（If You See Something, Say Something）的反恐行动。该口号是由广告人艾伦·凯在“9 · 11”恐怖袭击事件后的第二天提出的。凯在接受《纽约时报》采访时表示：“我的灵感源于‘祸从口出，言多必失’。我觉得这一点很有讽刺意味，因为我们想要的恰恰相反。我们希望大家畅所欲言。我希望想出一句朗朗上口、不胫而走的口号。”[14] 可以说，我们所有人都成了被部署的传感器，为潜在的恐怖主义行为提供预警。

为了预测问题，我们需要眼观六路，耳听八方。我们也需要对了解的一切保持谨慎：有时我们可能会发现，事情并非表面上看起来的那样。

在 21 世纪的头 10 年，韩国被确诊患有甲状腺癌（甲状腺是一个位于颈部底部的蝶形腺体[15]）的人数急剧上升。[16] 到 2011 年，甲状腺癌的发病率相比 1993 年翻了 15 倍。[17] 这是一个非常可怕的公共卫生问题。癌症并非传染性疾病，不应该传播得如此之快，这也太奇怪了。

这一事件的一个亮点是韩国医疗系统出色的应对方式。该国甲状腺癌的 5 年生存率为 99.7%，居世界之首。[18] 因为表现卓越，韩国甚至推动了“医疗旅游”，[19] 鼓励世界各地的甲状腺癌患者飞往韩国，在这个该病患者生存率最高的国家接受治疗。

甲状腺癌流行的两大谜团分别是：是什么导致了癌症的激增？韩国又是如何成功应对的呢？

内科医生、癌症研究人员吉尔·韦尔奇对韩国的情况有着截然不同的看法。他撰写的《少用药，更健康》（*Less Medicine, More Health*）一书着实令人大开眼界。他在书中写道：“我在医学院念书的时候，老师告诉我，但凡是‘癌症’，就一定会无情地扩散，一旦某个细胞出现癌症的 DNA（脱氧核糖核酸）错乱，癌细胞扩散到全身就只是时间问题。患者因癌症而死亡也只是时间问题。”[20]

但近年来，医生对癌症的看法发生了改变。没有人再认为癌症导致患者死亡“只是时间问题”。为了解释这种演变后的医学思维，韦尔奇将癌症比喻为农场里圈养的乌龟、兔子和鸟。[21] 医疗系统的目标是防止动物逃出围栏，相当于防止癌症达到致命程度，而围栏则代表了我们的早期检测和治疗系统。

乌龟的速度奇慢无比，所以使用围栏毫无意义，反正它无论如何也逃不掉。乌龟代表的是进展缓慢的非致命癌症，种类有很多。鸟儿可以随意飞出，我们也阻止不了。它代表了最具致命性的癌症，即便我们在患者身上发现了这类癌症，我们也无法阻止它的进一步扩散。这是致命的癌症。从公共卫生的角度来看，唯一重要的动物就是兔子。兔子代表的是一种潜在的致命癌症，它可以随时跳出围栏，但如果我们行动迅速，还是可以在它逃跑之前成功阻止的。

因此，当韦尔奇留意到韩国甲状腺癌的肆虐时，他意识到，这其实是一种不具威胁的乌龟型癌症。回顾一下历史：在韩国开始对甲状腺癌进行大规模筛查之前，患者只有在出现症状时才会接受检查，[22] 也就是说，他们觉得身体有恙才会去看医生。（就像女性在感到乳房出现肿块时才可能去做乳腺 X 光检查，或者男性在尿血时才可能去做前列腺检查一样。）这种情况相对少见，更有可能是兔子型癌症。但后来，韩国的卫生部门开始鼓励更多的人接受筛查，结果，经过筛查，卫生部门发现大量民众的甲状腺里都生活着安静的“小乌龟”。[23] 因此，甲状腺癌的发病率飙升（尽管在健康水平上并没有什么变化），病人接受了侵入性治疗，通常是接受手术，切除甲状腺。[24] 5 年后，99.7% 的人仍然活着！[25]

但他们能活着并非得益于某种医学魔法。他们还活着，是因为根本就没有遇到过任何问题。韩国的患者可能以为是医生挽救了他们的性命，医生当然也这么认为。但实际上，他们中的很多人受到了伤害（手术的副作用），却未曾从中获得任何健康裨益。

这给我们带来什么启发呢？有些预警系统产生了奇效，可以防止电梯故障，防止客户流失。但在其他时候，预警系统可能弊大于利，比如韩国的甲状腺癌肆虐。我们该如何区分这两者？一个关键因素就是普遍存在的“误报”现象，即故障实际未发生，系统却发出了故障警报。

你是否曾在听到火警警报时翻白眼？这就是警报疲劳，[26] 也是一个严重的问题。2013 年，一组研究人员对一共收治了 461 名患者的 5 个重症监护室进行了为期一个月的观察。在这段时间内，床边监控器一共触发了超过 250 万次警报——由于患者心率、呼吸吸入空气量、血压水平等出现变化所引起的自动警报。诚然，这些警报中有不少只是在屏幕上闪现的文字信息，供护士和临床医生参考。医院已经将声音警报限定于具有临床重要性的情况。尽管如此，一个月内还是有近 40 万条声音警报被记录在案，也就是每张病床每天会发出 187 次声音警报。如果一切都能引发警报，那就没有什么能真正得到重视了。

在设计预警系统时，我们应该牢记以下问题：预警能否给予我们充分的时间采取有效行动？（如果不能，那又何苦呢？）预警的误报率是多少？我们对该误报率的接受程度，反过来又可能取决于处理误报与忽略问题相比的相对成本。

倘若忽略某个问题会带来毁灭性的后果，我们或许更愿意忍受过高的误报率。一个案例就是“桑迪·胡克的承诺”（Sandy

Hook Promise）组织。该组织成立于2012年桑迪·胡克小学枪击案之后，[27]当时一名年轻男性开枪射杀了20名儿童和6名成年教职工。该组织的几位创始人都在此次枪击案中失去了至亲，也厌倦了许多美国人对校园枪击事件的麻木不仁、听天由命。他们想要行动起来。[28]

妮可·霍克利是该组织的创始人之一。许多学校在面对枪击威胁时，采取的都是防御手段，这在霍克利看来简直就是执迷不悟。“对于‘面对一个无特定目标的随机犯罪枪手，你该怎么办？’的问题，学校有太多的关注点。怎么教孩子躲起来？怎么教他们逃跑？怎么教他们在某些情况下予以反击？我认为这很荒唐……为什么我们要把所有的精力都放在无可挽回的事情上呢？我们明明可以倒回去一步，问一句：‘我们该如何在事情发展到无可挽回之前，阻止这位枪手？’这样会有效得多。”

霍克利以潜在枪手的心理健康为目标，这显然是一个上游的决定，也就是试图在灾难发生之前采取干预手段。考虑到美国的党派之争，这一决定从政治角度而言可能也算明智之举。（“过去几十年里，我们一直在试图改变枪支政策，”霍克利在接受《卫报》采访时表示，“试试别的方法吧。为什么要不停地撞南墙呢？总是做着同样的事情，何来不同的结果呢？”[29]）但如果写作的话题是如何预防校园枪击事件，却对“枪”的部分绝口不提，那将是作者的一种失职。戴维·弗鲁姆为《大西洋月刊》撰文写道：“这世上有且仅有一个发达国家，在那里，为大屠杀建立私人军火库不仅合法，而且容易、便捷。该国碰巧也是唯一一个经常出现个人为了报复社会而实施大屠杀的国家。”[30]弗鲁姆曾为乔治·沃克·布什的演讲撰稿，确切地说，他并不是一个自由主义者。这是整个国家对问题的无视。

最终，霍克利和其他创始人认为，他们无法叫醒一个装睡的国家，于是便决定另辟蹊径。在研究其他校园枪击案时，他们发现，在几乎所有的案件中都藏着被人们忽略的预警信号。大多数大规模枪击案都是至少提前6个月就计划好的。通常情况下，每10名枪手中就有8人会将他们的计划告诉至少一个人。许多人甚至在社交媒体上发布过带有威胁性的帖子。如果有相关人员关注或者认真对待过这些信号，就可以阻止他们的行为。

“桑迪·胡克的承诺”发起了一项培训计划，教育学生关注身边的预警信号，包括对枪支的极度迷恋，因看似微不足道的原因导致行为过激，极端的社交孤立感，吹嘘自己可以获得枪支，当然还有明确的暴力威胁，这一点在过去的枪击事件中常常被忽视。学生们被教导，一旦看到其他同学具备上述特征，他们就应当将观察到的事实报告给一位可靠的成年人。

为了将关注预警信号的理念推广开来，“桑迪·胡克的承诺”在2016年发布了一段名为《埃文》的视频。[31] 在视频中，一个名叫埃文的可爱的高中男生邂逅了一个神秘女孩。他们在学校图书馆的一张桌子上互写暧昧留言，却不曾打过照面。伴随着欢快的背景音乐，埃文一直在人群中寻觅那位留言的神秘女孩。在视频的最后，女孩在健身房揭示了身份，这是一个浪漫的时刻。正当我们欣赏这温馨的一幕时，健身房的门突然砰的一声打开，一个男孩拿着步枪走了进来。他扣动了扳机，尖叫声四起，视频画面渐渐变黑。

剧情的反转让人瞠目结舌，但接下来的画面更加令人震惊。剧情迅速回放一遍，向我们展示这位枪手几乎出现在每个场景的背景中：朝别的学生竖中指，在储物柜前遭到霸凌，一个人吃午餐，在网上浏览枪支视频，在社交媒体上发布了一张自己持枪的照片。种种迹象明明就在眼前，但我们却完全视而不见，因为我们将注意力放在了别处。这段视频轰动一时，累计播放量已经超过 1 亿次。（过去 10 年间，这是我见过最成功的公益广告。）

桑迪·胡克的“看到迹象”（Know the Signs）项目受到了各所学校领导的欢迎，他们希望找到避免枪击事件的方法。培训项目覆盖了数百所学校。（这是又一个使用“活人传感器”的例子。）在行动初期，桑迪·胡克团队就意识到，他们需要扩大关注范围，把那些容易受到霸凌、自残（特别是具有自杀倾向和割伤自己）的学生也算在内。这些行为的部分预警信号与校园枪击案类似，比如不合群、暴力倾向等，但这些事件要比校园枪击案常见得多。在结束“看到迹象”培训之后，学生向学校领导报告某个同学认真谈论过自杀，已经成了一种惯例。

但并非所有学生都愿意把自己的担忧告诉成年人。有时，他们觉得没有值得信赖的人；有时，他们害怕被别人说打小报告；如果是校园枪击案，他们还害怕被人打击报复。因此，在 2018 年，“桑迪·胡克的承诺”推出了“匿名报告系统”，学生可以（通过电话或者应用程序）匿名报告。[32] 该组织负责外勤行动的副主席保拉·芬博表示：“这些威胁大多不会发生在 9 月到次年 6 月工作日的早上 8 点到下午 3 点。匿名报告系统为学生提供了一种报告威胁的简便方式，也不会给他们带来任何污名。”

2019年，当宾夕法尼亚州的公立学校采用这一报告制度时，超过17.8万名学生参加了培训。[33]效果立竿见影：仅在第一周，学校就接到了615次举报和电话。[34]学校一共采取了46次自杀干预，2次父亲/继父性侵犯干预，数十次的自残干预，还3次缴获了毒品。[35]

有一条举报消息甚至惊动了警方。2019年1月24日凌晨两点半，警方从举报渠道收到了一条消息。[36]一位匿名人士称，一名14岁的学生在照片分享平台色拉布（Snapchat）上对黑泽尔顿中学发出了枪击威胁。调查发现消息来源可靠，于是警方在凌晨4点半来到了这名学生的家中，与孩子的妈妈和叔叔见了面。（该学生的性别未公开。）

警方了解到学生家中有一把格洛克手枪。家长向警察保证，枪被锁在一个安全的地方，孩子是拿不到的。但经过一番粗略的搜查，警方却发现那把手枪根本就没有锁好，就放在一个床头柜上，里面装满了子弹。

这就是尽早发现的力量：在造成任何伤害之前，就通过举报项目识别一名具备实施大屠杀的手段和明显意图的潜在枪手。还有其他一些可信的校园枪击威胁同样由于“桑迪·胡克的承诺”而得以避免。

在这类案件发生后，许多涉案人员会有强烈的动机声称消息只是误报。青少年会说：“我是开玩笑的！”家长们会附和：“他确实不乖，但绝没有暴力倾向！”而学校的行政管理人员可能更愿意避开媒体的舆论旋涡。说句公道话，他们说的可能都是实情！举报系统肯定容易过度反应，甚至会受到恶作剧的干扰。几乎可以肯定的是，每成功避免一次真实的威胁，背后都会出现许多次误报。更糟糕的是，预防罕见问题的“诅咒”是，我们可能永远不知道自己何时成功过。（谁能最终证明黑泽尔顿的那个孩子原本会犯下大屠杀的罪行呢？）

但家长们肯定同意，针对校园枪击事件，宁可误报也不可放过。毕竟，错过预警信号的代价实在太大了。

霍克利在一场 TEDx 演讲中表示：“当我回想起桑迪·胡克小学发生的悲剧时，我知道悲剧的最终发生是因为一连串的事件恰巧像链条一样串联了。”霍克利的朋友戴维·惠勒在枪击案中失去了儿子。惠勒把这根链条比作一组多米诺骨牌，必须推倒每一张多米诺骨牌才能导致灾难的发生。

“我们在观察时，看到的不是多米诺骨牌，而是每两张牌之间的空隙。”霍克利在演讲中表示，“这个空隙就意味着，有人可以做些什么或者说些什么来阻止下一张多米诺骨牌倒下。”[37]

霍克利本人也在桑迪·胡克小学枪击案中失去了一个孩子。在得知枪击事件后，她急忙跑到学校附近的消防站，当时大家都聚集在那里。她记得当她找到大儿子杰克时那种如释重负的感觉。“我记得他搂着我脖子的感觉，也记得我不得不脱身继续寻找我 6 岁的小儿子迪伦时的那种不情愿。”

几小时后，警方传来了消息：迪伦在教室里被杀害了，身上有好几处枪伤。他躺在特殊教育助理的怀里，后者在试图保护他的时候也不幸丧生。当时的迪伦才上小学一年级。

霍克利拼命想要阻止其他家长再经历一次她所经历的一切，拼命想要冲进牌间的空隙，打断其他学校的多米诺骨牌链。

第9章

怎么知道你成功了

谨防三种“幽灵胜利”：1. 宏观趋势的帮衬；
2. 衡量指标与终极使命不一致；3. 衡量指标成为使命本身。

困扰许多上游干预的一个问题是：怎样才算成功？下游行动的成功是看得见、摸得着的，部分原因在于下游行动涉及修复工作，旨在努力恢复从前的状态。“我的脚踝好疼，可以帮忙止痛吗？”“我的笔记本电脑坏了，你能修好吗？”“我的婚姻出问题了，你能帮我们回到过去吗？”在这些情况下，对于“成功”的概念无须纠结。如果你的笔记本电脑可以正常使用了，那就是胜利。

但在上游行动中，成功并不总是显而易见的。通常，我们无法直观感受到成功，只能用近似值进行衡量。近似值指的是一些更简单、更快达成的小目标，我们希望以此实现长期的成功。但是，由于我们衡量成功的方式和我们希望在这个世界上看到的实际结果之间存在差异，我们会面临一种叫作“幽灵胜利”的风险，即掩盖了实际失败的表面成功。

在本章中，我们将详细阐述三种类型的“幽灵胜利”。为方便理解，先假设有这样一支长期表现不佳的棒球队，决心进行变革，赢得比赛。因为这个过程可能需要历经数年，教练决定强调击球技术，尤其是更多的本垒打，将其作为衡量成功的近似指标。在第一种“幽灵胜利”中，指标显示你取得了成功，但你却错误地将这种成功归因于自己的努力。（球队为自己打出了更多的本垒打而喝彩，但事实上，联盟中的每支球队都打出了更多的本垒打，因为投手的能力下降了。）第二种是，你在短期指标上取得了成功，但短期指标与你的长期目标并不一致。（虽然球队本垒打的次数翻番了，但赢得比赛的次数却几乎没变。）第三种是，追求短期指标的提升反倒破坏了长期目标的实现。（击出本垒打的压力导致一些球员开始服用类固醇且被发现了。）

第一种“幽灵胜利”反映了一句老话即“水涨船高”。[1] 如果你要做的是把船升高，那你可能会忽略涨潮的作用而宣告自己的成功。20 世纪 90 年代就发生过这种情况，当时全美的犯罪率急剧下降。[2] 在任何一座特定的城市，警察局局长看起来都像是创造了奇迹。十几种不同的治安理念似乎都是对的，因为各地的犯罪率都在下降。“这么说吧，20 世纪 90 年代在任的美国警察局局长现在都开着利润丰厚的咨询公司。”“芝加哥大学犯罪实验室”的延斯·路德维格表示（我们在第 7 章提到过他），“但在 80 年代末，也就是可卡因盛行的年代，当时在任的警察局局长几乎没有哪个现在拥有一家利润丰厚的咨询公司。”[3]

补充一下，以上内容并不是说那些赢得“幽灵胜利”的人是在骗人。在他们以及他们所帮助的人看来，成功是实实在在的。美国几乎每座城市的犯罪率都在下降。但他们各自关于因果关系的说法很可能是错误的。

无论以何种形式出现，“幽灵胜利”都几乎可以愚弄所有人，甚至（可能尤其）是那些获得“成功”的人。只有非常仔细地进行审视，你才能发现问题，发现表面上的成功和真正的成功之间的差别。对于波士顿市政工程部的总工程师凯蒂·崔（Katie Choe）来说，最初让她产生焦虑的原因，就是她在 2014 年被委托制作的两张地图。[4]

崔的工作职责之一就是决定如何使用该市的人行道修复资金。她手上的第一张地图显示了该市人行道的现状。在一项艰苦的制图行动中，一队人马在一个冬天走遍了波士顿 1 600 英里的人行道，对每一段路况打分。该市 30% 的人行道被评为状况较差，在地图上被标记为红色。[5]

第二份城市地图是一份热度图，显示了 311 电话来自何处。市民会拨打 311 电话要求市政部门维修人行道。当时，崔的团队会基于这些来电部署人行道维护人员。如果一位波士顿市民来电告知人行道出现裂缝，政府会将这条投诉加入一个等待队列，在资源允许的情况下派建筑工人逐一完成维修工作。

在将两张地图并排审视之后，崔确信，一定有什么地方出了严重的问题。在波士顿收入最低的地区，城市人行道的状况很差，但却没有得到修复，因为 311 投诉电话绝大多数来自富裕地区，而正是这些来电决定了修复资金的使用。

换句话说，在波士顿，会哭的孩子有奶吃，而哭得最大声的其实是富人。

崔的团队在无意中歧视了波士顿的贫困人口，但这种不平等却被他们的业绩衡量指标巧妙掩盖了。人行道团队从三个维度评估自己的工作。第一个维度是支出。市政府将波士顿划分为三个区域以便管理，每个区域的人行道维修预算大致为 150 万美元。第二个维度是完成维修的人行道面积，这衡量的是维修团队的业绩。第三个维度就是 311 电话投诉件的办结量。

三个简单的指标完全合理。三个指标放在一起，分别反映了公平、业绩和为民众服务的价值。多年来，你一直将这些衡量指标奉为圭臬，从不质疑，这也不难理解。若不是因为这两张地图以及随之引发的自我反省，崔可能永远都意识不到这些指标有多么扭曲。

其中一点就是，将城市分成三个区域并给予每个区域均等的资金，并不能确保公平，因为每个区域内的资金分配最终是根据谁拨打 311 电话进行投诉来决定的。在这三个区域，服务都严重向富人倾斜。波士顿大约 45% 的维修工作针对的是状况等级为"优"的人行道！

你可能会问，为什么低收入人群不打电话呢？拨打 311 电话的机会总是均等的吧。最简单的答案是，他们过往的经历表明，政府没有兴趣在他们身上投资。只要去穷人社区附近转转便知道了。弗兰克·皮纳住在贫困的格罗夫地区，他向《波士顿环球报》记者展示了他家门口人行道上蛛网状的裂缝。裂缝已经存在多年了。当被问及为什么不要求维修时，他表示："没有用的。"[6]

富人相信自己会得到服务，于是勤快地拨打投诉电话，果然得到了服务；穷人认为自己会被忽视，于是放弃了拨打投诉电话，果然被忽视了。波士顿创造了两个自我实现的预言。

工作的优先顺序让问题变得更加复杂。想象一下，假设你是施工队的一员，面对的维修需求远远超出你所能承受的工作量，而且你知道，你的其中一个考核标准就是办结了多少需求，那么你会优先安排哪些工作？当然是那些简单的任务，很快就能修好的那种。正是这一激励导致了一些荒谬的结果：例如，在2017年，该市15%的修复工作针对的是状况不佳的人行道，但在修复工作完成后，这些人行道仍被评为状况不佳。（这意味着，维修工可能修复了某一个窟窿，但却忽略了不远处的另一个窟窿。）就好比外科医生看到病人身上有三处枪伤，只处理好了其中一处伤口，便为自己的高效工作鼓掌欢呼。

值得称道的是，崔在这些问题上采取了果断的行动，她也很感谢市长和政府其他领导对她工作的支持。她提出的第一个问题是：通过维修工作，我们最终想要达到什么目标？两个目标似乎是最重要的：一是方便步行，二是确保公平。人行道的目标是保证市民可以方便地从一个地方走到另一个地方，因此，在一个死胡同里修补一处道路的不平整，其重要性远远小于在一个行人密集的地区进行类似的修补。最需要保障步行顺畅的地方恰恰是过去一直被忽视的地方。

在崔介入之前，在波士顿450万美元的人行道维护和小规模维修预算中，有350万~400万美元被用于解决311投诉电话提出的需求。现在这个数字降到了约100万美元。优先次序改变了：最先得到帮助的不再是那些动静最大的人，而是那些最需要帮助的人。大部分的维修预算现在都用于战略性的积极行动，在效用最大的地区全面检修受损道路。“我们是在为真正需要的人提供服务，为那些感觉投资不足、被这座城市抛弃的人服务。”崔表示。

如果你认为这场胜仗打得不费吹灰之力，或者认为这将一劳永逸，那就大错特错了。尽管风险较低，毕竟400万~500万美元的预算对于一座城市来说只是九牛一毛，但崔仍然需要市长替她打掩护，因为其中涉及政治敏感性话题。如果波士顿“最会哭的孩子”发现，他们提出的维修需求需要更长的时间才能满足，他们会开始给政治家打电话。那接下来又会发生什么呢？

崔面临的另一个棘手问题就是应该用什么衡量指标取代过去的指标。团队的愿望非常明确：利用人行道维修资金帮助波士顿最脆弱的社区，使交通往来更方便。但怎样才能精确地衡量这个目标呢？理想情况下，你应该分别统计出维修工作前后，有多少人步行去学校、公园和公司，如果数字攀升，那就值得欢呼。但是数字要增加多少才能让你满意呢？从哪里得到这些行人的统计数字呢？要尝试通过监控摄像头来收集数据吗？那么隐私问题和衡量指标孰轻孰重呢？你会雇一个人站在十字路口，拿着一部计数装置，每当有人经过便按一下键吗？（虽然听起来很奇怪，但他们确实正在尝试这一方法，不过成本很高。）

波士顿的传统指标之所以如此吸引人，部分原因就在于这类指标方便获取、易于理解。心理学家丹尼尔·卡尼曼在他所著的《思考，快与慢》一书中写道，人类大脑在遇到复杂的问题时，往往会偷梁换柱，悄悄把难题替换成简单的问题。“许多年前，我拜访了一家大型金融公司的首席投资官，他告诉我，他刚刚投资了几千万美元在福特汽车公司的股票上。我问他是如何做出这个决策的，他说最近参加了一个车展，印象很深刻。‘天哪，他们太会造车了吧！’这就是他的解释……这位高管面临的问题（我应该投资福特的股票吗？）很难回答，但对于另一个相对简单且相关的问题（我喜欢福特汽车吗？），答案很快就能浮现在他的脑海中，基于此，他做出了选择。这就是直觉启发的本质：我们经常逃避难题，转而回答一个更容易的问题，对于这种偷梁换柱、自欺欺人的行为，我们往往毫无察觉。”[7]

在波士顿，容易回答的问题是：我们在每个区域的投入是多少？市民的投诉着手解决了吗？我们维修了多大面积的人行道？这些并不是正确的问题，但都是简单的问题。

这种“以易替难”的做法，在上下游工作中都会出现。但上游努力的独特之处在于较长的时间线，由此导致了第二种“偷梁换柱”。经济学家苏珊·阿西和迈克尔·卢卡在一篇研究论文中描述了一个案例。一家科技公司在考虑如何衡量其电子邮件营销活动的成效。起初，该公司衡量的是促销邮件带来的销量，[8]但这个标准太模糊了，因为客户从收到邮件到最后下单可能需要数周。更何况，要将产品购买追溯到客户收到的原始邮件也很复杂。因此，该公司改用了一种新的衡量标准——“打开率”，即打开营销邮件进行阅读的客户百分比。打开率很快就可以被观察到，数小时内就能有统计数字，而且这个指标很有用，可以快速衡量对邮件进行简单调整的效果。很快，由于营销人员的创造性调整，打开率提高了。

但几个月后，公司意识到了一个问题：每封电子邮件带来的平均销量反而急剧下降了。为什么会这样呢？阿西和卢卡解释道："成功的电子邮件（按照打开率来衡量）都有着抓人眼球的主题和误导性承诺。"（想想政治家发过的那些"标题党"邮件吧："丹，去喝杯啤酒吗？"）领导们选择的短期措施与他们的真正使命（即促进销售）并不相符。

选择错误的短期指标可能会葬送上游行动。但事实是，短期指标必不可少，是重要的导航设备。以芝加哥市公立学校为例，学区的领导最终关心的是降低辍学率，这就是他们的目标。但他们不能等好几年再来看看自己的理论是否奏效——他们需要更多的近似指标来指导工作，让他们有机会进行调整。"新生在轨"就是第一个近似指标，但即便如此，时间周期还是太长了。（你不能等到高一结束才去观察学生是否偏离轨道，因为一旦偏离了轨道，伤害就已经造成了。）所以学校领导开始关注出勤率和成绩，这些都是可以每周进行检查和完善的指标。芝加哥市公立学校改革的理论是：如果能提高出勤率和课程成绩，我们就能提升学生的在轨水平，从而增加顺利毕业的概率。短期指标选择得当：正如我们所见，该项目大获成功。

正确的短期指标很复杂，寻找的过程难免让人心灰意冷。但同时，短期指标至关重要。事实上，比苦苦寻找短期指标更糟糕的是根本不设立任何指标。

到目前为止，我们已经了解了两种"幽灵胜利"。一种是由于宏观趋势的帮衬，比如 20 世纪 90 年代的地方警察局局长，他们的光荣事迹主要得益于全美范围内犯罪率的普遍下降。第二种"幽灵胜利"出现在当衡量指标与终极使命不一致时。这就是凯蒂·崔对波士顿人行道修复工作的认识：政府选择了错误的短期衡量指标。

还有第三种“幽灵胜利”，本质上是第二种的特例，也就是当衡量指标成为使命本身时。这是最具破坏性的一种“幽灵胜利”，因为可能的情形是，虽然你在衡量指标上表现突出，但其实反倒破坏了最终使命的完成。

我自己就“赢得”过这种“幽灵胜利”。在我很小的时候，我父亲提出我每读一卷《圣经》就奖励我 1 美元。《圣经》一共有 66 卷，这意味着我最多可以赚 66 美元，钱到手之后，我可以马上去买游戏机。我父亲的本意是让我从第一卷《创世记》开始，从头读到尾。但我没这么做。我从《约翰二书》《约翰三书》《腓利门书》开始读，也就是《圣经》中篇幅最短的 3 卷。我还记得当我第一次申请先领取 3 美元时，父亲满脸失望和难以置信的表情。

我成功实现了短期目标，却对最终的目标狠狠嘲弄了一番。

根据格温·贝文和克里斯托弗·胡德的一篇论文，在 21 世纪初的英格兰，卫生部门认为医院急诊室的候诊时间太过漫长。[9] 为此，卫生部门制定了一项新的政策，对候诊时间超过 4 小时的医院进行处罚。政策实施后，候诊时间开始缩短。然而一项调查显示，这种表面上的成功实际上掺了水分。在某些医院，患者被要求留在救护车里等候，而救护车停在医院外边，直到工作人员估计在规定的 4 小时内可以轮到该病人时，才把他推进医院。

我们都听过这样的故事，即“上有政策，下有对策”。这种指标“操纵”屡见不鲜。但“操纵”这个词其实别有深意，因为在讲述这些故事的时候，人们通常都带着一种玩笑、幽默的口吻。（我也是这样讲述自己读《圣经》的故事的，主要是为了掩饰尴尬。）但对于许多上游干预而言，操纵可不是个小问题，绝不只是人类行为中古怪、淘气的一面而已，它是一种破坏性力量，倘若不加阻止，任其发展，它可能会葬送你的目标。我们需要从语言层面上表现这种严重性：这些人不是在“操纵指标”，他们是在亵渎使命。

前文提到过纽约犯罪率的大幅下降。[10] 1990 年，谋杀案达到峰值，一共发生了 2 262 起，此后几乎连年下降，2018 年降至 295 起，下降了约 87%。重大犯罪总体下降了 80% 以上。许多观察人士将长期下降的原因归功于 1994 年实施的改革，当时纽约市警察局的新领导班子建立了一个名为 CompStat（计算统计）的新系统。[11]（即便在我们讨论 CompStat 策略时，也请不要忘记“水涨船高”的作用，因为在其他采用不同策略的城市，犯罪率也在下降。）

简单的理解是，CompStat 具备三大要素。第一，警方开始疯狂追踪犯罪活动，通过收集数据和使用地图来确定犯罪发生的地点。第二，警察局局长被要求根据数据中发现的作案规律分配资源。[12] 换言之，如果某一地区发生了一连串的抢劫案件，那就应当让警力集中支援该地区。第三，警区级别的领导实行问责制，负责减少其辖区内犯罪案件的发生。[13] 正是最后一点导致了可怕的意外后果。回想一下第 5 章中乔·麦卡依关于使用数据进行“监测”的观点：当人们的幸福取决于达到某个特定的数字时，他们会有强烈的意愿让机会朝有利于自己的方向倾斜。

2018 年，锐利传媒的一档播客节目《全部答复》（*Reply All*）发布了两集关于 CompStat 及其后续影响的系列节目。[14] 这两集播客特别惊艳，如果你也在努力平衡短期指标和长期使命，那你一定要去听一听。在节目中，播客主持人 PJ · 沃格特解释了地区警长是如何应付 CompStat 的问责制要求的。

> “如果你辖区内的犯罪不减反增，你就会有麻烦。但是有些局长反应过来：‘等一下，负责追踪我们辖区犯罪的，不就是我本人吗？’所以，如果没办法降低犯罪率，他们就会停止上报新的案件。
>
> “他们找到了各种办法来做这件事。比如，可以拒绝受理受害者的报案，可以记录与实际情况不符的事情，甚至可以直接把文件扔掉。因此局长可以通过 CompStat 会议的考核，可以顺利晋升。当下一位局长上任的时候，因为他必须超越的那个数字是通过作弊获得的，所以他也只好延续这种风气，水分掺得再多一点儿……
>
> “分局局长觉得他们是在为总局长降低犯罪率。总局长觉得他是在为市长降低犯罪率。而市长呢，市长必须降低犯罪率，否则房价就会崩盘，游客就会躲得远远的。整个过程就好像犯罪率本身反倒成了一切的主宰。”[15]

这种为了避免遭到批评而减轻犯罪严重性的倾向被称为“降级”。《全部答复》节目中举了一个有关降级的例子，令人不寒而栗。以下是主持人 PJ 与里奇 · 贝兹之间的对话，贝兹在纽约警察局工作了 14 年。[16]（提示：下文会有一段关于强奸的描述，可能引起不适。）

PJ：里奇和他的搭档被要求在一个街角执勤一整夜。那是城市商业区的一个十字路口，有很多零售商店。但当时已经是午夜了，所有商店都关门了。在这种任务中，大多数夜晚，你只需要站在那里，一夜无事，直到太阳升起。但那天晚上，有个人跑到他们面前说："你们好，出事了，请帮帮忙。"[17]

里奇：那个人说："是这样的，我刚刚看到一个男人把一个女人拖到一块空地上去了。我感觉他要强奸她。"于是我们上了警车，开车过去。我听到一位女士在尖叫："救命啊！救命啊！救命啊！"我看到他趴在她身上，殴打她，强奸她。于是我把灯打闪，对他喊："住手！"他停了下来。我叫他们两个："过来！"他们开始朝我走过来，她的一只眼睛都淤青了，两个人都没穿好裤子。

PJ：受害者告诉里奇发生了什么。里奇说，现在回想起来，让他印象最深刻的是她描述这件事的方式是多么精准。

里奇：她说："他强奸了我。我是妓女没错，但我们之间没有金钱交易。他殴打了我，一边殴打，一边未经我同意将他的阴茎插入了我的阴道。"她的描述完全就是教科书上对"强奸"的标准定义。

PJ：于是里奇通过无线电报告了犯罪情况，他的上司来到了现场。

里奇：上司来了以后就开始盘问她。他问她的方式……他们……他们通常会盘问受害者好几次，看看前后是否会有细微差别。

PJ：里奇很清楚他的上司在做什么。上司不希望这个案件进入 CompStat 系统。所以他在做的就是翻来覆去地盘问她，试图找到叙事中的某个漏洞，好让他找个借口大事化小，把犯罪变得没有强奸那么严重。他就是在将罪行降级。

PJ：什么样的改变可以实现降级？

里奇：嗯……他们想把罪名定为盗窃服务罪。

PJ：盗窃服务罪？

里奇：是的。

想想看：纽约警察局的一名官员要为强奸案的统计数字负责。有两种方法可以让数字看上去有所改观。第一种方法是切实防止强奸，比如将警察部署到危险地区，从而震慑暴力行为。（如果里奇和他的搭档能早几分钟赶到现场，就可以避免那起强奸案。）减少强奸案数量的第二种方法是将实际发生的强奸归为较轻的罪行。比如在本案中，里奇的上司试图将妓女被强奸案重新定义为“盗窃服务罪”。第一种方法能带来胜利；第二种方法令人憎恶。但不幸的是，两者从数据上看不出分别。

让这个问题变得更加棘手的是：在纽约市，犯罪率确实下降了，但这种成功已经变成了一种陷阱。随着维持实际犯罪率下降的难度越来越大，篡改数字的诱惑也变得越来越大。

我们不能过于天真地看待这种操纵现象。当人们因为达到某个数字而得到奖励，或者因为达不到而受到惩罚时，他们就会作弊，会采用降级方式，会千方百计弄虚作假。在盲目追求“达到数字指标”的过程中，人们会毫无悔意地做任何不违法的事情，即便这会严重违反使命的精神，他们甚至还会对非法行为有更高的容忍度。

没有人会卑鄙到一直作弊，但大多数人偶尔还是会作弊的。

假设某所高中的一位校长正努力试图降低辍学率。降低辍学率的正确途径是什么？让学生积极参与课堂活动，仔细监督他们的表现，坚持不懈地支持他们。但这很难，而且这个校长很懒。那么，校长还能用什么方式改变辍学率呢？他可以告诉学校的教师，不准给学生打不及格的分数。不管学生到底学到了什么，只要他们愿意付出哪怕是微不足道的努力保证出勤率，那他们就应该通过考试，就应该升年级，就应该毕业。这就是“幽灵胜利”。更聪明的办法是，校长也可以玩降级游戏。任何时候，只要有学生退学，他就会和辅导员一起考虑这个学生的情况，眯着眼睛打量他，最后确定他是“转学”，而不是“辍学”。辍学对校长不利，但转学无所谓。谁又会发现呢？谁又能说在这个学生的内心深处，就完全没有在下个学期转去另一所学校就读的打算呢？

由于这些因素的存在，芝加哥市公立学校的整个故事会是一次“幽灵胜利”吗？答案是否定的。[18] 但我们之所以知道这一点，是因为芝加哥市的公立学校有勇气接受公众的监督和审查。由伊莱恩·艾伦斯沃思领导的芝加哥大学–学校研究联盟的研究人员，仔细研究了该学区的数据。研究发现，有理由相信数据操纵确实发生过，有一些辍学生被错误地归为转校生。但研究人员还发现，相比毕业率的实质提升，数据操纵的发生率实在是微不足道。

研究人员还研究了该案例中是否存在第一种类型的“幽灵胜利”，也就是由宏观趋势引起的胜利表象。全美的毕业率确实都在上升，“水涨船高”的确存在，但是研究人员发现，芝加哥市公立学校的毕业率提升速度“超过了其他大多数地区毕业率的提升速度”。

为了排除其他风险因素的干扰，比如学生毕业仅仅是因为成绩再差都能通过考试，研究人员还考察了其他几个指标。出席率有了显著提升，这表明存在行为上的真正改变。参加大学预修课程的学生人数和得分较高的学生人数都有所增加。但最令人信服的是学生在“美国高考”（ACT）中的表现，该州要求所有学生必须参加该考试。研究人员写道：“如果学校对学生的实际课业能力睁一只眼闭一只眼，只是通过降低及格的门槛来让学生毕业，那我们预计学生的 ACT 考试成绩会下滑。”但这并没有发生。2003—2014 年，学生在 ACT 考试中的分数提高了近 2 分，反映了“差不多相当于两年的学习时间”。

芝加哥市公立学校的成功不是“幽灵胜利”。它们的衡量指标与最终使命相符。学区领导实现这一目标的方式具有启发意义。他们采用了英特尔前首席执行官安迪·格鲁夫所说的“成对指标”。[19] 格鲁夫指出，使用基于数量的衡量方法往往会让质量受到影响。因此，如果你按照清洁的面积来支付清洁工的工资，根据处理完的文档数量来评估数据录入团队的业绩，那么你就给了他们一个动机，清洁工会马马虎虎地打扫完了事，数据录入团队会忽略操作中的错误。格鲁夫会确保在数量和质量之间求得平衡。清洁的质量必须由经理进行抽查；数据录入错误的数目必须予以评估和记录。评估芝加哥市公立学校的研究人员就使用了这种成对指标：他们平衡了数量指标（毕业生的数量）和质量指标（ACT 考试的分数，以及大学预修课程的注册人数）。2017 年，纽约警察局终于在 CompStat 系统中增加了一些补充指标：调查当地居民对社区环境的安全感，以及对警察的信任度。[20]

任何利用短期指标的上游行动（估计大部分上游行动都会使用短期指标）都应该把时间花在“事前反操纵”上，即仔细思考这些指标遭到滥用的可能性。相比事后被动应对，在事情发生之前就做出预测会很有成效，甚至很有趣。在思考的过程中，以下 4 个问题供参考。

（1）“涨潮”测试：假设我们已经顺利达成了短期指标，那么除了我们自己的努力，还有什么因素可以解释这一成功呢？我们在追踪这些因素吗？

（2）错位测试：假设我们最终会认识到，我们的短期指标无法准确预测最终使命的成败，那么，怎样才能尽早发现这种偏差？还有其他什么短期指标可以取而代之？

（3）懒政怠政测试：如果有人想通过最少的努力达成这些目标，他们会怎么做？

（4）亵渎使命测试：假设多年以后，我们在短期指标上取得了辉煌的成就，但我们实际上却破坏了长期使命的实现。那会是什么原因呢？

还有第五个问题同样值得思考，但这个问题太复杂了，我们要用接下来整整一章进行探讨。

（5）意外后果测试：如果我们成功完成了使命——不仅是短期指标，而且是长期使命本身——但却造成了超出我们工作价值的负面意外后果，那会怎么样？我们在工作之外应该注意些什么？

我们都知道，良好的意愿并不足以确保上游行动的成功。当我们试图预防未来的问题时，总会有失败的风险。还有一种风险，那就是好心办了坏事。所以接下来的话题就是：如何预测行动的连锁反应。

第 10 章

如何避免造成伤害

明智的领导者试图预测他们手头工作之外的二阶效应。
与此同时，我们也不可能准确预测出每一件事，
所以我们需要依赖由反馈回路作为指导的详细试验。

麦夸里岛位于澳大利亚和南极洲东北海岸的中间。[1] 作为该地区为数不多的动物能够自然繁殖的岛屿之一，麦夸里岛是候鸟宝贵的栖息和繁殖地，[2] 也是一个与世隔绝的保护区，[3] 除了偶尔来访的护林员和研究人员，岛上基本荒无人烟。正因为地处偏远，杳无人迹，又有着独特的栖息地，麦夸里岛成了许多稀有物种的家园，[4] 特别是海鸟，比如起飞前在水面助跑的蓝鹱。（鸟名应该是为了致敬圣彼得，纪念这位使徒出于信任从水面上走向耶稣。[5]）大量的企鹅和海豹占据了整座岛屿。[6]

简而言之，麦夸里岛是环保主义者的天堂。更确切地说，要不是在 19、20 世纪被猎人和商人破坏，它本应是环保主义者的天堂。这些猎人和商人多次航行到岛上捕捉企鹅和海豹，从它们身上提取可以用作燃料的天然动物油。[7] 就在水手屠杀岛上本地物种的同时，他们还带来了许多外来物种：供食用的兔子、偶然偷渡的老鼠。[8] 他们还带了猫，一方面用来捕鼠，另一方面用来

陪伴他们（因为整天用棍子打海豹挺寂寞的）。[9] 这些外来物种在岛上没有天敌，于是它们便尽情享用岛上的各种动植物，仿佛一顿取之不尽的自助餐。

到 20 世纪 60 年代，环保主义者已经准备好把目标对准兔子了。这些兔子不停地吃草、挖洞，造成了严重的水土流失，也打乱了海鸟的交配习惯，因为海鸟喜欢挖洞筑巢、繁衍后代。在 20 世纪 60 年代，环保主义者开展了一些实验，研究能否用各种毒药控制兔子数量的暴增。实验发现，有一种病毒很有希望，但它没法传播开来，因此环保主义者认为他们需要一种病毒载体。[10] 1968 年，他们从塔斯马尼亚岛捕获了成千上万只跳蚤，将其运往麦夸里岛，再把跳蚤放进兔子的洞穴里。当兔子从洞穴进进出出时，跳蚤就会跳到兔子身上。

经过大约 10 年的时间，岛上所有的兔子都染上了跳蚤。1978 年，环保主义者引入了致命的黏液瘤病毒。你可能会问，要怎么引入病毒呢？专业人士会在夜间带着手电筒和低功率气枪四处走动，朝一群兔子的屁股射击浸透了病毒的棉絮子弹。接下来就靠跳蚤的了，它们会把病毒从一只兔子传到另一只兔子身上。到 1988 年，超过 10 万只兔子死亡，总数降到了 2 万只以下。

与此同时，因为兔子的数量骤减，猫没了食物，于是它们开始以岛上稀有的海鸟为食。所以环保主义者又把目标对准了猫：护林员开始射杀它们，到 2000 年，岛上所有的猫都被消灭了。接着，兔子的数量开始反弹，一方面是因为它们已经对病毒产生了免疫力，另一方面是因为猫被消灭了，它们没了天敌。同时，制造杀兔病毒的实验室也停止了生产。

环保主义者决定：必须升级行动。他们计划杀掉岛上所有的兔子和老鼠。他们开始从飞机上扔下毒饵，但是大约 1 000 只本土的鸟也一道被杀死了。于是他们重新调整了策略，制订了一项更为雄心勃勃的计划，以多管齐下。措施包括下毒饵、射杀、放狗追捕，以及将一种特别成功的病毒——“兔出血症病毒”掺在胡萝卜里进行传播。这一轮猛攻行之有效。到 2014 年，岛上所有的兔子和老鼠都被清除了，当然，猫也早就死光了。本土物种的数量开始回升。这一行动在持续了近 50 年后终于宣告胜利。然而，整座岛屿此刻又饱受杂草疯长之苦。没了成千上万只兔子的啃食，之前被控制住的杂草开始肆虐。[11] 现在，环保主义者正在制订计划来研究如何与杂草对抗。战斗仍在继续。

在我为写作本书研究过的所有故事中，这是其中最让我百思不得其解的一个。我思索了好几个小时，试图理解这个故事的本质。这是一次彻底的惨败，还是一场伟大的环保胜利？是一篇警示“扮演上帝”之后果的寓言，还是一个面对失败依然坚持不懈、灵活应变的励志故事？是下游活动的缩影（疲于应付不断出现的各种新问题），还是上游行动的典范（为防止本地物种灭绝而采取的长期干预措施）？

我也无法理解其中涉及的道德问题：可以屠杀整座岛屿的动物吗？人类真的有权决定哪些物种可以生存，哪些物种必须死亡吗？［如果你义愤填膺地予以否认，难道你真的打算让美丽的蓝鹱从此灭绝，只为了保护成千上万只老鼠吗？别忘了，要不是因为那些觊觎动物脂肪的水手，老鼠根本就不会出现在这座岛上。（而如果你同情的是蓝鹱而非老鼠，那我们或许应该质疑的是，我们的道德判断是否会被物种的可爱程度左右？想象一下，假如水手带来的不是兔子和老鼠，而是拉布拉多犬，那蓝鸌恐怕就会有大麻烦了。①）]

系统是错综复杂的。你若杀死兔子，猫便开始以海鸟为食。你若杀死猫，兔子便开始过度繁衍。你若同时杀死兔子和猫，外来入侵杂草就会疯长。上游干预是对复杂系统的小修小补，因此，超出我们工作直接范围的反应和后果在所难免。在塑造"水"的过程中，我们也会带来涟漪效应，这是确凿无疑的。那我们如何才能确保在努力追求让世界变得更美好的过程中，不会在无意中造成伤害？

多内拉·梅多斯是一位生物物理学家和系统思想家，我将在本章多次引用她的观点。梅多斯在一篇文章中写道："在揣摩某个系统时，请花一点儿时间站在一个有利的位置，让你能够高屋建瓴、通观全局，而不仅仅局限于从一开始吸引你关注这个系统的那个具体问题。你要意识到，尤其是在短期内，为了整体利益而实施的变革，有时似乎会与系统中某一部分的利益相悖。"[12]

举一个不幸的例子来说明一下梅多斯的观点：2009 年 7 月，一位年轻的谷歌工程师在穿过中央公园时，被一根掉落的橡树树

---

① 因为一度迫切地想要寻求思路，我不得已给彼得·辛格发了一封电子邮件求助。彼得·辛格是一位世界知名的道德哲学家，也是《动物解放》（*Animal Liberation*）一书的作者。我请教他对麦夸里岛的干预行动有何高见，他回复道："我不愿意说我们应该放任物种灭绝，而不是杀死引进的外来动物，但如果存在极端的痛苦（例如，澳大利亚数百万只兔子死于引进的黏液瘤病毒），那么我会对这种做法持怀疑态度。"他接着又补充道："我们应该研发一些非致命性的种群数量控制方法，如果做不到，那就去找快速、无痛致死的方法。"我立马全盘接受了辛格的立场，希望以此避免引发更大程度上的认知失调。

枝砸中，导致脑损伤和瘫痪。[13] 从表面上看，这似乎是一次悲剧性的意外伤害。然而随后，纽约市的审计长斯科特·斯金格开始分析市政府为达成庭外和解而支付的赔偿金额，他惊讶地发现，大量和解协议源于树枝的掉落。[14]（其中一件就是上述工程师的案子，和解金额高达 1 150 万美元。[15]）出于好奇，斯金格进行了进一步的深入调查，发现在过去几年，该市为了节约资金，压缩了树木修剪的预算。“我们在维护方面节省的钱，都花在打官司上了。”纽约市政策助理审计长戴维·索尔顿斯托尔表示。[16]

斯金格所在的办公室创建了一个名为 ClaimStat（索赔统计）的项目，名字的灵感就源于 CompStat。他在 2014 年宣布，ClaimStat 是一个“全新的数据驱动工具，将有助于在巨额赔偿案件出现之前识别潜在的问题”。[17] 他的团队分析了全年大约 3 万起对政府提出的索赔案，[18] 据此绘制地图，编制索引，寻找其中的规律。例如，他们发现，由于儿童在游乐场上受伤，市政府在过去几年里已经支付了 2 000 万美元的赔偿金。[19] ClaimStat 显示，布鲁克林游乐场的一架秋千就导致了多起诉讼，因为秋千挂得太低，2013 年就有 5 个孩子荡秋千时摔断了腿。索尔顿斯托尔表示：“只要有人走过去，把秋千升高 6 英寸，这个大问题就解决了，但没人想过这么做……当你开始汇总这些问题时，你就会发现导致问题的原因，而相应的解决办法通常没有那么复杂。”[20]

这就是梅多斯所说的“部分”利益与“整体”利益之间的冲突。你可以通过削减园林预算来节约资金，这对公园管理部门显然有利。但最终，你要为那些因树枝掉落而受伤的无辜民众支付赔偿，且赔偿的金额远远超过成功削减的预算。然而，相关人士根本看不见这样的因果联系。直到斯金格的团队开始汇总和研究数据时，这种规律才得以凸显。在规划上游干预时，我们必须跳出自己的工作范畴，扩大视野。我们是否在系统的正确层面进行干预？行动的二阶效应①是什么：如果我们试图消除 X（一个入侵物种、一种药物、一个流程或一种产品），什么东西会冒出来补上缺口？如果我们在一个特定的问题上投入更多的时间和精力，什么会因此失去一部分原有的关注？这种忽视又会对整个系统造成何种影响？

麦夸里岛的例子可能会让你认为改变生态系统太过复杂，是行不通的。但其实只要有正确的系统思维，这是可以成功的。国际组织“海岛保护”的使命宣言是“通过清除岛上的入侵物种来防止物种灭绝”。[21] 该组织已经多次成功地清除了许多岛屿上的老鼠、猫、山羊等入侵物种。因此，濒危物种——通常是其他地方没有的物种——得到了保护。该组织的工具包括成熟的成本效益分析和保护模型，比如食物网。[22] 食物网其实就是一幅组织结构图，展示出一座岛上吃与被吃的关系。食物网让我们更容易预见从食物链中移除某个物种所产生的二阶效应。“一座岛屿就是一个系统，”尼克·霍尔姆斯表示，他在“海岛保护”组织已担任 8 年科学总监，“在系统内进行的各种调整都会产生间接的后果……如果一座岛上有山羊和入侵植物，你把山羊移走，入侵植物的数量会增加吗？”[23] 霍尔姆斯表示，他们会使用一系列有关

① 每个行为都有一个后果，而每个后果又会带来另一个后果，这就叫作二阶效应。对系统所做的每一处更改都将产生二阶效应，可能会影响系统的功能。——译者注

间接影响的问题来评估新项目。①

正如“眼镜蛇效应”[24]指出的那样，当我们未能预见二阶效应时，灾难就会到来。“眼镜蛇效应”指的是，针对某个问题制订的解决方案反而使该问题趋于恶化。这个名字源于印度在英国殖民统治期间发生的一个故事。当时有一位英国官员为德里地区眼镜蛇的泛滥而忧心忡忡。他想：一定要用激励手段解决这个问题！于是他宣布了一项捕杀眼镜蛇的悬赏公告：市民可以凭借眼镜蛇的尸体领取赏金。“他以为这样就能解决问题，”金融学教授维卡斯·梅罗特拉在《魔鬼经济学》播客节目中表示，“但德里的居民，至少是其中一部分人，则在得知悬赏消息后开始人工饲养眼镜蛇。突然之间，政府收到了大量的眼镜蛇皮。他们意识到这个计划并不像起初设想的那么明智，于是便取消了悬赏。但到那时，眼镜蛇养殖者手中还有一部分剩余的眼镜蛇。没有了市场，他们会怎么办呢？直接放生。”[25]灭蛇计划的意外后果，是产生了更多的眼镜蛇。

“眼镜蛇效应”的其他例子则更为微妙。[26]组织心理学家、澳大利亚创新公司 Inventium 的创始人阿曼莎·英博就有过一次不幸的遭遇。2014 年，她的 15 人团队准备搬到墨尔本的一间新办公室。英博花了大约 10 万美元进行装修，装修效果令人惊艳：那是一个时髦的开放式办公空间，配有两张定制的长木桌，从 12 英尺高的落地窗透出的阳光洒落屋内，墙上是各式涂鸦。客户走进来的那一瞬间就会发现，这间办公室简直完美契合了他们

---

① 补充句公道话，霍尔姆斯并不像我那样对麦夸里岛的干预行动持怀疑态度。我不希望让读者误解为他在贬低别人，抬高自己。

对于创新公司的想象。确实很完美，除了工作的时候。

英博表示："在一天工作结束的时候，我就会想，我今天真的什么都没做，只是花了一整天时间来处理邮件、开会，还会经常被同事打断。"所以她直到晚上或者周末才能真正开始自己的工作。

英博和她的团队本以为开放空间可以鼓励面对面的合作，但事与愿违。"搬过来以后，我反倒不愿意进行面对面的交谈了，因为开放空间毫无隐私可言，任何对话都是公开的。"英博表示。而当人们真的开始交谈时，谈话的声音又会打扰房间里的所有人，让大家无法进行深入、专注的工作。英博开始早上在咖啡馆工作，也允许其他同事效仿。因此，如今在任何特定的时刻，办公室里通常都只有两三个人。

哈佛大学学者伊桑·伯恩斯坦和斯蒂芬·特尔班在2018年开展的一项研究印证了英博的经历。[27]他们研究了两家《财富》世界500强公司，这两家公司当时正准备让员工集体搬进开放式办公室。在搬迁前后，许多员工自愿佩戴"社交计量徽章"，以记录他们的日常行动、交谈的频率和对象。（他们的谈话内容不会被记录，"徽章"只是记录他们是否进行过交谈。）这么做的目的是回答一个最基本的问题：开放式办公空间能否促进人与人面对面的互动？

答案确凿无疑，也很有趣：两家公司的面对面互动量都下降了约70%。与此同时，电子邮件和短信活动激增。为了促进交流，让人们处于彼此距离更近的地方，结果却是面对面互动不增反降。这是"眼镜蛇效应"的又一体现。

这些情形令人困惑的地方在于，我们必须厘清常识中自相矛盾的地方。一方面，你会想："当然，缩短人与人之间的距离会增进合作！这不就是基本的社会学常识吗？"另一方面，你又觉得："不，看看地铁或者飞机里的景象就知道了，当大家挤在一起时，他们会通过耳机、书籍或者故作冷淡的眼神来保留一定的隐私。"怎样才能事先知道到底应该相信哪一条常识呢？

我们通常并不知道。因此，我们必须进行试验。"永远记住，你所知道的一切，以及每个人所知道的一切，都只是一个模型而已。"梅多斯表示，"公开你的模型，接受大众的质疑，邀请其他人来挑战你的假设，欢迎他们补充自己的假设……在你不知道对错的时候，你要做的不是虚张声势，也不是停滞不前，而是去学习。通过试验来学习——或者，用巴克敏斯特·富勒①的话来说，通过'不断试错，不停犯错，犯各种错误'来学习。"[28]

回想起开放式办公室的失败，英博表示悔不当初，如果自己一开始先在墨尔本的维多利亚州立图书馆与员工一起试验一下就好了。[29]这座图书馆有许多不同的场景，从开放的协作式空间到更独立隐秘的空间，一应俱全。如果团队能从这些不同区域中取样，观察不同场景会如何影响团队的生产力和幸福感，那么这样的体验可能会帮助他们设计出一间更加称心如意的办公室。

试验要想取得成功，就需要及时、可靠的反馈。以导航为类比：如果要去一个新的地方旅行，就需要有关自己所处位置的即时反馈；我们会跟随罗盘上的箭头或者谷歌地图上的蓝点。然

---

① 巴克敏斯特·富勒（1895—1983），美国建筑设计师、工程师、发明家、思想家和诗人。——译者注

而，上游干预往往缺乏这种反馈。想想开放式办公室的情形：你如何知道合作是否在增多？大多数人都没有使用“社交计量徽章”来记录谈话。也许你应该在年度员工调查中加入一个问题，询问人们对这次办公室搬迁的反馈。但是这种偶尔的时间点反馈，不足以用来引导前进的方向。这就好比开着一辆没有窗户的车，每隔一个小时左右才播放一张车外的照片。在这种情况下，你将永远无法抵达目的地，而且鉴于其中的风险，还是不要冒险尝试了。

安迪·哈克巴斯曾是兰德公司（RAND Corporation）的研究员，也曾参与设计美国老年人医疗保险制度和医疗补助计划的衡量体系，他表示：“我想说的第一件事是，你需要意识到，无论你的计划是什么，它都会出错。”我曾问他是否有什么建议可以提供给那些正在通过设计系统让世界变得更美好的人，他答道：“要想知道系统的差错，唯一的方法就是建立反馈机制和衡量体系。”[30]

哈克巴斯想说的是，我们能取得成功，靠的不是准确预见未来，而是确保我们能获得必要的反馈，从而明确前进的方向。更准确地说，有些后果是我们能够也应该预见的。如果我们没有预料到把岛上的山羊移走可能会使入侵的杂草疯长，那么这显然是系统思维的失败。但我们也不可能预见一切——对于行动的某些后果，我们难免会有所误解。但如果不收集反馈，我们就不会知道自己在哪里犯了错，也就没有能力及时调转方向。

在我和哈克巴斯交流后不久，我经历的又一次谈话让我更认同他的观点。我当时和一位理疗师交谈，她的患者是那些经历了乳房切除手术、处于术后恢复阶段的女性。手术经常引起肌肉疼痛和行动不便。这位理疗师说的一些话触动了我："接受治疗前，只要患者一脱下衣服，我就能知道手术是哪位医生做的，因为不同医生留下的伤疤会有天壤之别。"她表示，有一位外科肿瘤医生总有办法让伤疤十分"美观"，而另一位医生却总是留下难看的伤疤。

我为那位不够娴熟的外科医生感到难过（更为他的病人感到难过）。他很可能直到退休都不知道，他本可以为女性提供更多帮助。你可以责怪那位理疗师没有分享她的观察结果，但仔细想一想：如果你主动去找你上司的上司，去批评她工作不当，那会发生什么？这是一个系统性问题，因为系统没有形成闭环：理疗师的想法永远不会被反馈给外科医生。

反馈可以促进工作的不断完善。在缺乏反馈的地方，人们也可以建立反馈。以乳房切除手术为例，假设患者可以主动拍摄手术疤痕的照片，然后将这些照片与其他医生术后疤痕的照片一起发给外科医生。（更激进的方法是，在患者接受手术前向她们展示术后的照片对比，作为她们选择外科医生的参考。①）

以汽车销售为例，想想其中涉及的反馈：你有关于销量、客户满意度、质量及市场份额的数据，还有确保你实事求是的外部评价，包括客户评价、《消费者报告》分析，以及市场咨询研究

① 这里有一些细微差别：第一，整形外科医生确实经常向病人展示过往成功案例的照片。这位理疗师主要是与外科肿瘤医生合作，这类医生通常做的是乳房切除手术，而不是乳房重建手术。第二，前一章关于衡量指标的所有内容都适用于此。显然，这里的重点不是美化伤疤，而是帮助女性从癌症中恢复健康。这里的假设是，一个合理的系统或许可以帮助我们同时实现健康和美丽的目标。

机构君迪（J. D. Power）的研究报告。随着时间的推移，这些信息几乎可以说是逼迫着企业不断生产更好的汽车。现在真的很难买到劣质汽车，特别是在庞蒂亚克 Aztek 已经停产的情况下。但是想象一下，假设所有的反馈来源都消失了——假设你每天只是闭门造车，然后满心期待好结果，那就是教育体系运作的方式。

是的，标准化考试的成绩确实是反馈的一个重要来源，但是面对这种反馈，我们又做了哪些改变呢？如果有异常多的八年级学生在线性方程上得分很低，那么七年级和八年级的授课老师是否会在接下来的学期开会讨论，重新设计他们的教学方法呢？（即使他们这么做了，每年也只能得到一次反馈！）想象一下，如果老师每天都有数据在手——如果老师可以立即看到哪些学生没有上过前几节课，会怎么样呢？（学生被什么占用了太多时间？）如果根据前一天晚上的家庭作业，教师得以了解学生最难以理解的概念是什么，会怎么样呢？如果他们根据整所学校的数据，知道哪位同事教授某一课程的方法最好，又会怎样呢？所有教师都会对以上内容有所感知，一些优秀的教师会设计自己的系统来实现这些目标，不断寻求提高自己的方式。但是进步不该需要英雄主义！在线营销信息不会因为英雄主义而得到改善，它们得到改善是因为反馈迅速及时、有针对性，能逼迫你不断改进。

简而言之，如果想要改善教育体系，我们可以试着设计一个完美的干预系统，例如新课程、新模式，然后满心期待结果如意。我们也可以选择一个很好的解决方案，方案配备了许多内置的反馈回路，因此一定会随着时间的推移不断完善。系统思想家会赞同第二种选择。

如何建立反馈回路？举一个商业世界里的简单例子：员工会议。员工会议是人类很努力尝试做的一件事，类似打架斗殴和如厕训练，是一直原地踏步、毫无进展的一个典型案例。我们在开会这件事上进行了大量的练习，但正如迈克尔·乔丹所言："你可以一天练习 8 个小时的投篮，但如果你连技术方法都是错的，那么练习的最好成果也不过是你会非常擅长以一种错误的方式投篮罢了。"[31]

有一家公司创建了一个会议反馈回路。Summit CPA（峰会注册会计师）是一家成立于印第安纳州韦恩堡市的会计集团，共有 40 名员工。[32] 2013 年，该集团的所有者决定让所有员工远程办公。这个决定广受欢迎，但也造成了一些后果。由于员工不再面对面接触，线上会议就成了他们彼此沟通的主要方式。

一开始，会议出现了惯常的问题。Summit 集团的联合创始人乔迪·格伦登表示："这样做的结果是，有些人一说起话来就没完没了，导致绝大部分会议时间都被他们霸占了，而有些人却一声不吭，剩下的人则介于两者之间。"更糟糕的是，霸占了更多会议时间的往往是那些爱抱怨、爱批评的人。一些注册会计师离职了，因为他们觉得公司内部的沟通充斥着负面情绪。所以，公司做了一些改变，由一名主持人负责主持会议，采用一种全新的结构化议程，其中包括一个环节，让每位与会者分享上一周的积极成果。这听上去有点儿老套，一开始，有人试图跳过发言环节，但这个环节很快就成了惯例。对亮点的关注改变了会议的基调，更重要的是还提供了一个学习的环境：大家开始分享各种建议，从如何应对强硬的客户到如何简化报告。不过，除了结构化的议程，他们还增加了一个反馈回路。在每次会议结束时，每位与会者会口头对本次会议打分，分数在 1 ~ 5。打出异常分数的人会被要求简要描述一下是什么原因导致会议格外有用或者毫无用处。如果有人抱怨某件事，比如讨论时间过长、某个问题没有得到解决，就会有人着手加以处理。由于反馈闭环的存在，公司的会议逐渐得到改善。Summit 集团的线上会议现在的得分一直是 4.9 分（满分为 5.0）。［而本·阿弗莱克主演的电影《会计刺客》在互联网电影资料库 IMDb 上只得了 3.65 分（满分为 5.0）。[33] 他显然需要一个反馈回路。］

本章开篇提出了一个问题：如何避免造成伤害？我们已经看到，明智的领导者试图预测他们手头工作之外的二阶效应（例如“海岛保护”组织的食物网，以及纽约市的 ClaimStat 数据模式）。与此同时，我们也知道自己不可能准确预测每一件事，所以我们需要依赖由反馈回路为指导的详细试验。

基于这些想法，我们可以设计一些问题来辅助我们做出是否进行上游干预的决定。对于我们正在考虑的干预措施，此前是否有过类似的尝试（以便我们了解其结果和二阶效应）？我们的干预措施是“可试验的”吗？能否先进行小规模的试验？这样即便我们的想法错了，也不会造成大范围的负面影响。我们能否创建一个反馈闭环以便快速改进？如果事实证明我们无意中造成了伤害，能否轻易地逆转或者撤销这项干预措施？

如果以上任何一个问题的答案是否定的，我们都必须三思而后行。显而易见的是，试验和试验之间也是有区别的。同事在墨尔本的图书馆体验开放式办公室的布局模式与科学家使用基因编辑工具改良物种，有着云泥之别。请不要将本章对试验的强调误解为“快速行动，打破陈规”的精神。

上游行动需要谦逊。因为即便是非常简单的干预，复杂程度也可能陡增。让我们再举最后一个简单的例子：尝试减少一次性塑料袋的使用。环保主义者认为塑料袋是一个很好的抓手，因为它们虽然只占全部废物的一小部分，但塑料袋对环境造成的危害却是巨大的。因为重量轻，容易被风吹走，塑料袋最终往往会掉进航道或者排水沟里，危害海洋野生动物，污染海滩。塑料袋同时也象征着一种不可持续的心态：据估计，仅在美国，每年就会使用 1 000 亿只塑料袋，[34] 工厂生产塑料袋只是为了方便顾客将购买的商品带回家，用完即弃，但塑料垃圾可能历经几百年都无法降解。所以很显然，我们应该停止使用塑料袋。

系统性思维的出发点是：潜在的二阶效应是什么？一旦禁用塑料袋，什么东西会填补塑料袋留下的空缺呢？消费者会：（1）使用更多纸袋；（2）携带环保袋；（3）不使用任何购物袋。

让我们感到惊奇的第一点是：虽然纸袋和可重复使用的环保袋在保持航道清洁方面比塑料袋好得多，但在其他方面的害处反而更大。[35] 纸袋和环保袋的生产及运输需要比塑料袋多得多的能源，这意味着会增加碳排放。英国环境署的一项研究计算了不同袋子的“单次使用”对气候变化造成的影响，得出的结论是，一只纸袋需要重复使用 3 次，一只棉质环保袋需要重复使用 131 次才能与一次性塑料袋对环境造成的影响持平。[36] 更不用说，制造纸张和环保袋会比制造塑料袋造成更多的空气污染和水污染，而且更加难以回收利用。所以现在我们不得不与部分同整体之间的矛盾做斗争：如果我们的目标是保护航道和海洋生物，那么禁用塑料袋就是很好的想法。但如果我们的目标是让整个环境变得更好，那么是否应该禁用塑料袋就不那么明确了，需要考虑各方面冲突的影响。

让我们感到惊奇的第二点是，我们在设计禁令时必须非常谨慎。2014 年，芝加哥通过了一项法律，禁止商店在收银台提供单薄的一次性塑料袋。那么商店是如何应对的呢？它们转而在收银台提供比原先更厚的塑料袋。[37] 这些商店的理由大概是顾客可以重复使用这些更厚的塑料袋，但大多数顾客并不会这么做。这又是“眼镜蛇效应”的体现：试图消除环境中的塑料，反而产生了更多的塑料。

试验引发学习，学习引发更好的试验。2016 年，加州选民通过了一项全州范围的禁令，[38] 这一次，他们避免了塑料袋增厚的漏洞。不过，这项禁令带来的一个影响是，中小型塑料垃圾袋的销量从此飙升。[39]（可能之前有些人会用杂货店带回来的塑料袋装垃圾或者捡狗屎，所以禁用塑料袋后，他们只能购买替代品。）经济学家丽贝卡·泰勒的一项研究发现，禁令虽然导致了塑料购物袋使用量的减少，但其中 28.5% 的下降是改用其他塑料袋造成的，并非有效减少。[40] 不过，这一数字仅为 28.5%，并非 100%，所以禁令还是大大减少了一次性塑料袋的使用。（请注意，为了评估这个问题，必须有人仔细跟踪替代产品的销售情况，从而创建一个反馈源。）

接下来的这个后果才是真正的出乎意料。一些人将 2017 年圣迭戈市暴发的致命甲型肝炎疫情归咎于塑料袋的短缺。[41] 为什么呢？因为无家可归者习惯了用塑料袋来处理自己的代谢废物，当塑料袋变得越来越少时，其他的替代品就不那么卫生了。

我想知道你此刻的感受是否也和我在第一次看到这项研究时的感受一样：不知所措、灰心丧气，还有一点点厌烦。就连针对小小塑料袋的政策都能变得如此错综复杂，我们还有什么希望解决那些最困难的问题呢？

就在此时，多内拉·梅多斯说的那句“不要虚张声势，不要停滞不前，而是要多多学习”[42] 把我从听天由命的低迷情绪中拉了出来。因为她想表达的重点是：虽然很难，但我们还在学习，我们的整个社会都在不断学习。想想看，即便只是分析一下像塑料袋禁令这样的政策，我们也需要诸多要素：计算机系统、数据收集、网络基础设施，还需要海量的人才，他们得知道如何组织试验来充分理解城市和州范围内的政策效果。在人类历史的长河中，这些基础设施存在的时间只是短暂的一瞬间。在上游思维方面，我们只是刚刚起步的新手。

2016 年，芝加哥取消了导致“眼镜蛇效应”的塑料袋禁令。市议会从 2017 年年初开始对收银台提供的所有纸袋和塑料袋征收 7 美分的税。[43] 结果如何？该政策卓有成效。由经济学家塔蒂阿娜·霍默诺夫领导的一个研究团队从几家大型杂货店收集了数据。在征税之前，10 位顾客中大约有 8 位会使用纸袋或塑料袋。征税后，比例下降到大约五成。这 3 个人是怎么做的呢？一半的时间，他们会自己带包；另一半的时间，他们采购完就直接徒手拿回家。至于那 5 个继续使用袋子的顾客，他们自愿缴纳的税款为城市提供了额外的用于服务市民的资金。

芝加哥的领导者尝试了一项实验，禁止使用重量较轻的塑料袋。尽管这项尝试一开始失败了，但因为他们明白失败的原因，所以又尝试了一项新的实验，收效更好。希望世界上的其他城市不必再次重复那道愚蠢的禁令。虽然试错的过程缓慢、乏味、令人沮丧，但我们也在不断增进对于系统的了解。在本章最后，我想以多内拉·梅多斯的一句话作为结语："虽然我们无法控制系统，但可以设计和修改系统。我们不可能指望这个世界处处充满确定性、毫无意外可言，但我们可以预测意外，从中学习，甚至从中获利……对于复杂的系统，我们虽然无法控制，也无法完全理解，但可以与之共舞！"[44]

第 11 章

谁来为没有发生的事情买单

被动应对的成功在于问题出现后得到解决。主动预防的成功在于什么也没发生。那谁来为没有发生的事情买单呢？

在美国密歇根州巴特尔克里克市的一次卫生会议上，[1]针对预防措施投资不足的趋势，州卫生局的 A. 阿诺德·克拉克教授表示了谴责："但是看看我们在密歇根州的疾病预防上到底花了多少钱，在巴特尔克里克市到底花了多少钱？整座城市大约有 45 名医生。假设他们的人均年收入大概为 20 万美元，也就是说，全市的人每年要花 900 万美元用于生病后的治疗。"

克拉克教授继续说道："现在我们为预防疾病花了多少钱呢？大概不超过 5 万美元。我们有一个卫生局局长，可能每年付给他 5 万美元来消灭巴特尔克里克市的传染病。预防胜于治疗……但有些人似乎认为，因为他们一直都活着，所以所有用于预防疾病和死亡的钱都浪费了。你肯定听说过，某个人终止了他的人寿保险服务，因为在购买保险的 20 年里，他从未从中得到任何好处。城市、州和国家的政策似乎都在遵循这一理念。"

克拉克教授在 1890 年发表了这次演讲。（我把美元数字折算成了现在的价格水平，除此之外，引用保留了他的原话。）公共卫生专家直到今天仍然在重复着同样的观点——预防胜于治疗，这很能说明问题。准确地说，这很令人恼火，因为在克拉克教授发表演讲后的 130 年里，我们已经收集了大量的证据，足以证明预防措施和公共卫生的有效性：看看我们的预期寿命就知道了。

1900 年，美国人的平均预期寿命为 47.3 岁。到 2000 年，人均寿命达到了 76.8 岁。[2] 这显然是一个巨大的进步，但我们先要弄清楚这些数字的真正含义。

“预期寿命”是某个人群的平均寿命。假设一共有 5 个人，其中 1 人活到 75 岁，而其他人分别活到 91 岁、70 岁、66 岁和 82 岁，那么这个人群的平均寿命就是 76.8 岁。平均值会模糊多样性。（请接着往下看——我知道到目前为止讲的都是显而易见的道理。）

但有时，平均值不止会模糊最根本的现实，甚至会完全抹去现实。比如令我惊讶的一点是，有那么多很聪明的人竟然都以为 1900 年 47.3 岁的预期寿命等同于“在那个时候，大多数人的寿命都要短得多”。我猜他们会想象我们的祖先 40 多岁的时候就戴着假牙，拄着拐杖，颤颤巍巍，步履蹒跚，满脑子想的都是怎么料理后事。如果真是这样，那么 1935 年通过的《社会保障法案》确实是一个残酷的笑话：“是的，你可以从 65 岁开始领取退休金——在你死后 20 年！！”（此处狂笑）

在那个年代，一个有代表性的寿命样本绝对不是这样的：46 岁、48 岁、56 岁、39 岁、48 岁，平均寿命为 47.4 岁。相反，它看起来更像这样：61 岁、70 岁、75 岁、31 岁、0 岁。在世纪之交的1900年，几乎每5个儿童中就有1个在5岁之前不幸夭折。

今天人类的自然寿命与100年前相比并没有那么大的不同。[3]唯一不同的是，我们挽救了很多人的生命，尤其是帮助婴幼儿免于夭折。关于这一点，你可能已经注意到，在前文提及的那次演讲中，克拉克特意强调了“传染病”，这是因为在他那个时代，大约1/3的死亡是由肺炎、流感、肺结核和白喉等传染病造成的。[4]这些疾病对儿童的危害尤其大。[5]今天，死于这些传染病的人数占总死亡人口的比例已经从1900年的约33%降至2010年的不到3%。[6]

这么大幅度的下降是什么导致的呢？是上游的努力。更好的卫生条件、更清洁的水、巴氏杀菌法、生活条件的改善、污水处理系统的出现，以及抗生素和疫苗的引进。[7]然而，即便取得了如此巨大的成功（我所说的“巨大成功”是指，想象一下，假如没有这项工作，你的家族中每5个孩子就有一个会死去[8]），公共卫生领域仍然只能苦苦寻求资源。

公共卫生政策组织“美国健康信托”（Trust for America’s Health）的主席约翰·奥尔巴赫表示：“我们在提升全民健康方面的服务和政策上投资不足，导致我们没办法避免那些原本可以预防的疾病、受伤或过早死亡。这是个悲剧。”[9]该组织的数据显示，2017年美国在公共卫生方面的总支出为889亿美元，仅占全美医疗总支出的2.5%。[10]

在公共卫生领域，越是成功的举措反而越会受到惩罚。“如果你的工作做得很好，他们就会削减你的预算，因为没有人生病了。”朱莉·帕夫林表示。[11]帕夫林是一位医生，在管理全球健康项目以及帮助军队抗击传染病方面有着丰富的经验。她的评论触及了问题的核心：按服务收费的医疗模式会激励被动应对，而非主动预防。

“我们每年会为采购胰岛素支付 4 万美元，但却不愿为了预防糖尿病支付 1 000 美元，”医疗保险和医疗补助服务中心（CMS）前副主任帕特里克·康威表示，“我们应当为价值付费。想象一下，如果汽车的价格与生产制造这辆车所用的时间成正比，那你会觉得毫无道理可言。按生产时间来付费并不会让汽车变得更好、更便宜。”[12]

我曾读到的一篇评论文章称，美国消费者拥有世界领先的核磁共振扫描服务。[13] 显然，相比其他国家的人民，美国人得到核磁共振扫描的速度更快，接受该项服务也更频繁。但你若真的为此感到自豪，那就好比是在吹嘘美国人在接受机场安检搜身方面领先世界。我的意思是，如果有什么需要发现的，我们确实希望可以尽快发现，但可以肯定的是，我们宁愿成为全世界对安检的需求最少的国家。（正如吉尔·韦尔奇的乌龟 / 兔子理论所示，我们可能会发现一些根本不需要发现的东西。）关于核磁共振的统计数据说明我们按照服务收费的体系体现了一种更为简单的思路：如果做某件事能让你获得报酬，那你就会更有动力多做这件事。（毫无疑问，我们在牙科 X 光方面也“领先世界”。想象一下，假设美国运输安全管理局的安检人员是按照“摸”乘客的次数来赚钱的，那会发生什么。）

因此，简而言之，被动应对的成功在于问题出现后得到解决。主动预防的成功在于什么也没发生。那谁来为没有发生的事情买单呢？

这个问题也不是完全没有办法回答。有人会愿意为没有发生的事情买单。（包括你自己！照理来说，每次给汽车换油都是为了预防某些问题的发生。）但是为资助上游行动建立支付模式实在太过复杂，我们将在本章探讨个中原因。

不过，我们首先应该提醒自己，为上游行动买单其实是很容易的一件事。以洛杉矶市中心一家名为 Poppy + Rose（罂粟 + 玫瑰）的美食餐厅为例。[14] 这家餐厅的合伙人黛安娜 · 尹（Diana Yin）密切关注顾客的评论，她注意到有一位顾客在网上抱怨自己买来当作早午餐的华夫饼是凉的。经过一番调查，她发现餐厅的华夫饼机无法满足早午餐的需求，因此，厨师们会在订餐的高峰期到来之前就开始烹制以备用。这个变通方法很聪明，但食物放久了会变凉。没人喜欢吃冷掉的华夫饼。于是尹又买了一台华夫饼机。

从支付预防措施费用的角度来看，这是一种非常理想的情况。道理很简单：最后买单的人（黛安娜 · 尹）正是从中获益的人。拿“口袋”打个比方：花出去的钱是从一个口袋里掏出去的，之后又会回到同一个口袋里。尹可能很快就可以收回她的投资。当然，同样的逻辑也适用于你对自己的投资：一张证书或者一个研究生学位。你今天可能花了几千美元，是希望将来能赚得更多。

不过接下来，故事很快就变得复杂起来。“同一个口袋”并不能保证会有明智的上游投资。举个例子：几十年来，疗养院的护理人员常会因为抬运患者导致腰部受伤。[15] 这对护理人员本身来说当然非常不幸，但对雇主来说同样意味着高昂的成本，因为他们必须面临员工因伤休假和工伤赔偿带来的损失。

企业家们发明了抬运患者的机械设备来解决这一问题。然而，对于疗养院的领导来说，这项投资看起来并非理所当然。机器不仅非常昂贵，还需要一整套全新的流程，因为工作人员必须重新学习如何使用机器来抬运病人。此外，机器操作起来会比传统人力更慢。那何必要增加麻烦、提高成本呢？就一直待在隧道里逃避现实，哪怕时不时会有人受伤，那也直接认命，这样不是更容易吗？

后来，到 20 世纪 90 年代末，一项评估发现，如果护理人员使用经过研究测试的具体技术（包括使用上述设备）来抬运病人，那么疗养院就可以将工作时间的损失和工伤索赔减少 2/3。[16] 因此，在设备上的投资可以在不到 3 年的时间内收回。这一发现在长期护理行业中得到了广泛的宣传，越来越多的疗养院开始采用新的抬运方式。美国疾病控制与预防中心的一份报告显示，2003—2009 年，新的抬运方式使得腰部受伤的病例减少了 35%。

所以，这是我们面临的第一个问题：虽然疗养院也有幸满足“同一个口袋”的要求，但相比华夫饼机的案例，是否采购抬运设备会更难抉择。单从一家疗养院着手是很难评估投资回报率的，我们需要一个更为广阔的视角，需要从整个疗养院行业中搜集证据来证明“嘿，这台设备物有所值”。即使是像这样一个简单的例子，也就是投资必定会带来丰厚的回报，人的惰性也会阻碍预防工作。

现在让我们转向案例的另一个极端——为社会服务创造筹资

模式，相比之下，这就要复杂多了。护士–家庭合作项目（Nurse-Family Partnership）就是一个典型的例子。该项目由戴维·奥尔兹于 20 世纪 70 年代创立。[17] 奥尔兹当时刚从大学毕业，在市中心贫民区的一家日托中心工作，但他对自己所在的单位感到大失所望。他帮助过的许多幼儿园小朋友都因为父母的错误决定而遭受痛苦。其中一个孩子几乎没有发展出任何语言技能，只会发出咕哝的声音。奥尔兹去拜访孩子的外祖母，外祖母表示，她的女儿（孩子的母亲）是一个瘾君子，怀孕期间一直在吸毒。另一个男孩一到午睡时间就表现得焦躁不安，奥尔兹后来才得知，他每次睡觉时尿床了都会被妈妈打。

奥尔兹意识到，如果自己能在孩子更小的时候介入，他其实可以提供更多的帮助。他相信可以通过帮助孩子的母亲来更好地帮助这些孩子。他所目睹的这些虐待行为更多是出于无知，而非出于天性残忍。简而言之，这些女性不具备成为好妈妈所需的知识或技能。没有人支持她们，身边也没有好妈妈的榜样，她们不知道该如何消化抚养孩子所带来的沮丧和愤怒情绪。

奥尔兹创建的护士–家庭合作项目将登记在册的护士与首次怀孕的贫困女性进行配对。[18] 同一名护士会在年轻女性怀孕期间以及孩子出生后的头两年定期上门探望。护士会扮演导师的角色，帮助母亲处理养育子女的种种难题：孩子哭泣时该怎么办，孩子睡不着时该怎么办，怎样让孩子培养规律的作息时间。护士会讲解一些基本知识：如何母乳喂养，如何用襁褓包裹婴儿，如何让婴儿逐渐从母乳过渡到天然食品，如何给孩子刷牙，等等。除了育儿指导，护士的工作重点就是关心、帮助这些母亲，教她们照顾自己，这样才能更好地照顾孩子，帮助她们在工作和抚养孩子之间艰难求得平衡，在她们感到生活的重压无力承受时，耐心倾听她们倒苦水。

该项目已经在纽约州的埃尔迈拉市、田纳西州的孟菲斯市，以及科罗拉多州的丹佛市进行了3次大型的随机对照试验。[19]研究表明，该项目能够持续改善产妇健康、儿童安全和福祉。具体影响包括减少怀孕期间的吸烟行为，降低早产的概率及婴儿死亡率，减少虐待儿童的事件，减少母亲的犯罪行为，减少粮食券计划①的开支，以及避免两次怀孕间隔的时间过短（第一次分娩后18个月内即分娩第二胎）。如此多的不良后果得以成功避免。一项研究估计，在护士-家庭合作项目中每投资1美元，至少可以获得6.50美元的回报。[20]

这是一个非常简单的投资决策。即便你花了20年时间才得到6.50美元的回报，那也相当于10%的年利率。鉴于如此可观的投资回报率，我们预计，护士-家庭合作项目将会覆盖全美每一个首次当妈妈的贫困女性，只要她有需要。但现实与理想相去甚远。为什么会这样呢？

在前文的华夫饼机案例中，进行投资的人获得了收益，掏钱的和赚钱的是同一个口袋。但在本例中，收益却是分散的。当然，主要的受益人首先是孩子，其次是母亲。但她们付不起钱。还有谁从中受益了呢？要是没有护士-家庭合作项目，所有必须为不良后果买单的其他机构都是受益者。在此举3个例子：

① 粮食券计划，即美国政府的反饥饿项目，旨在为穷困家庭提供食品经济补贴。——译者注

（1）降低早产的概率可以为医疗补助计划省下为早产儿提供重症监护的资金。

（2）减少刑事犯罪可以为刑事司法系统节省资金（减轻警察、法院和监狱的负担），当然也有利于社会公众。

（3）减少“补充营养援助计划”（原“粮食券计划”）的开支，为计划的实施方——美国农业部节约了资金。[21]

除了这三者，还有很多其他的受益方，包括项目给健康、教育、收入等领域带来的连锁反应，可谓人人受益。

假设我们可以说服某个地方医疗体系为该项目提供资金。项目的成本很高，每位受助女性大约要花费1万美元。[22]但不幸的是，医疗体系只能从该笔投资中获得很小一部分收益，因为主要的获益者是上文提及的那些。这就是典型的“错误口袋问题”：为干预措施买单的主体并未获得主要的收益。[23]一个口袋掏了钱，但回报却分散给许多不同的口袋。

在理想情况下，你可以通过向所有相关受益方众筹来解决这个问题，也就是从各方募集资金，共同资助护士-家庭合作项目。但你会遇到一些反对意见：“这种做法没有先例”，“在我的预算中，没有哪项的名字叫作‘参与一个最终或许会给我带来回报的项目’”，“假如你的判断出错了，最后我们发现参与项目并不能为下游节约资金，你能退钱吗？”种种类似的担忧解释了为什么像护士-家庭合作这样的项目明明可以创造巨大的社会效益，却无法获取应得的资金。

然而，已经有人开始进行试验，试图解决“错误口袋问题”。南卡罗来纳州的一个团体设计了一种“为成功付费”的模式，[24] 可以资助护士–家庭合作项目的大规模推广。付费模式是这样建立的：2016 年，项目获得了 3 000 万美元的现金，用于全州范围内的项目拓展，拓展的成效将通过随机对照试验在 6 年内进行评估。根据事先商定的几项措施，一旦拓展工作取得成功，州政府就将为这项工作提供永久性的资金支持。这种安排的神奇之处在于，州政府无须预先承担巨大的财务风险，因为试验阶段的资金主要来自外部。因此，如果该项目被证明是一项有价值的投资，南卡罗来纳州就能从中受益；如果试验证实投资毫无价值，那么政府也不算太吃亏。

这种安排从理论上不难理解，但真正落实起来却错综复杂，让人筋疲力尽。“我们花了足足 3 年才弄清楚如何制定合理的规则，以便将参与各方从一开始就认为天经地义的事情变成现实。”克里斯蒂安·苏拉表示，她当时担任南卡罗来纳州卫生和公众服务部的部长。[25] 要了解其中的困难，只需看看涉及的团队名单：[26] 南卡罗来纳州的护士–家庭合作项目团队、卫生和公众服务部、阿卜杜勒·拉蒂夫·贾米尔贫困行动实验室、哈佛大学肯尼迪学院政府业绩实验室、“社会金融”咨询公司、杜克大学捐赠基金，以及南卡罗来纳州基金会的“蓝十字与蓝盾协会”①。（其实还有更多的参与方，请暂且将这份名单作为样本参考。）

苏拉表示，各方之间的谈判涉及以下问题：“‘如何利用这些不同的政府资金来购买一个需求之大人尽皆知的东西？’而这最终演化成了卡夫卡式的官僚主义噩梦，需要应付联邦和州政府对

① “蓝十字与蓝盾协会”（BlueCross BlueShield）是美国历史最悠久、规模最大、知名度最高的专业医疗保险服务机构。——译者注

不同资金来源的不同限制。”[27]

谈判成功就意味着广阔的前景。这笔初始投资将使护士-家庭合作项目得以再向 3 200 位母亲提供服务，帮助她们度过从怀孕到生子后的头两年时间。[28] 在项目的支持下，这些孩子将会在更幸福、更健康的家庭环境中茁壮成长。对这些母亲和孩子来说，项目具有深远的积极影响。

从长远来看，或许更重要的是，谈判成功可以帮助打破“错误口袋”的魔咒。如果项目实现了预期效果，那么州政府和联邦政府就会同意持续资助这项工作，因为这笔投资一定会取得回报。由于还有其他 49 个州的高危母亲群体也需要帮助，项目具有无限的拓展潜力。在这个背景下，就核心合同进行为期 3 年艰苦卓绝的讨价还价，似乎并非一项糟糕的投资。

我们可以在问题发生后花钱解决问题，也可以提前付钱以预防问题的发生。我们需要更多的商业和社会企业家，他们能够想出如何改变支付模式以支持预防举措。举一个简单的例子来说明一下：几年前，我和妻子转而使用“上游”手段来防治害虫。当时我们深受蜘蛛的困扰，所以叫来了灭虫员。他来的时候跟我们提到可以订购服务，也就是说，他们会定期上门，不需要预约，只是定期在我们家外面喷洒药水，使用他们已知的最佳策略阻止虫子进入家门。一开始，我们持怀疑态度：“会不会被宰？”但最终，再也不必担忧虫害的美好愿景还是打动了我们。所以我们就付了钱，从生活中除去了一个小小的戏剧性。我们不再深陷“虫害—杀虫—不作为—虫害……”的恶性循环，取而代之的是一个安静的、近乎隐形的惯例：维护、维护、维护。

由此我突然想到，同理，世界上有多少家庭就是因为上游维护工作的失败才需要维修的？比如，由于没有定期更换空气过滤器，空调系统过早损坏；由于从来没有进行冲洗，热水器停止运转。① 还有厕所问题、排水沟问题、屋顶问题……这些问题中的很多不都可以事先预防吗？有些人对待自己的家就像从来不给汽车更换机油一样。

如果有人愿意为你承担这项工作，负责确保你家里主要的家用电器和系统始终完好无损，你愿意按月定期付费购买这项服务吗？比如永久续费？至少有一家大型企业正在探索这一概念。“家政服务行业在现代其实并没有太大改变，”布兰登·里登尔表示，他是安吉家政服务公司（ANGI Homeservices）的首席执行官，公司旗下包括“家居顾问”（HomeAdvisor）和“安吉名单”（Angie’s List）这两个网站，“几乎和 50 年前的工作方式一样。有时可能突然就出现某个需求，人们只能被动应对，‘我需要一名水管工、电工或者勤杂工人’。接着他们就开始使用电话簿或者询问朋友，然后使用类似我们公司提供的这种服务。”[29]

但里登尔想知道，大众是否已经准备好接受订购模式了？在这种模式下，商家会定期提供服务，预防问题发生，而不是等到危机出现的那一刻再来被动应对。“超级富豪都有自己的物业经理，”里登尔表示，“他们会签订合同，购买全年服务。”换句话说，像歌手碧昂丝这样的富人根本不需要打电话找水管工上门

---

① 这是发生在我一个亲戚身上的真实故事。他们家的烘干机坏了，于是便向其他亲戚求助，进行了一轮故障排除却一无所获。最后有人问：“你清洗过线屑过滤器了，对吧？”（一阵沉默。）“线屑过滤器是什么东西？”

修理。里登尔相信，物业经理所做的许多工作都可以实现自动化——使用数据集来预测何时应该进行维护工作，使用“家居顾问”网站上庞大的承包商数据库来匹配维修和服务人员。“我们能否让普罗大众都享受到这样的物业管理呢？”他问道。

为上游行动寻求付费模式，最终会归结为 3 个问题：代价高昂的问题出在哪里？哪些人具备预防问题的最大优势？如何激励这些人采取预防措施？里登尔的论点似乎很有道理：相比业主，“家居顾问”（或者其他类似的角色）更适合进行房屋的维护工作。有些业主擅长干杂活，有些则没那么擅长，但没有哪个业主能够利用从成千上万个家庭收集的信息，来决定应该采用何种类型的预防性维护措施。该系统还存在尚未开发的价值：如果能通过维护让大型家电更加经久耐用，由此产生的价值可以在双方之间进行分配，业主可以留作储蓄，“家居顾问”则可以增加利润。

让我们把这 3 个问题应用到医疗领域。代价高昂的问题存在于何处？一个例子是，医疗保险制度为本来可以预防的疾病支付了一大笔治疗费用[30]（如果糖尿病得到了控制，那患者就不必再去医院看病了）。哪些人具备预防问题的最大优势？不是医院，因为在紧急情况发生前，医院和病人之间还没有建立联系；不是病人，因为他们自己不是医学专家。（就像业主不是维修专家一样。）预防健康问题的最佳人选是初级诊疗医生。那么，如何激励这些人采取预防措施？我想介绍一下责任医疗组织（Accountable Care Organization），它是 2010 年《平价医疗法案》引入的模式之一。

以下是责任医疗组织其中一种类型的极简化描述（相信我，

现实情况远比这复杂）。一群初级诊疗医生可以联合起来组成一个责任医疗组织，[31] 医疗保险制度的负责人对这个组织承诺：针对你们服务范围内的患者，我们可以知道今年医院就诊的预计次数，以及我们需要承担的费用。假如你们能通过管理患者健康状况来减少其就诊次数，我们可以分摊节省的保险赔付费用。

“在责任医疗组织出现之前，即便能减少患者的就诊次数，医生也分文不赚。”Aledade 公司的联合创始人法尔扎德·莫斯塔沙瑞表示，该公司致力于帮助医生组建责任医疗组织，“在这种模式下，医生就可以理所当然地花更多时间与患者及家属进行交流，不必再担心如何才能在每个小时内接待更多的病人。”[32]

我与来自西弗吉尼亚州的初级诊疗医生乔纳森·利利交流了一番，[33] 他认为，责任医疗组织模式改变了他的执业方式。他每天接待的患者数量从以往的 25 ~ 30 个，减少到了大约 20 个，但他与每位患者接触的时间更长了。他和他的合作伙伴变得不那么消极被动了，而是更加积极主动了：他们会监测病人的血糖水平、血压和体重，确保这些数据不断好转。患者也更容易找到他们了：如果你不想让病人把问题带到医院，初级诊疗医生就必须及时为患者提供服务。所以他们现在还额外提供晚间和周末的咨询时间，以及“快速通道”服务，方便病人在没有预约的情况下也能在任意一天随到随看。

“我从来没有以这样的方式执业过。”利利表示，“我一直想做一名家庭医生，做一个看门人，我想找到合适的方式来做这件事。这一模式让我实现了自己的理想。”这种模式对利利及其合作伙伴行之有效。患者在他们的照顾下变得更健康、更快乐，去医院的次数也减少了。结果，医疗保险制度同责任医疗组织分摊节省下来的资金，这意味着利利赚的钱也更多了。

在上游医疗的付费模式方面，还有很多其他的积极创新。近来，人们对“按人头收费”越来越感兴趣，包括美国凯撒健康计划和医疗集团在内的医疗体系使用的就是这样一种付费模式。[34]凯撒集团拥有 1 200 万名会员，这家企业的独特之处在于，它既是一家保险公司，又是一家医疗服务供应商。[35]如果你注册成为会员，每月向凯撒集团支付一笔保费（或者由你的雇主支付），等到生病时，你就可以去找凯撒集团的医生看病。这种结构设计帮助该企业避免了医疗行业长期以来的紧张关系：医疗服务供应商（比如医生）想让保险公司出尽可能多的钱，而保险公司则千方百计地压缩理赔金额，所以关于哪些项目可以报销以及报销的方式问题，双方始终争执不下。

凯撒集团的供应商得到的是固定费率，按服务过的客户人数来计算，以满足每位客户的所有需求（每位客户的收费标准会依据风险进行调整，所以照顾一位老年人会比照顾一个 25 岁的人收费更高）。这就是按人头收费。凯撒集团的医生没有动力去做不必要的核磁共振扫描，因为他们不会因此得到更多的报酬。那么，为什么按人头收费不会导致欺骗患者的行为呢？毕竟，提供的服务越少，供应商的利润就越高。纠正的方法就像安迪·格鲁夫提出的“成对指标”一样，供应商也要对健康质量指标和患者满意度指标负责。因此，如果他们放任患者的病情恶化，或者如果患者对自己接受的治疗服务不甚满意，供应商的收入就会减少。

按人头收费的模式为上游干预措施敞开了大门，因为这种模式更容易体现投资预防措施的合理性。位于宾夕法尼亚州的盖辛格健康系统（Geisinger Health System，以下简称“盖辛格”）也是与凯撒集团类似的一个综合系统。[36] 盖辛格为糖尿病患者搭建了一座“食品农场”，也就是一间装满健康食品的杂货店，患者可以在这里免费领取他们想要的食品。盖辛格为什么要提供免费食物？因为对于糖尿病患者而言，食物就是药物。而对于盖辛格来说，花钱采购健康食物可以避免代价更高的下游并发症，因此也是值得的。

医疗系统的激励机制日臻完善。这些行动的成功让我们得以反思本书这一部分带给我们的启示。为了预防问题，上游行动的领导者必须团结合适的人（护理人员、保险公司、患者）。他们必须寻找抓手，推动系统性变革（不必要的住院治疗、责任医疗组织）。他们必须尽早发现问题（比如通过监测血糖水平发现问题）。他们必须绞尽脑汁思考如何衡量成功——避免“幽灵胜利”和意外后果。最后，他们还必须考虑资金来源：如何找到愿意为预防措施买单的人。

以上都是十分严峻的挑战，道阻且长，但一切艰难困苦都是值得的，因为产业规模如此庞大：整个医疗行业价值 3.5 万亿美元，[37] 其中的 1% 就是 350 亿美元——大约相当于耐克公司在 2018 年的全球收入。[38] 庞大系统中哪怕最微小的变化也可能产生巨大的影响力。因此，只要齐心协力向上游进发，我们就能迎来一个预防与治疗同等重要的崭新世界。

第三部分

极端上游

忧天小鸡：遥远而不可能的威胁

该你来上游了

第12章

忧天小鸡：遥远而不可能的威胁

本章将研究如何通过上游行动解决不可预防的问题（如飓风）、罕见的问题（如信息技术网络被黑客攻击），或者完全不可思议的问题（人类文明被新技术摧毁）。

1999年，一段阴森森的视频以VHS录像带的形式公开发布。[1]视频中，一袭黑衣的伦纳德·尼莫伊（因在美国电视连续剧《星际旅行》中扮演斯波克一角而成名）预言着未来：

> 在一个古老的神话中，有一个地球上有史以来或许最为发达的文明古国……但随着整个古代文明的消失，这个传说也戛然而止。庞大的岛屿沉入大海，因为这些先人的技术创新远远超出了他们的判断、远见及人性的弱点。这个传说中的古文明就是亚特兰蒂斯①。
>
> 但在1999年，人类实际面临的全球问题关乎电力供应、卫星通信、水资源、医疗、运输、粮食分配，以及其他对

① 亚特兰蒂斯是欧洲到直布罗陀海峡附近的大西洋之岛，传说中文明高度发展的古老大陆、国家或城邦。有记载的最早的描述出现于古希腊哲学家柏拉图的著作《对话录》里，据称其在公元前10 000年被史前大洪水毁灭。——译者注

人类日常生存至关重要的领域。导致这些全球性问题出现的直接原因，就在于人类忽略了一个如今称之为“千年虫”的问题。之所以会出现“千年虫”，是因为在人类赖以生存的技术背后，有着数十亿行计算机代码和嵌入式微芯片的支持，而这些代码和芯片可能会在1999年12月31日与2000年1月1日之间的某个时刻瞬间崩溃。

所以我们在此追忆古老文明亚特兰蒂斯的命运。千禧年的钟声即将敲响，当今人类文明所面临的主要问题是：先进的技术创新是否已经远远超出了人类的控制能力，最重要的是，它是否已经超出了人类对科技创新终极后果的预测能力？

结果，“千年虫”并未在2000年1月1日终结人类文明。但到底发生了什么呢？是文明被拯救了，还是它压根就不需要拯救？

在本章中，我们不再关注前文着重研究过的重复出现的问题，比如辍学率、无家可归、疾病等。这些问题并不神秘——我们既可以直接观察到，也可以计算问题的发生概率。我们将在本章研究如何通过上游行动解决不可预防的问题（如飓风）、罕见的问题（如信息技术网络被黑客攻击），或者完全不可思议的问题（人类文明被新技术摧毁）。

“千年虫”就是这样一个一次性的问题——一种前无古人、后无来者的新型计算机故障。这个故事的主角叫约翰·科斯基宁，他的任务就是防止最坏的情况发生。[2] 科斯基宁曾在私营公司工作，职责是帮助失败的公司扭亏为盈。1994—1997年，他曾担任美国白宫管理和预算办公室的高级领导。在新千年到来的22个月前，也就是1998年2月，科斯基宁应比尔·克林顿总统的邀请，成为美国“千年虫”问题的专家顾问。

在科斯基宁看来，这个专家顾问的职位是典型的吃力不讨好。“如果一切安然无恙，人们就会说：‘当初费那么大劲干什么呢？完全就是浪费时间和金钱。’如果一切乱作一团，出现停电、红绿灯故障、手机死机、金融系统崩溃、通信系统停止运转，大家又会问：‘那个负责预防问题的人姓甚名谁？’”

仅剩不到两年的时间，手下的员工也不多，科斯基宁知道，这时候要想直接修复政府的系统简直就是天方夜谭，他所能做的就是召集一群合适的人，让他们发表意见，鼓励他们分享信息。在任职初期，他建立了25个工作组，分别对应电力公司、电信公司、州和地方政府、医疗系统等。每个工作组都由一个联邦机构领导，比如交通部会与航空公司、铁路公司、卡车司机及海运公司共同合作。

一位同事曾反对这种做法，认为“我们的工作只是帮助联邦政府解决‘千年虫’问题，而不是帮助整个美国经济体系解决‘千年虫’问题。”科斯基宁对此的回答是：“你要知道，如果联邦系统都能正常运转，但到1月1日，电网出现故障，每个人都会问的第一个问题就是：‘你们预先采取了什么防范措施？’这时候你不可能回答‘那不是我的工作’。”

工作组开局不利。不少公司的律师都担心，如果参与不同企业间的密切合作，他们可能会面临反垄断或者责任诉讼的风险。事实上，科斯基宁的团队不得不敦促国会通过一部法律来回应此类关切。不过，这些工作组最终还是得以有效开展工作，可以自由地分享信息。① 与此同时，科斯基宁开始意识到，他所面临的其实不仅仅是一个技术问题，更是一个心理问题。公众恐慌所带来的威胁丝毫不亚于技术故障。

根据科斯基宁的说法，在任何一个给定的时刻，都有大约2% 的自动取款机无法正常运行——不是坏了就是没钱了。但在2000 年 1 月 1 日，一旦某台机器出现故障，人们就可能会认为是“千年虫”所致，这会进一步加剧大众的恐慌情绪。公众最担心的一个问题就是银行出现挤兑。倘若银行客户担心取不出钱，或者担心银行倒闭，他们就可能会在千禧年到来之前的几周内开始提款。如果其他客户看到别人都在取钱，他们可能也会跟着担心：“这些人或许只是风声鹤唳，但我不希望他们在我取钱之前就把所有的钱取走，所以我最好也去取点儿钱出来。”

鉴于美国银行业的部分准备金制度②，一家银行可能只会保留一小部分现金资产，恐慌引发的跟风取款不需要几次就能耗尽一家本地银行的存货。想象一下，当银行没钱的谣言四散开来，随之而来的恐慌会有多可怕。基于上述原因，对银行倒闭的非理性担忧最终可能真的会引发银行的倒闭。政府对这些恐惧心理有多当真？当时，美联储下令印刷 500 亿美元的货币，投入全国流通，摊到每个家庭大概是 500 美元。[3]

在新千年到来前的几个月里，科斯基宁越来越确信，“千年虫”

① 上游策略：首先，安抚律师对潜在诉讼的担忧。其次，拯救人类文明。

② 部分准备金制度是相对于全额准备金制度而言的，是指商业银行不用把所吸收的存款都作为准备金留在金库中或存入中央银行，而是仅留下一部分准备金，把其余的资金全部贷出的制度。——译者注

问题不会造成重大破坏。他在公开发言和采访中都表现得胸有成竹、镇定自若。但到 1999 年 12 月 31 日，他并非没有丝毫焦虑。他很担心全球的形势——从理论上说，每一个拥有信息技术系统的国家都面临着“千年虫”的风险，而美国实际上已经成了这项国际行动的领导者。会不会有某一个国家忽视了“千年虫”问题，眼睁睁地看着一个重要系统瞬间崩溃？这种重大失误会在媒体的添油加醋下被进一步放大，可能足以在美国引发恐慌。

随着新千年第一天的到来，第一批报道来自新西兰。一名美国记者亲自飞往新西兰进行现场直播，他在直播中验证能否从自动取款机上取钱——没有问题。（飞回美国的旅途一定非常漫长。）科斯基宁的团队松了一口气，感觉如释重负。

科斯基宁每 4 小时举行一次新闻发布会，大体而言，这是平安无事的一天。但日本在监控核电站安全方面出了一点儿小故障。随后，美国国防部与一些情报卫星失去了几个小时的联系。[4] 其他问题则更显次要：工资未能准时到账、付款延迟、信用卡重复收费等。[5]

以下这个例子引自“千年虫”团队在千禧年到来几个月后撰写的最终报告，它生动地体现了这一天的平淡无奇：“新千年第一天，低空风切变警报系统（LLWAS）[6] 在纽约、坦帕、丹佛、亚特兰大、奥兰多、芝加哥奥黑尔国际机场和兰伯特-圣路易斯国际机场纷纷出现故障。系统显示了一个错误信息。每个故障地点的航空运输系统专家都被迫重新启动 LLWAS 计算机以清除错误。”（后来，关于这一事件的剧本《被迫重启》，以零美元的价格售出。）

新千年到来了，人类文明得以延续。不少人从他们在树林里租的小木屋灰溜溜地回到了城市。

正如科斯基宁预料的那样，团队的努力没有得到赞扬。“事情过去可能还不到 48 个小时，人们就开始议论：‘嗯，一切安然无恙，肯定本来就不存在什么问题。’”[7]

但是，那些怀疑论者说的有没有可能是对的呢？“千年虫”会不会根本就算不上什么威胁呢？以加拿大计算机系统分析师大卫·罗伯特·罗布劳为代表的一些观察人士一直在说：“飞机不会从天上掉下来，电梯不会坠落，政府也不会倒台。2000 年不过就是稀松平常的新一年罢了。”[8]

在罗布劳的预测得到证实之后，他开始摇旗呐喊庆祝自己的胜利。2000 年 1 月 6 日，他为《环球邮报》写了一篇文章，题为“你被骗了，我早就告诉过你了”。[9]他在文中写道：“事实上，几乎没有几个系统是真正依赖日历年的，包括那些引发诸多恐慌的系统，比如水力发电和空中交通管制系统。”

时至今日，在听到他人将“千年虫”称作一场骗局时，许多参与过“千年虫”问题应对准备工作的信息技术行业领袖仍然会感到怒不可遏。马丁·托马斯曾经以德勤会计师事务所顾问和国际合伙人的身份在英国负责处理“千年虫”相关事宜，他表示：“什么都没发生的原因是，由于人们对此大惊小怪，相关人员做了大量的准备工作。”[10]他认为，人类在“千年虫”问题上是侥幸脱险——多亏了在全球范围内成功动员各方力量才勉强避免了这场灾难。

谁说得对？这很难讲，尽管我自己的感觉是这更像是侥幸脱险，而非一场骗局。这种不确定性就是上游工作令人沮丧的一个原因，特别是在解决一个全新问题的情况下。但如果是重复出现的问题，处理起来就没那么含糊了。如果连续5年，每年都有500名高中生辍学，在你启动了一个新项目之后，那年只有400名学生辍学，此时你就可以自信满满地说，是你的工作做出了贡献。但“千年虫”问题却只有一个数据点：2000年1月1日。幸运的是，因为运气也好，准备也罢，或者两者兼而有之，最后没出现什么大问题。

“千年虫”问题的情况是，我们为应对灾难做足了准备，但灾难并没有如期而至，于是我们开始质疑事前的准备是否多此一举。想象一个与之相反的场景：虽然你为一场灾难精心做了应对准备，但最终灾难来临，还是造成了极大的破坏性。你会觉得是准备工作没做到位，还是如果没有努力应对，后果可能会比现在还严重？

现实中就存在后者这样的情形。2004年年初，两名灾难专家在华盛顿特区会面。一位是创新应急管理公司（Innovative Emergency Management）的创始人兼首席执行官马杜·贝里瓦，这是一家私营承包商，专门帮助政府做应对灾害的准备。另一位是美国联邦应急管理署负责应急响应的主管埃里克·托尔伯特。

贝里瓦问托尔伯特：“在你目前思考的所有灾难中，哪一件事最让你夜不能寐？”托尔伯特答道：“一场毁灭性的飓风袭击新奥尔良市。”[11]

让专家们感到紧张的是新奥尔良地理位置的特殊性。这座城市的海拔低于海平面，城市周围筑有堤坝。新奥尔良就像位于一只碗的最底部，[12] 一旦堤坝决口，密西西比河和庞恰特雷恩湖的水就会迅速涌入城市，难以排出。

在“9 · 11”恐怖袭击事件之后的几年里，[13] 联邦应急管理署的关注重点一直都是恐怖主义行为，但托尔伯特却一直在为应对自然灾害筹集资金，四处奔走游说。2004 年，政府终于批准了几百万美元用于防灾，贝里瓦所在的创新应急管理公司签下了一份价值 80 万美元的合同，[14] 任务是为新奥尔良及其周边地区制订飓风应对计划。[15]

创新应急管理公司迅速设计了一项演习，整个过程前后仅花了 53 天，[16] 大大压缩了原本所需的时长。飓风季即将来临。2004 年 7 月的某一周，公司在巴吞鲁日市召集了大约 300 名相关人员，[17] 其中包括来自联邦应急管理署、路易斯安那州的 20 多家机构、13 个教区、美国国家气象局、超过 15 家联邦机构、志愿者团体，以及密西西比州和亚拉巴马州机构的代表。（“将问题全面包围。”）他们要一起面对由创新应急管理公司团队设计出的模拟飓风“帕姆”。

“‘帕姆’飓风形成于大西洋，袭击了波多黎各、海地岛和古巴，在穿过墨西哥湾的暖流后得到加强。”克里斯托弗 · 库珀和罗伯特 · 布洛克在《灾难：“卡特里娜”飓风和国土安全部的失败》（*Disaster: Hurricane Katrina and the Failure of Homeland Security*）一书中如是描述“帕姆”模拟飓风。该书是对卡特里娜飓风应急反应的珍贵记载。作者继续写道：

尽管有足够的时间逃离，但许多墨西哥湾沿岸的居民仍然待在原地不动。正如此前所预测的那样，这场风暴径直袭击了路易斯安那州的格兰德岛，将其摧毁，再向北移动至新奥尔良市。飓风向上游移动了近60英里，所到之处一片狼藉，损失惨重。飓风经过新奥尔良，将附近的庞恰特雷恩湖像茶杯一样倾倒在城市里。微咸的湖水迅速涌入新奥尔良，整座城市陷入了20英尺的深水中。随后，飓风扬长而去，徒留一地残骸，满目疮痍。[18]

在巴吞鲁日市的模拟演习中，参与者制定了实时的反应措施，根据专业领域划分为不同的小组：搜救、排水、临时住房搭建、分诊中心等。

“帕姆”飓风的主要组织者之一迈克尔·L.布朗上校①已经下令，在制订计划时一定要切合实际，不要抱有任何侥幸心理，正如库珀和布洛克所写的那样：

如果某项工作需要300艘船，参与者就必须切实找到足够的船只，而不只是寄希望于这些船会突然出现。如果规划者需要15辆半挂车将发电机运到新奥尔良，他们就必须确定从哪里可以获取这些发电机，或者至少对发电机的来源做出现实的猜测。贝里瓦表示：“他们应该利用现有

① 不是在“卡特里娜”飓风袭击新奥尔良后被布什总统称赞“布朗尼，你干得很卖力！”的那位联邦应急管理署署长迈克尔·布朗。这是两个不同的人。文中这位迈克尔·布朗的妻子名叫帕姆，这个模拟飓风就是以她的名字命名的。

的或者可以引进的资源进行规划，而不应该抱有任何幻想，觉得说不定会有 1 000 架直升机从天而降，帮助他们完成任务。”[19]

在与“帕姆”飓风进行了为期一周充满戏剧性的紧张搏斗后，团队勉强拼凑出了一套应急计划：计划的某些部分非常详细，有些却几乎没有任何细节。这只是开端。

在模拟出“帕姆”飓风的 13 个月后，2005 年 8 月底，“卡特里娜”飓风袭击了新奥尔良。这场飓风过去大约 5 个月后，贝里瓦在参议院做证时展示了一张对比模拟和现实的图表（见表 12-1）。[20]

表 12-1　模拟飓风与现实飓风的结果对比（第一部分）

“帕姆”飓风的数据	“卡特里娜”飓风的实际结果
20 英寸的降雨量	18 英寸的降雨量
新奥尔良市被淹没在 10～20 英尺的水下	新奥尔良部分地区的洪水深达 20 英尺
洪水决堤	堤坝决口
在飓风登陆前，超过 55 000 人聚集在公共避难所	在飓风登陆前，约有 60 000 人聚集在公共避难所
路易斯安那州超过 110 万个居民流离失所	墨西哥湾沿岸有 100 万个居民长期流离失所，大多数是路易斯安那州的居民
路易斯安那州有 786 359 人在飓风刚刚袭击时面临停电	据报道，飓风袭击后的第二天，路易斯安那州有 881 400 人面临断电

两者简直如出一辙，所以人们自然会感到好奇：到底发生了什么？为什么明明已经召集了对的人，为对的场景提前做了演练，但是当一年多后灾难真正发生时，应急响应却还是失败了？

说“失败”都是轻描淡写——针对“卡特里娜”飓风的应急反应简直就是奇耻大辱。位于新奥尔良市中心的超级圆顶体育馆当时被用作避难场所，以下是记者斯科特·戈尔德对体育馆现场的描述。

> 一个两岁的小女孩睡在一摊尿里。用来装可卡因的小瓶子在厕所散落一地。体育馆的自动售货机被青少年砸坏了，一旁的墙壁上沾染了血迹。路易斯安那超级圆顶体育馆一度是雄伟建筑的典范和聪明才智的象征，如今却在“卡特里娜”飓风到来的前一天（即星期日），成为新奥尔良最大的风暴避难所。最终大约有 16 000 人被转移至此。到了星期三，体育馆已经完全沦为恐怖的地狱……“我们就在地板上撒尿，像禽兽一样。”接受采访时，25 岁的塔法尼·史密斯怀抱着她仅 3 周大的儿子特里，右手拿着救援人员给的半瓶配方奶。婴儿用品越来越紧缺。一位母亲表示，救援人员给了她两块尿布，告诉她如果尿布脏了就把排泄物刮掉，然后重复使用。[21]

在这里，我要测试一下读者的耐心，请考虑以下两个看似矛盾但可能同时成立的想法：第一，对于困在新奥尔良的民众来说，灾难应急行动简直一塌糊涂；第二，由于模拟“帕姆”飓风时所做的计划，成千上万的生命得以挽救。简而言之："卡特里娜"飓风带来的影响极其可怕，但或许情况原本会更糟。

因为贝里瓦向参议院展示的表还有最后两行，正是这两行体现了"帕姆"飓风与"卡特里娜"飓风之间最大的差异（见表 12–2）。[22]

表 12–2　模拟飓风与现实飓风的结果对比（第二部分）

"帕姆"飓风的数据	"卡特里娜"飓风的实际结果
超过 60 000 人死亡	截至目前，路易斯安那州共有 1 100 人死亡；超过 3 000 人仍然下落不明
36% 的人在飓风登陆前成功撤离	80% ~ 90% 的人在飓风登陆前成功撤离

2019 年，贝里瓦在谈到"帕姆"飓风时表示："我们的预测几乎完全符合科学规律。唯一大错特错的就是死亡人数。我们预测将有超过 6 万人死亡。但实际死亡人数为 1 700 ①，尽管这一数字也很可怕。所以，两者之间的区别就在于反向流动。"[23]

"反向流动"是公共交通中的一种应急程序，[24] 意味着高速公路上的所有车道都被临时改为同一方向。这从理论上来看是合乎逻辑的：毕竟，所有的交通工具此时都应该驶离灾区。但是想象一下州际公路反转方向的复杂程度吧！每一个方向不对的入口匝道都必须进行封锁和监控；必须将目前的状况及时告知公众；

① 她在此处引用的死亡人数是 1 700，而不是她在参议院做证时提到的 1 100，因为随着失踪人员被证实已经死亡，死亡人数有所增加。

紧急救援人员必须随时待命，对滞留车辆迅速做出反应，以免造成交通堵塞。那么，当“反向流动”的州际公路到达州际边界，必须转回正常的方向时，又会发生什么呢？这些问题听起来可能像是后勤运输方面的细枝末节，但请留意一点：贝里瓦认为“反向流动”正是导致“卡特里娜”飓风中死亡人数为 1 700 而非 60 000 的主要原因。细节决定成败。

新奥尔良在前一年的“伊万”飓风期间进行过“反向流动”试验。[25]“伊万”飓风的强度较低，在“帕姆”模拟飓风后不到两个月就袭击了墨西哥湾。结果，试验彻底失败了。高速公路迅速堵塞，导致一些司机在高架路面滞留长达 12 小时。[26]所幸的是，随后飓风转向东部，并未袭击新奥尔良，[27]否则，面对着已经沦为一座巨大停车场的州际公路，成千上万名司机可能只得弃车逃跑，寻找栖身之所。

为了应对“帕姆”模拟飓风，以及吸取现实中“伊万”飓风造成的失败后果的教训，该州已经全面修改了“反向流动”的交通计划。[28]一些重要的经验教训包括与邻近州的官员加强合作，以及与公众加强沟通。在“卡特里娜”飓风期间，美国红十字会印制了 150 万张地图分发给市民，解释“反向流动”的流程。[29]还有其他一些更为微妙的改进：“伊万”飓风期间，司机经常停下来询问警察问题，而警察觉得耐心解答问题是在帮忙。[30]但这些对话其实是在碍事，是造成交通拥堵的主要原因。到“卡特里娜”飓风期间，大家吸取了教训：不要说话，警察应挥手示意司机向前开。

2005 年 8 月 27 日，星期六，随着“卡特里娜”飓风从墨西哥湾逼近新奥尔良，路易斯安那州的州长凯瑟琳·布兰科下令从下午 4 点开始实行“反向流动”，整个过程持续了整整 25 个小时。[31] 交通流量相比“伊万”飓风时有了显著提升——正常情况下到达巴吞鲁日市一般需要 1 小时的车程，在整个“反向流动”期间，车程最久也没有超过 3 小时。[32] 汽车的流动率，即每小时通过的车辆数量，比高峰时段高了近 70%，但车辆依然能够保持平稳行驶。总共有超过 120 万人成功撤离，没有出现重大延误。[33]

“帕姆”模拟飓风可谓上游行动的典范：在问题出现之前召集对的人来讨论对的问题。路易斯安那州立大学飓风中心前副主任、“帕姆”模拟飓风行动的参与者艾弗·范·海登表示：“积极的一面是，我们知道自己发挥了作用。我们知道自己救了成千上万人的性命。”[34]

模拟的想法确实没错，但不幸的是，这是所有主要参与者唯一一次聚在一起。仅凭一次训练，无论它被设计得多么巧妙，都不足以为应对灾难做好充分准备。发明“帕姆”飓风的承包商创新应急管理公司曾在 2005 年计划了多次额外的演习，[35] 以推动这项工作的进程。“但是，联邦应急管理署取消了大部分原定于 2005 年上半年举行的后续会议，”《灾难》一书的作者写道，“管理署声称无法筹集足够的资金来支付其员工参加会议所需的差旅费用。费用其实很少，管理署的人一毛不拔的表现着实令人惊叹。他们后来表示，资金缺口其实还不到 1.5 万美元。”[36]

联邦应急管理署拒绝承担这 1.5 万美元的成本，但美国国会最终批准了超过 620 亿美元的补充开支，用于重建被“卡特里娜”飓风摧毁的墨西哥湾沿岸地区。[37]这完美地诠释了我们对下游行动的集体偏好。说句公道话，面对一场5级飓风，就算做再多的准备工作也无法完全阻止墨西哥湾沿岸遭到破坏。但这样的资金比例未免太离谱了：在利害攸关数十亿美元资金的情况下，我们竟然还对几千或几百万美元精打细算。为重大问题做准备是需要练习的。在理论层面，这并不复杂，在现实中之所以复杂，是因为这种练习违背了我们在前文讨论过的隧道视野本能。组织总是要埋头处理各种紧急的短期问题，为未来可能会出现的问题做计划并不紧迫。结果就是，很难召集大家采取行动，很难得到资金支持。要不是困难迫使人们同舟共济，你就很难说服大家齐心协力。

克服这种下游偏好的一种方法是培养习惯。例如，信息技术行业的领袖已经认识到，在网络安全方面，最薄弱的环节往往是他们的同事。网络钓鱼（通过发送欺诈性电子邮件，诱骗收件人提供信用卡号码或密码等个人信息）变得日益普遍。[38]根据威瑞森（Verizon）公司发布的《2019年数据泄露调查报告》，32%的安全漏洞涉及网络钓鱼。一种新型家庭手工业已经兴起，有人专门负责向员工发送虚假的钓鱼邮件，以此进行训练，防止他们在真正遇到网络攻击时上当受骗。（时代的标志：网络诈骗发展成了一个行业。）

伊利诺伊州西奥罗拉129号学区的技术总监唐·林格尔斯泰非常担心网络钓鱼攻击的问题，所以他接受了一家名为KnowBe4的供应商提供的免费试用服务。[39]2017年1月，他用一个员工从未见过的奇怪邮箱向该学区的工作人员发送了第一个钓鱼测试。这封电子邮件的内容是，本周初疑似出现了安全漏洞问题，希望收件人点击链接修改密码。此前，林格尔斯泰曾多次提醒他的员工注意这类骗局，因此他觉得大多数人都会看穿这个诡计。但事与愿违：29% 的同事依然点击了链接。

“一是惊讶，二是恐慌。”他在回忆当时得知结果后的反应时说道。网络钓鱼在学区尤其令人担忧，除了考虑到学区财务数据的价值，由于学生一般没有开户记录，骗子更倾向于盗用他们的身份信息。联邦调查局等机构表示，在学生意识到有问题之前，骗子可能会在很多年内持续利用学生的信息开设各种账户。[40]

“我们不可能用硬件屏蔽所有电子邮件——没有哪个硬件可以做到这一点，”林格尔斯泰表示，“因此对我们来说，关闭这最后一扇门的最好方式，也是阻止网络钓鱼的最后一道屏障，就是训练员工。”

他开始精心设计电子邮件，引诱同事点击链接。“亚马逊 Prime 会员免费送，点击这里领取！”“星巴克免费饮料，快来下载优惠券！”“你的 E-ZPass① 通行费已逾期，立刻点击支付！”最后一封邮件的点击率是 27%，这尤其令人沮丧，因为伊利诺伊州根本就没有 E-ZPass，只有 I-Pass。（如果林格尔斯泰的邮件里写的是“免费实习生帮忙批改论文”，点击率可能会高达 90%……）

每当有人点击其中一个链接时，系统就会将此人的邮箱页面跳转至另一个界面，开展网络安全实践教育。与此同时，林格尔

① E-ZPass 是应用于美国东北部收费公路、桥梁和隧道的一种电子收费系统。——译者注

斯泰也可以监测到哪些员工在点击钓鱼链接，并很快发现，有些员工就是不长记性，几乎次次上当受骗，哪怕看起来最没新意的邮件也足以吸引他们点击链接。每当这时，林格尔斯泰就会亲自前往这些员工所在的学校，私下为他们提供辅导。

两年多来，林格尔斯泰一直在测试和教育他的同事，他们慢慢地提高了警惕。测试邮件的点击率已经从 29% 下降到了平均 5% 左右。[41] 这是一种进步，而且是一种普遍意义上的进步。换言之，训练的目标不仅仅是让员工识破打着星巴克促销旗号的钓鱼邮件，更是增强他们对各式诈骗的防御能力。林格尔斯泰希望，如果西奥罗拉学区的教师接到一通可疑电话，要求提供敏感信息，他们也能保持警惕，即便诈骗已经换了一种媒介形式。

这也是防灾准备的愿景。应急模拟不必是完美的预测，只要是可信的预测即可。在理想情况下，参与各方都有多次练习的机会，在此过程中，相关各方可以完善他们在任何紧急情况下都需要具备的知识和技能。当灾难发生时，他们已经知道参与行动的各方是谁，他们会理解系统中各个环节之间的联系，也知道应该去哪里寻求资源。我的一位受访对象参加过一次社区范围内的准备活动，他说得很好："我可不想等到紧急情况出现时再来互相交换名片。"

在为无法确定或者不可预测的问题（比如"千年虫"或者飓风）做准备的过程中，我们看到了一些熟悉的主题。一个权威部门召集合适的参与者，给他们一个共同的目标。他们逃离隧道，将问题全面包围。他们还试图对系统进行微调，比如对"反向流动"进行改进，以提升对下一次灾难的应对能力。

但现在，人们面临一个更加棘手的问题：如果对于某些类型的问题，光是“准备好”还不够怎么办？如果只有做到完美才能避免问题怎么办？

再想想林格尔斯泰的同事们，他们一开始的受骗率是 29%，后来通过教育改善到 5% 左右。从行为标准来看，这是一个很大的变化。但这就够了吗？“如果安全取决于最薄弱的环节，教育就不起作用了。”计算机安全专家布鲁斯·施奈尔这样评论黑客防御。换句话说，如果一名黑客决心黑入西奥罗拉 129 号学区或任何其他特定机构的系统，那么 29% 和 5% 之间的差别就显得无关紧要了。只需打开那一扇门，只要有一个容易上当、会点击任何链接的人，黑客就能达到攻击的目的。

牛津大学的瑞典哲学家尼克·博斯特罗姆在思索一个问题，即技术创新是否导致了现代社会濒临类似的脆弱状态，这意味着每个人的命运都取决于某一次坏运气或者某一个闹事者。他发表这番评论的背景是，人类总是不断推动新的创新，几乎不计一切代价。科学家和技术专家鲜少会扪心自问，这个东西应该被发明吗？现实是，一旦人类有能力发明出某个事物，它就一定会被发明。好奇心、雄心壮志和竞争意识推动着他们不断向前、向前、向前。在创新方面，我们没有刹车，而是踩油门。

有时，他们的发现或发明有巨大的价值，比如抗生素或天花疫苗；有时，发明创新有利有弊，比如枪支、汽车、空调及社交媒体推特（Twitter）。我们永远无法提前知晓这些究竟会带来什么后果，是利大于弊还是弊大于利。我们只能摸着石头过河，处理各种后果。

博斯特罗姆用一个比喻来描述这种摸索前行的习惯：想象人类正从一只巨大的瓮中随机取球，这些球代表的是新的技术发明。白球代表有益的发明，比如抗生素；灰球代表好坏参半的发明。问题是，在我们把手伸进瓮里的那一刻，我们并不知道取出来的会是什么颜色的球。出于冲动，我们只是不停地伸手去拿。但万一取出来的某个球带来了灾难性的后果，我们该怎么办呢？博斯特罗姆在《脆弱世界假设》一文中，探讨了瓮中是否会存在一个黑球的问题。[42] 黑球代表的是一种会摧毁人类文明的技术。

博斯特罗姆指出，到目前为止，我们还没有取出过黑球，但"这不是因为我们在技术政策上特别谨慎或者特别明智，只是比较幸运而已……人类文明有着精湛的取球技能，却没有能力将取出来的球再放回瓮里。我们能够发明创造，可一旦发明就已是覆水难收。我们的策略是祈愿瓮中不存在黑球"。

博斯特罗姆的黑球理论听上去似乎荒诞不经，像是科幻小说里的情节：一种可以摧毁文明的技术。但这绝非异想天开、痴人说梦。博斯特罗姆认为，万一我们从瓮中取出一个小球，让某些少数群体拥有了大规模杀伤武器，我们的文明就将岌岌可危。这其实就是"拥有了核武器的恐怖组织伊斯兰国（ISIS）"，只需满足以下两个条件：第一，一群愿意进行大规模杀伤行动的人；第二，一种广泛普及的大规模杀伤技术。会有人怀疑第一个条件是否成立吗？数不胜数的恐怖组织、校园枪手和大屠杀凶手的存在已经提供了令人信服的证据。

至于第二个条件，也就是大规模杀伤技术的普及，博斯特罗姆让我们考虑另一种历史的可能：如果核武器的制造不再需要国家的先进技术和资源，而是有一种“非常简单的方法来释放原子能量，比如，让电流穿过放置在两层玻璃之间的金属物体”，那会怎么样呢？如果大家可以仅凭从家得宝公司（Home Depot）购买的材料，就能轻而易举地组装一枚核弹，应该没人会怀疑随之而来的灾难性后果吧？核武器的生产制造需要大量资金 / 专业技术 / 资源支撑，这难道是我们人类的万幸吗？

博斯特罗姆的意思是，不能保证我们今后仍然拥有同样的幸运。现在，我们已经有了 DNA“打印机”，[43] 企业能够以低廉的成本快速生产 DNA 片段用于研究。想象一下，如果有朝一日，家家户户都能购买 DNA 打印机，也许最初的目的只是为了获取基因定制药物，但有人可能因此得以在家还原 1918 年“西班牙大流感”病毒的 DNA，于是单凭一己之力便能终结所有人的命运。

本章的开头引用了伦纳德·尼莫伊的这句话：“所以我们在此追忆古老文明亚特兰蒂斯的命运。千禧年的钟声即将敲响，当今人类文明所面临的主要问题是：先进的技术创新是否已经远远超出了人类的控制能力，最重要的是，它是否已经超出了人类对科技创新终极后果的预测能力？”[44] 实话说，当我第一次观看这段视频的时候，我只看到了矫揉造作的俗气和浮华，内心满是冷嘲热讽。但现在回头再看，我已经不再嗤之以鼻。斯波克没准是对的。

有一个概念叫作“先知困境”，讲的是有人做出了一个预言，因此成功阻止了预言事件的发生，也就是一个适得其反的预测。[45] 如果小鸡的警告真的阻止天塌下来呢？①“千年虫”就是先知困境

① 此处指代一则寓言，讲述的是一只小鸡被一个偶然掉落的物体击中头部后，试图警告农场里的其他动物天要塌下来的故事。——译者注

的一个典型例子。天要塌下来的警告促使人们采取行动，防止天塌下来。也许社会需要的是新一代开明的“忧天小鸡”，而不是那些利用仇恨出售黄金和维生素的阴谋论者；不是利用歇斯底里情绪兜售咨询服务的恐惧贩卖者，而是像博斯特罗姆那样的人，他创立了人类未来研究所，[46]以此吸引大家关注有关人类生存和长远未来的研究，或者像计算机安全大师布鲁斯·施奈尔（前文引用过他对网络安全中“最薄弱环节”问题的看法）这样的作家。对于任何参与制定网络技术政策或规范的人来说，施奈尔撰写的《点击这里杀死所有人》（*Click Here to Kill Everybody*）[47]一书都是必读篇目。

也许我们需要开始建立一个系统，可以针对这些“忧天小鸡”的警告采取行动。地球上的每个居民都需要 DNA 打印机吗？是否应该由生产 DNA 打印机的公司来做选择？如果不是，那这个选择又该由谁来做呢？

说来你或许不信，历史上出现过的一个模式可以让人得到启发：在 20 世纪五六十年代，来自全球各地的团队齐聚一堂，共同应对一个尚不明确的科学威胁。是什么威胁呢？大家担心执行登月任务返航后可能会带来外星生命，毁坏地球。“成千上万关心此事的市民纷纷写信给 NASA，因为担心自己会受到月球细菌的威胁。”迈克尔·梅尔策在其《当不同生物圈碰撞时》（*When Biospheres Collide*）一书中写道。[48]这本书的内容十分精彩，引人入胜。

现在回想起来，我们很容易事后诸葛亮，对当初人们的种种忧虑嗤之以鼻。但在当时，大家确实是郑重其事，因为月球上的一切都是未知，对生死存亡的恐惧使得人心惶惶。那是充斥着冷战、核辐射避难所、生物战剂、古巴导弹危机、校园“卧倒掩护”演习的年代。[49]［迈克尔·克莱顿1969年出版的畅销书《天外来菌》（*The Andromeda Strain*）[50]更加剧了人们的担忧。该书在登月前两个月出版，讲述了一种致命的外星微生物被坠落的卫星带回地球的故事。］

20世纪50年代，就在苏联发射人造地球卫星之前，一群科学家开始发出警告：太空探索会带来污染的危险。包括生物学家J.B.S.霍尔丹以及诺贝尔化学奖得主梅尔文·卡尔文和诺贝尔生理学或医学奖得主乔舒亚·莱德伯格在内的科学家警告世人可能会出现两种污染：反向污染和正向污染。[51]反向污染指的是返航的宇宙飞船对地球的污染，也就是“天外来菌”的情形，而正向污染则指的是来自地球的生物体对另一个星球造成的污染。[52]（我们已经处于极端上游的范畴了。）

对这些问题的兴趣催生了一个新的科学领域，莱德伯格称之为“外空生物学”[53]（现已更名为“天体生物学”）。“外空生物学深刻地影响了太空探索展开的方式。”天文学家凯莱布·沙夫在科学杂志《鹦鹉螺》（*Nautilus*）上撰文写道，“我们针对宇宙飞船的消毒及检疫措施制定了严格的协定，以限制可能从外太空带回地球的事物。NASA建造了无尘室，技术人员会在宇宙飞船发射前对设备进行擦拭、烘干和密封。科学家纷纷行动起来，紧急计算出对其他星球造成生物污染的风险的可接受范围。”[54]

“阿波罗号”的宇航员一从月球返回就被隔离了。需要澄清的一点是，当时大多数科学家都认为月球不具备生命存活的条件，所以并没有过分担忧宇航员会带回致命的微生物。但值得赞扬的是，他们依然担心自己存在知识盲区。为什么要在我们几乎一无所知的领域（太空旅行）上冒生命危险呢？他们近乎偏执地实施了一系列协定，只为防范一个不太可能出现的风险。人类这么做并非出于被迫，而是完全基于自愿。为了携手应对人类文明未来可能面临的威胁，也许这就是我们向上游迈出的第一小步。

负责这些工作的是 NASA 的行星保护官[55]（原名行星检疫官）。如今，行星保护部门依然存在。[56] 曾担任行星保护官的凯瑟琳·康利对该部门的历史发表过一番不同寻常的见解："据我所知，人类第一次做到在能力不足的情况下，避免贸然行动造成破坏，就是在行星保护这件事上。"

希望还会有下一次。

第 13 章

该你来上游了

本书中的许多故事都涉及大大小小的团体，
包括企业、学区和城市。但另一个更简单的问题也
有其价值：仅凭一己之力能做些什么？

特里西娅·戴尔的丈夫贾斯廷是一名海军陆战队士兵。2005 年，贾斯廷被军队派往伊拉克。[1] 这对夫妇育有两个女儿，3 岁的埃琳娜·格蕾丝和 8 个月大的艾丽莎·费丝。贾斯廷在离家之前告诉妻子："去伊拉克没什么好怕的，我也不怕死。我怕的是等我回来，孩子们都不认识我了。"

几周后，两个女孩感染了轮状病毒，只能住院治疗。埃琳娜·格蕾丝病得很重，病毒感染导致她身体虚弱，同时又因为爸爸的离开而非常难过。特里西娅给了她一张爸爸的照片，埃琳娜·格蕾丝一直把照片攥在手里，照片都快烂了。

为了安慰女儿，特里西娅打电话求助她心灵手巧的姨婆玛丽，问她是否可以帮忙做一个带有贾斯廷照片的洋娃娃。玛丽想到了一个办法，将一张贾斯廷穿着制服的照片印在布上，然后缝成一个洋娃娃。当特里西娅将"爸爸娃娃"交给埃琳娜·格蕾丝时，她一下子兴奋了起来，此后一直把娃娃摆放在床头。

从医院回家之后，“爸爸娃娃”也成了她们生活中不可或缺的一部分。埃琳娜·格蕾丝不管去哪里都会随身带着娃娃：在塔吉特百货公司的购物车里，“爸爸”就坐在她旁边；“他”会和她一起在公园里玩耍；他们一起玩了无数次过家家；晚上睡觉前，“他”也会陪她祈祷。

小女儿艾丽莎·费丝也有一个“爸爸娃娃”，“他”每晚都在她的婴儿床边躺着，陪她入睡。在结束长达9个月的军事任务回家时，贾斯廷担心艾丽莎·费丝见到他时的反应。他不知道女儿是否还记得他，毕竟在他离开时，她还是个小婴儿。海军陆战队的其他队员也交流过类似的经历，他们结束任务回家后，发现孩子在好几周内都把自己当作生人，不敢接近。

贾斯廷到家的时候已是夜深人静，两个女儿都睡着了。他径直走进艾丽莎·费丝的房间，迫不及待地想看看女儿。费丝醒过来盯着他看，他当时还没来得及换下制服。她又看了一眼娃娃。“她把‘爸爸娃娃’扔在一边，然后举起双手对他喊：‘爸爸！’”特里西娅回忆道，“这是我第一次看到我丈夫哭。”

每当有人看到“爸爸娃娃”时，都会夸赞这个想法很棒。在两个女孩住院期间，护士们问特里西娅可否帮忙为病房里的其他几个孩子制作类似的玩偶。特里西娅和尼基·达内尔同是海军陆战队队员的配偶，也是邻居，她们两人一起制作了许多娃娃。

特里西娅渐渐意识到，这些娃娃不应该只服务于她的女儿，或者朋友的朋友。娃娃可以帮助每一个无法团聚的家庭。特里西娅表示：“即便你从来没有经历过部队派遣，你也一定能体会到孩子思念亲人的感觉，能体会到做父母的无法陪伴孩子左右是怎样的感觉——实在太痛心了，这是连时间也无法治愈的伤痛。”

特里西娅和达内尔从此开启了创业的生涯，专门生产“爸爸娃娃”。在仅仅一年的时间内，她们就向军人的孩子分发了1 000多个“爸爸娃娃”。[2]后来，她们又将娃娃上的照片从军人父亲扩展到军人母亲、已故的亲人等。这些娃娃现在更名为“抱抱英雄玩偶”（Hug-a-Hero Dolls），已经成为“部署清单”上的一项内容。[3]“部署清单”是士兵在执行任务出发前需要安排的一系列事项，内容包括在网络电话软件Skype上注册一个账户，以及立遗嘱，等等。

利兹·伯恩是一位空军中校的妻子，她也给女儿买了“抱抱英雄玩偶”。“成年人的应对能力会好一点儿，”她表示，“你会经历几个阶段：在他离开的头几天，你会整日以泪洗面，对什么事都没有兴趣。但过段时间适应后，你就没有那么难受了，会试着慢慢养成规律的作息。但对我的女儿们来说，我觉得这些娃娃肯定是有帮助的……当她们抱着‘爸爸娃娃’时……二者似乎能产生情感的联结。不管怎么说，这对她们来说起了很大的作用。”[4]

军队部署造成了亲人长期不在身边的痛苦，这并不是特里西娅·戴尔制造的问题，但却是一个她可以帮助解决的问题。

这就是“上游思维”的精神：先见之明可以让我们在问题出现之前就加以预防，尽管我们不能完全阻止问题出现，但往往可以弱化它们造成的影响。一群冰岛的家长、政治家和研究人员问道：我们如何才能创造一个青少年不酗酒的社会？亿客行的一个高管团队问道：我们如何才能避免客户打电话向我们寻求帮助？芝加哥市公立学校的教师和行政管理人员问道：我们如何才能避免学生辍学？

本书中的许多故事都涉及大大小小的团体，包括企业、学区和城市。但另一个更简单的问题也是有其价值的：仅凭一己之力能做些什么？特里西娅·戴尔是一位想要帮助女儿减轻痛苦的母亲。“天体生物学之父”乔舒亚·莱德伯格对反向污染和正向污染问题提出警告，[5]从而催生一门全新的学科。你可能还记得，有一次我突发奇想，又买了一根笔记本电脑的电源线，从而避免了每天把电源线移来移去的麻烦。我们都是英雄。

你该如何通过个体的力量向上游进发呢？反省一下你自己是否也无视过问题。哪些问题是你认为不可避免的，可实际上并非如此？或许只是一些很小的事情，比如在一个拥挤的停车场因为找不到停车位而大动肝火。一位女士跟我分享了自己的一次顿悟：“我在手腕上戴了一个计步器，但是为了找到一个近距离的停车位，我还是把自己逼疯了。这太蠢了。所以我现在总是把车停在停车场最偏远的位置。我把那里当成‘VIP（贵宾）停车位’，远离其他车辆。现在计步器上的步数增加了，而我也不再因为寻找车位而压力陡增。现在的我感觉如释重负，似乎生活中从此少了一个烦恼。”

对网球教练杰克·斯塔普来说，这件小事就是在威斯康星州的夏令营中捡网球。[6]在为了捡球而弯腰几百次，遭受了随之而来的背部疼痛之后，你肯定希望有个更好的解决办法。于是，斯塔普在他汽车的副驾驶座位上放了一个网球，提醒自己在开车的途中思考解决方案。他想，如果我有一个手臂伸展器，让我不必弯腰也能抓到球，那会怎么样？不，这个方案还不够好，一次只能捡一个球还是很辛苦。“最后，在一次沉思过程中，”帕甘·肯尼迪在《想象思维》一书中写道，“斯塔普伸手捏了捏摆在副驾驶座位上的那个网球。当橡胶在他指尖的触碰下凹陷时，他有了一个新的想法：球可以挤过金属杆，单向进入一个金属箱。”

因为背疼和恼怒，我们所熟悉的网球捡球筐便从此问世。斯塔普解决了他自己的问题，也顺带解决了此后所有其他网球选手的问题。

你是否已经开始接受那些本可以避免的感情问题？有时，运用一点点上游思维就可以发现新的可能性。来自得克萨斯州弗雷德里克斯堡的史蒂夫·索斯兰表示：“结婚25年后，我和妻子发觉我们几乎没有什么共同之处，也很少对彼此敞开心扉。一旦我们真的开始深入交流，我就会进入一种‘战斗或逃跑’（通常是逃跑）的模式，但我妻子只是想把事情说清楚。对于这个问题，我们都一筹莫展。”[7]

几对与他们关系不错的夫妇都已经离婚了，这让两个人心生恐惧。“一天早上，我们在后院的走廊喝咖啡，讨论着身边朋友离婚的事，然后问对方：‘我们是不是也快了？’答案似乎显而易见。我们决定坐下来讨论一下，看看可以做点儿什么来亡羊补牢。我们绞尽脑汁也思索不出答案，于是决定第二天早上再接着讨论这个问题，当然第二天也未果，就这样明日复明日。”

他们都想要的其实是能够彼此放心大胆地展开对话，开诚布公地讨论任何问题，无论多么难以启齿都不会心存悔恨、遗憾或者任何不快。他们需要一个可以进行这类对话的场所，于是他们买了一个浴缸，在浴缸里谈论复杂的话题。这个方法似乎很有效。

“几年后，我们打造出了梦想中的新家，当然，也没有忘记在屋后放一个按摩浴缸，用于我们的浴缸对话。”史蒂夫·索斯兰表示。

“爸爸娃娃”、VIP 停车位、网球捡球筐，以及浴缸对话……上游思维不仅适用于组织，也适用于个体。如果你的生活中反复出现某个问题，不妨试试上游思维。不要因为问题根深蒂固就望而却步。正如一句古老的谚语所言：“种一棵树最好的时间是 20 年前，其次是现在。”

或许你也希望帮助解决一个更为宏大的社会问题。有无数的地方可以让你投入时间或金钱，你该如何做出选择？我根据自己对上游工作的了解，在此提出以下三点建议。

（1）“行动刻不容缓，结果顺其自然。”这是医疗保健改善研究所（Institute for Healthcare Improvement）名誉主席莫林·比索格纳诺说过的一句话。[8] 在我看来，这简直就是上游行动的完美座右铭。世界上到处都是参与讨论高深话题的群体，他们觉得这样做是高尚的，但却从来没有过任何有意义的改变。没有行动就不会有改变。

与此同时，采取行动后可能需要一段时间才能见效。下游行动范围局限、立竿见影，而上游行动覆盖面广、收效（较为）缓慢。今天你可以给一个流浪汉带一顿饭，立马就能自我感觉良好。但要想办法减少租客驱逐率，防止人们无家可归，那可能就需要花好几年。什么样的工作能让你如此在意，以至于能坚持做 5 年，甚至 10 年？

每当我想到维系上游行动所需的信念以及韧性时，我就会想起莎莉·赫恩登这样的倡导者。[9]赫恩登为一个名为“援助计划”（Project ASSIST）的反吸烟倡议组织工作了多年。她于1990年加入该组织，团队花了两年时间准备计划，但就在他们开始推出倡议行动时，却意外遭遇了滑铁卢。1993年，烟草行业说服州立法机关通过一部法律，强制规定政府大楼中保留20%的空间作为吸烟区。[10]更过分的是，该法律还禁止地方政府通过更加严格的禁烟规定。赫恩登将此法称为“污浊空气法”。

她和同事的任务是通过减少吸烟来改善公众健康。这是典型的上游行动。但他们怎样才能战胜全世界最强大的游说团体呢？何况这还是在游说团体的主场北卡罗来纳州。显然，赫恩登的团队没法当即就给对方致命一击，她知道，唯一的希望就是一点一滴逐步解决这个问题。

他们就是这样做的。团队一开始就挑起了一场自认为胜券在握的斗争：让学校禁烟。“就算是烟草种植者也不希望自己的孩子吸烟。”赫恩登表示。在几年的时间里，他们在地方层面艰难地取得了胜利，挨个说服学校董事会采取禁烟政策。到2000年，他们已经成功说服了该州10%的学区禁烟。

想想看：她的团队花了整整10年才在该州10%的地区取得成功，而这还只是全部作战计划中最为轻松的一部分。这是一场持久战。

但随后局势突然明朗。在行动的第二个10年，即

2000—2010年，形势开始朝着有利于他们的方向发展。一项全州范围内的学校禁烟令得以通过，紧接着就是医院、监狱、州议会，最终在2009年，餐馆和酒吧也都加入了禁烟的行列。滴水穿石，绳锯木断。上游的胜利就是这样取得的。先是前进一寸，然后是一尺，接着是一米，最终到达终点线：系统性变革。“行动刻不容缓，结果顺其自然。”

（2）宏观始于微观。在思考宏大的问题时，我们必须考虑庞大的数字。怎样才能帮助1 000个人解决问题？你的第一反应可能会是：我们必须通盘考虑，因为我们没法逐个地帮助这1 000人。但事实证明，这种观点大错特错。本书里的英雄人物经常会基于具体的名单来组织他们的工作。芝加哥的教师通过一张名单来帮助九年级的学生；罗克福德的团队通过一张名单来安置无家可归的人；家庭暴力高风险团队通过一张名单来保护女性。当然，这些努力都得益于系统性变革，但这些变革往往始于对具体案例的深入了解。（反家暴团队发现，施虐者需要在出狱前就戴上GPS定位手环，而不是等到出狱两天以后。）我们从中得到的启示是：只有懂得如何帮助每个人，你才有可能帮助1 000个人，乃至100万个人。

这是因为深刻理解问题的前提是进行近距离的观察，真正“接近”问题本身，正如我们在抓手那一章中所探究的那样。“芝加哥大学犯罪实验室”的领袖仔细阅读了200名谋杀案受害者的法医报告。有多少人会在没有努力训练直觉的情况下就对犯罪有鲜明的看法？有多少人会在不认识任何流浪汉的情况下就对无家可归现象有鲜明的观点？

的确，相比帮助几百或者上千人来说，你可能很难想象运用这种方式逐一帮助数百万人。要影响数百万人，就需要进行系统性变革。但即便是系统性变革通常也是从近处开始的：有些人非常了解一个问题，所以他们在城市或者州的层面制定并游说一项新的政策；该政策被证实行之有效，于是其他州的领导在看到政策效果之后也纷纷采纳。还记得田纳西州的鲍勃·桑德斯博士为强制使用汽车安全座椅进行的游说吗？“宏观始于微观。”

如果你想解决世界上的某些重大问题，那你就需要寻找一个靠谱的团队——既要具备雄心壮志，也要拥有从微观着手解决问题的经验。

（3）选择记分牌，而非药片。我认为人们始终被一种错误的思维方式误导了，他们以为进行社会干预就像分发药片。首先，配制出一种很棒的“药物”，可能是某种辅导计划、行为疗法或者职业培训模式；接着，对这种“药物”进行随机对照试验，如果试验证明有效，就尝试进行大范围推广。

我并不是说这样的测试不好——它其实挺好的，可以帮助我们了解哪些干预措施有效，哪些无效。但是，倘若过分沉迷于测试，阻碍了后续大范围的推广和持续的学习，那就会带来很多问题。以南卡罗来纳州的护士-家庭合作项目为例。这是典型的“药片模式”：通过6年的随机对照试验进行项目评估。我认为这是一个有崇高目标的项目，但这个项目的形式也让它付出了切实的代价。在6年的时间里，那些帮助年轻母亲的护士无法获得试验的数据，她们做着最重要的工作，却只有等到项目最后才能收到结果。想象一下，在长达6年的时间里都对进展一无所知，等到项目结束时，你就像参加一场惊喜派对一样，一些学者会告诉你，你最后到底是成功还是失败了。这很令人难受，特别是在你失败的情况下。

更糟糕的是，“药片模式”的首要原则是：不得在测试中途更换药片。即便你猛然顿悟——“啊哈！换一种配方效果会更好！”你也不能用改进后的配方加以替换，因为这样会扰乱整个试验。因此，在南卡罗来纳州为期6年的试验期间，护士们的一切学习、改进及创新都是被禁止的。

与“药片模式”对应的是专注于持续改进的另一种思维模式，我称之为“记分牌模式”。在这种模式下，你召集一群愿意主动解决问题的人，为他们提供数据以评估项目进展。我们在第5章中提到过这一想法，也就是乔·麦卡侬所说的“用于学习的数据”，而非“用于监测的数据”：从事艰苦工作的人应该及时得到有用的数据，以便不断学习和适应。我用记分牌来比喻这种连续的数据流，可以帮助你实时判断措施是否行之有效。

需要明确的一点是，两种模式并不是非此即彼，你完全可以同时采纳。你可以使用“药片模式”来证明干预措施的效果，但是在需要进行大规模推广的时候，应该鼓励人们做出调整（而不是阻止人们改变配方）。家庭暴力高风险团队就是一个很好的例子：他们首先使用了一个基于证据的工具（“危险评估”工具），然后召集了一个团队将问题全面包围，使用该工具并以不断变化的方式持续关注特定的女性。冰岛的运动也同时采纳了这两种模式：使用基于证据的“药片”来减少药物滥用（例如，鼓励青少年参加正式的体育活动），但最终依靠的还是他们自己的记分牌——年度调查数据——对工作加以指导和调整。

在“记分牌模式”下，问题在于：我们怎样才能在本周取得进展？亿客行使用“记分牌模式”来减少客户服务中心接到的来电数量；罗克福德通过“记分牌模式”来根除无家可归的问题；芝加哥市的公立学校通过“记分牌模式”将毕业率提高了 25 个百分点。

所以，如果你正在寻找一个用武之地，“选择记分牌，而非药片”。不要在着手行动之前纠结于制订最完美的解决方案——相反，承担解决潜在问题的责任，立刻行动起来，埋头苦干。

作为个体，应用上游思维的最后一个方法是改变你所在的组织。你能从内部改进一个系统吗？

2015 年，达沙克·桑葛维在联邦政府医疗保险和医疗补助创新中心（以下简称“医保创新中心”）担任预防和人口健康主任。该中心隶属医疗保险和医疗补助服务中心（以下简称“医保服务中心”）——这里有点儿枯燥，请忍耐一下，接下来会更有趣——而后者是管理医疗保险和医疗补助计划的联邦机构。换句话说，桑葛维的工作就是考虑如何使用医疗保险和医疗补助计划的资金来资助上游健康行动。

联邦政府有一项规定，如果某项医疗创新既能提供高质量的医疗服务，又能节省资金（或者能够改善其中一个因素，而另一个因素保持不变），那么这项创新就可以在全美进行推广，还能得到医保服务中心的资金支持。[11] 这是一个很高的门槛。当桑葛维于 2014 年加入该中心时，还没有一个预防项目可以满足在全美推广的条件。

桑葛维和他的同事们当时在跟踪一个糖尿病预防项目，希望这一次可以达到标准。[12] 该项目旨在帮助“前驱糖尿病人”，即尚未罹患糖尿病的高患病风险人群。人们可以在当地的基督教青年会（YMCA）或者其他社区组织报名参加这个项目，所有报名人员被要求做两件事：第一，至少减去 5% 的体重；第二，每周至少进行 2.5 小时的体育锻炼（类似快走的强度）。[13] 为了达到以上目标，他们参加了由生活方式教练讲授的一系列有关健康习惯的课程，教练还对学员进行了一对一的咨询辅导。项目的一项主要研究发现，在参与者结束课程的 10 年后，他们罹患 2 型糖尿病的可能性比对照组低 1/3；[14] 即便是那些已经发展成糖尿病的参与者，发病的时间也平均推迟了 4 年。考虑到大多数以节食、锻炼为重点的项目都收效甚微，该项目可谓成功的典范。

但官僚作风就是官僚作风，医保创新中心决定用自己的方法重新测试该项目的效果。到 2015 年年底，结果终于出来了。不出所料，项目成功阻止或延缓了这些人发展成糖尿病。这一结果表明，糖尿病预防项目或许可以达到在全美推广的双重标准，在提高医疗服务质量的同时节约资金。因此，桑葛维和他的同事们联系了医保服务中心的精算师，请他们帮忙认证该项目能节约成本。有了他们的背书，项目就可以在全美广泛铺开。桑葛维很高兴：终于等到了这一天，预防措施即将取得重大成就！

但在一次关键性会议上，精算师透露，他们无法做此认证。理由呢？因为该项目可以帮助人们延年益寿。如果寿命更长了，那人们所需的医疗费用自然也就更多了。

这不是什么恶心人的笑话。这就是联邦政府的官方逻辑，而联邦政府又是美国医疗保健领域的最大支付方。（按照这种逻辑，得分最高的干预措施应该是鼓励大家疯狂抽烟、拔掉红绿灯的插头，以及"自由落体式"跳伞。）

"我当时坐在那里，感觉难以置信，"桑葛维表示，"是认真的吗？这就是否定项目的理由吗？"时任医保服务中心副主管，同时也是桑葛维在医保创新中心的上司帕特里克·康威记得他自己当时的感受是："疯了吧？就因为一个项目能救人性命，我们便没法投资它？！"

因此，桑葛维和康威向首席精算师申诉，希望推翻这种计算成本的方法。对于所有曾觉得自己只是巨大车轮上一个微不足道的小齿轮的人来说，随后发生的一件事让他们心生希望。

2015 年圣诞节前，医保服务中心的首席精算师收到了一封来信，[15] 用的就是该中心的信纸。这封信是由首席精算师的一名下属写的，这位下属即将退休，他也是一位精算师。信件第一段的结尾定下了正文内容的基调："因为这是我发自内心的呼声，所以语言可能会比平时更加慷慨激昂。"

这位精算师在信中表示，医保服务中心计算成本节省的方式有悖常理，就好像所有精算师都在“明确提醒大家关注预期寿命的延长，通过我们最强大的武器，也就是计算出的数字，宣称延年益寿是一件坏事”。

他推测，倘若公众知道了这项政策，他们会做何反应？他想象媒体的标题是：

→“停止急救”命令的红戳已经盖到了每一个美国老年人的头上

→精算师：节省信托基金比救命更重要

→医疗保险制度万岁，让老年人去死吧

但最终，他还是基于道德原则而非公关需求在信中陈述了变革的理由。他以一个完美的段落作结，你几乎都可以听到背景中高亢的管弦乐声。

> 医德的第一条就是“无损于患者为先”（Primum non nocere），这条原则不仅约束着医生，也约束着所有健康领域的从业人员，包括精算师在内，或者可以说，特别是精算师，因为一个糟糕的医生只能伤害少数几个人，但一个糟糕的精算师却能伤害数百万人。因此，中心应当采取坚定的原则，绝不应该计算因拯救生命而增加的成本。计算器可以用来决定应该付给医生和医院多少钱，但不适合用来决定人们应该活多久。

正义没有缺席。这位精算师的来信以及桑葛维和康威的申诉最终推动了政府在规定中增加以下内容："医疗保险和医疗补助服务中心做出如下决定，在评估项目净支出时，与增加预期寿命相关的成本不宜纳入考虑范围。"[16]

作为整个故事的高潮，这也太平平无奇了——没有枪战，没有空运，没有复苏，也没有救赎。只有一句话，还颇为无聊，它只是一条被加入联邦规则手册的法律条文罢了。

然而，这句话其实很好地反映了上游成功的样貌：安静却强大，拥有跨越时间的影响力。温和的一句话，却能延长寿命、拯救生命。

有句名言是这样说的："当你离开这个世界的时候，试着让它比你一开始认识的那个世界更美好一点点。"[17] 在深入研究之前，我从来没意识到这句话竟然出自罗伯特·贝登堡之口。他是男童子军、女童军和女童子军运动的创始人，教会一代又一代儿童"做好准备"。换言之：预见未来，并准备好塑造未来。

我们被救援行动和被动应对的荣耀吸引。但是，我们的英雄不应该仅仅是那些将事情恢复原样、重回正轨的人，以及那些忙着扑灭大火、抓捕罪犯、从河里救回溺水儿童的人。我们心目中的英雄还应该包括一位老师，他废寝忘食帮助新生补习数学，希望学生最终能够顺利毕业；应该包括一位警察，他在一名家暴受害者的家附近巡逻，确保她的前夫在登门前三思而后行；应该包括一名活动家，他召集整个社区居民改变服务不足的现状，为争取公园和投资而斗争。

这些人也应该是我们的英雄：那些不满足于常态的人，振臂高呼，争取更美好生活的人。

附　录

如第 7 章所述，“做个男人”项目在最初的两次随机对照试验中取得了非常显著的成果，但在第三次涉及更多学生的试验中，结果就差得多了。项目的相关数据表明，参与的青少年越多，项目对每个学生的平均影响力就越不显著，项目体验的个体差异性也越大。

简而言之——在整个社会都是如此——我们并不了解如何规模化运作成功的案例。就好比世界上只有一家麦当劳的门店，星巴克只在西雅图营业，从未发展壮大。这基本上就是社会科学的常态。你很难找到某个“特许经营”的社会项目能做到像肯德基一样成功。（或许幼儿园可以算一个例子。）

当然，这也是情有可原的。60 亿人都可以经过适当的训练学会炸薯条，但有多少人渴望做托尼 · D 做的事情呢？如果幸运，也许能有 600 万，也就是 1‰。人类生活十分混乱、错综复杂，你很难像企业交付产品那般交付可靠的解决方案。

“芝加哥大学犯罪实验室”的延斯·路德维格表示：“越来越多的人开始着手解决项目规模化的问题，但我们现在还处于非常初期的阶段。我们根本不知道要如何将对 1 000 个孩子奏效的社会项目推广至 5 000 个孩子。”

我个人的看法是，这在很大程度上是一个无解的问题。几乎没有哪个改善人类生活的项目可以像炸鸡或者拿铁咖啡那样轻而易举实现大规模推广。（在这里，我主要指的是“做个男人”这样的项目，也就是依赖于某些人为其他人提供服务的项目。当然还有一些更加系统化的方法，从社会保障到交通信号灯，这些项目确实得到了广泛的推广。）正因如此，在社会领域，我们最终必须从“通过照搬某个特定项目来扩大规模”的思维模式，转变为“承担解决某个问题的责任，根据需要不断调整项目以取得成果”。关于这个想法，可以参考我在第 13 章提及的“选择记分牌，而非药片”内容。

致 谢

我最需要感谢的是那些在2019年夏就本书初稿提供反馈意见的读者朋友。感谢你们不吝付出时间、提出建议。你们的建议和批评让本书有了很大的改进，我对此感激不尽。

在写作本书过程中，我集思广益，也得到了很多次悉心的指导，特别是我的哥哥和合作者奇普·希思，他为本书贡献了无数个想法。还有乔·麦卡依、罗珊娜·哈格蒂、尼克·卡尔纳斯、莫林·比索格纳诺、贝基和克里斯蒂娜·玛格丽塔、杰夫·埃德蒙森、延斯·路德维格、法扎德·莫斯塔萨里、贾斯汀·奥索夫斯基，以及我在杜克大学CASE中心的同事艾琳·沃沙姆和凯西·克拉克。

我想要感谢特定领域的几位专家：来自公共福利基金会（Commonwealth Fund）的鲁萨·蒂卡宁帮助我了解国际上医疗支出的模式；拜伦·潘斯托克帮助我计算英特飞公司的回报率；莱尔·恩加帮我了解预期寿命的组成部分；来自StriveTogether组织的布里奇特·詹卡兹和詹妮弗·布拉茨让我对芝加哥市公立学

校的故事产生了兴趣；梅丽莎·威金斯帮我收集了读者的反馈。

感谢飞往达勒姆与我一起进行了一整天上游行动头脑风暴的各行各业的领导者：贝丝·桑德尔、詹妮弗·布拉茨、凯特·赫尔利、米歇尔·普莱杰、安妮·埃德尔曼、苏珊·里弗斯、凯蒂·洪、塔尔玛·舒尔茨、艾莉森·马尔查克、布里吉特·埃亨，以及卡蒂克·克里希南。

我非常感谢彼得·格里芬和珍妮特·伯恩，感谢他们出色的编辑加工。书中如有任何纰漏，一定是因为我忽视了他们的建议。

我对我的核心研究团队永怀感激之情，他们的印记遍布全书：埃文·内斯特拉克、莎拉·奥瓦斯卡-菲尤，以及雷切尔·科恩。周复一周，你们帮我将本书一步步落实，非常感谢！同时，我也要衷心感谢其他做出重大贡献的研究人员：艾米丽·考尔金斯、斯蒂芬妮·塔姆、玛丽安·比勒·约翰逊、朱莉安娜·嘉宝，以及 J.J. 麦考维。

大约 15 年来，我有幸与克里斯蒂·弗莱彻共事，她出类拔萃，总能在对的时间提供对的反馈。感谢克里斯蒂和她的团队一直以来的支持。非常荣幸本书能够跻身 Avid Reader 出版社出版的第一代图书之列，才华横溢的编辑本·罗宁就是该社的领导之一。我也非常感谢出版社的团队成员为本书出版做出的大力支持：梅雷迪思·维拉雷洛、亚历克斯·普里米亚尼、乔丹·罗德曼，以及乔菲·法拉利-阿德勒。

衷心感谢希思家族和艾伯森家族一直以来的关爱和支持。我能走到今天，我的妻子阿曼达、我们的女儿约瑟芬和茱莉亚功不可没。

注 释

第 1 章　向上游移动

1. John B. McKinlay, "A Case for Refocusing Upstream: The Political Economy of Illness," in Peter Conrad, Valerie Leiter, eds., *The Sociology of Health & Illness: Critical Perspectives*, 10th ed. (New York: Sage, 2018), 578.
2. 亿客行的故事源于多次采访：包括 2018 年 6 月、2018 年 7 月和 2019 年 8 月对瑞安 · 奥尼尔的采访；2018 年 6 月和 2019 年 8 月对塔克 · 穆迪的采访；2018 年 8 月对马克 · 奥克斯特罗姆的采访。
3. 2019 年 9 月与科斯罗萨西的通信。
4. 请注意，按照奥尼尔的说法，具体的百分比取决于预订的类型。比如，相比酒店预订，度假套餐会产生更多的客服来电需求。2019 年 8 月 8 日对奥尼尔的采访。
5. 2009 年 11 月对副局长的采访。
6. Council of Economic Advisers, *Returns on Investments in Recidivism-Reducing Programs* report, Executive Office of the White House: 2018, 11–12, https://www.whitehouse.gov/wp-content/uploads/2018/05/Returns-on-Investments-in-Recidivism-Reducing-Programs.pdf.

7. Richard Tremblay, "Developmental Origins of Chronic Physical Aggression: From Social Learning to Epigenetics," Talk at Picower New Insight Symposium, Massachusetts Institute of Technology, November 29, 2014, https:// www.youtube.com/watch?v=Br3OeGwGxuY, audio location: 00:17:20.

8. 同上，音频位置：00:17:20—17:44。这项研究对我来说是全新的。如果你有兴趣，这里还有更为详细的内容。在另一篇论文中，特伦布莱等人写道："孩子会遗传父母的基因，如果母亲在怀孕期间吸烟、压力过大、贫困、抑郁，那就会通过表观遗传机制影响胎儿的大脑发育。在孩子出生以后，如果母亲年纪轻轻、贫穷、抑郁、文化程度较低，还存在行为问题，孩子从小在一个功能失灵、高压管教的家庭中长大，那么这样的环境就无法为他提供足够的关怀和教育，以帮助幼儿的大脑学会控制自己的情绪和行为。"同时，"有行为问题的父母通常都具备普遍的高风险环境特征（例如，文化程度低、收入低、来自贫困社区，拥有包括抽烟、酗酒、吸毒及饮食不健康在内的不良生活习惯），这会通过许多互相关联的渠道，包括对孩子 DNA 甲基化的影响，影响儿童和成人的精神病理。" Richard E. Tremblay, Frank Vitaro, and Sylvana M. Côté, "Developmental Origins of Chronic Physical Aggression: A Bio-Psycho-Social Model for the Next Generation of Preventive Interventions," *Annual Review of Psychology* 69 (April 2018): 383–407, https://doi.org/10.1146/annurev-psych-010416-044030.

9. 同上，17:40。

10. Stephen S. Hall, "Behaviour and Biology: The Accidental Epigeneticist," *Nature* 505, no. 7481 (December 30, 2013), 14–17, https://www.nature.com/news/behaviour-and-biology-the-accidental-epigeneticist-1.14441.

11. Centers for Medicare & Medicaid Services, National Health Expenditure Accounts, 2017 data, https://www.cms.gov/research-statistics-data-and-systems/statistics-trends-and-reports/nationalhealthexpenddata/nationalhealthaccountshistorical.html.

12. 焦点小组的结果来自“健康倡议”组织提供的数据摘要。“The Health Initiative (THI)—Public Opinion Research Key Insights to Date,” December 2018.

13. 2019 年 2 月 11 日对罗科 · 佩拉的采访。

14. Elizabeth Bradley, Heather Sipsma, and Lauren A. Taylor, “American Health Care Paradox—High Spending on Health Care and Poor Health,” *QJM: An International Journal of Medicine* 110, no. 2 (2017): 61–65; 62, fig. 2; 63. Jennifer Rubin et al., *Are Better Health Outcomes Related to Social Expenditure?: A Cross-national Empirical Analysis of Social Expenditure and Population Health Measures*, RAND, 2016, 11, fig. 1.

15. Bradley, Sipsma, and Taylor, “American Health Care Paradox,” 61–65, 63, fig. 2.

16. 同上。

17. 图 6（描述）和图 7（消费比例）。

18. Jennifer Rubin et al., *Are Better Health Outcomes Related to Social Expenditure?*, 15, table 6; 16, table 7.

19. Elizabeth Bradley and Lauren Taylor, *The American Health Care Paradox: Why Spending More Is Getting Us Less* (New York: Public Affairs, 2013), 5.

20. Bradley et al., “American Health Care Paradox—High Spending on Health Care and Poor Health,” *QJM: An International Journal of Medicine* 110, no. 2 (2017): 63, fig. 1.

21. 同上。

22. “Pregnancy and Maternity Care in Norway,” Norway Health Agency, https://helsenorge.no/other-languages/english/pregnancy-and-maternity-care. https://www.irishtimes.com/news/health/norway-shows-the-way-in-childcare-1.467444.

23. “Norway’s ‘Daddy Quota’ Means 90% of Fathers Take Parental Leave,” September 17, 2018, Apolitical, https://apolitical.co/solution_article/norways-daddy-quota-means-90-of-fathers-take-parental-leave/.

24. “Age 1, Kindergartens and Schools,” New in Norway: Practical Information from

Public Agencies, http:// www.nyinorge.no/en/Familiegjenforening/New-in-Norway/Families-and-children-in-Norway-/Kindergarden-and-schools/. Cost, "Prices and Payment, Kindergarten," Oslo commune website, https://www.oslo.kommune.no/english/kindergarten/prices-and-payment/#gref.

25. "Child Benefit," Norwegian Labor and Welfare Administration, https://www.nav.no/en/Home/Benefits+and+services/Relatert+informasjon/child-benefit#chapter-1. See "Rates" for monthly amount.

26. Rick Noack, "7 Countries Where Americans Can Study at Universities, in English, for Free (or Almost Free)," *Washington Post,* October 29, 2014, https://www.washingtonpost.com/news/worldviews/wp/2014/10/29/7-countries-where-americans-can-study-at-universities-in-english-for-free-or-almost-free/.

27. 经济合作与发展组织（OECD）数据，婴儿死亡率，https://data.oecd.org/healthstat/infant-mortality-rates.htm, accessed on October 3, 2019.

28. OECD 数据，预期寿命，https://data.oecd.org/healthstat/life-expectancy-at-birth.htm#indicator-chart, accessed on October 3, 2019.

29. 彭博新闻社分析，"Most Stressed-Out: Countries," Best (and Worst), 2013, https://www.bloomberg.com/graphics/best-and-worst/#most-stressed-out-countries.

30. John F. Helliwell, Richard Layard, and Jeffrey D. Sachs, *World Happiness Report 2019*, 24–25, fig. 2.7.

31. Lucas W. Davis, "The Effect of Driving Restrictions on Air Quality in Mexico City," *Journal of Political Economy* 116, no. 1 (2008): 38–81.

32. Colette Flight, "Smallpox: Eradicating the Scourge," BBC, February 17, 2011, https:// www.bbc.co.uk/history/british/empire_seapower/smallpox_01.shtml.

33. 同上，以及David Brown, "The Last Case of Smallpox," *Washington Post,* January 26, 1993, https://www.washingtonpost.com/archive/lifestyle/wellness/1993/01/26/the-last-case-of-smallpox/46e21c4c-e814-4e2c-99b5-2a84d53eefc1/.

第一部分　上游思维的三大障碍

第 2 章　无视问题：我不觉得这里有问题

1. 以上均引自 2019 年 8 月和 9 月对马库斯 · 艾略特的采访。除非下文另有说明，其他细节均来自这些采访。

2. Ian McMahan, "Why Hamstring Injuries Are So Common in NFL Players, During Preseason Play," *Sports Illustrated*, August 18, 2016, https://www.si.com/edge/2016/08/18/hamstring-injuries-nfl-training-camps-new-england-patriots.

3. 同上。

4. Elaine Allensworth, Kaleen Healey, Julia Gwynne, and René Crispin, *High School Graduation Rates Through Two Decades of Change: Research Summary* (Chicago: University of Chicago Consortium on School Research, June 2016), 13.

5. 保罗 · 巴塔尔登，医疗改进研究所高级研究员，http://www.ihi.org/communities/blogs/origin-of-every-system-is-perfectly-designed-quote.

6. 芝加哥市公立学校的数据源于 https://cps.edu/About_CPS/At-a-glance/Pages/Stats_and_facts.aspx; Green Bay School enrollment: https://www.gbaps.org/our_district; City of Seattle budget portal, https://openbudget.seattle.gov.

7. 2018 年 8 月对伊丽莎白 · 柯尔比的采访。

8. Elaine Allensworth, "The Use of Ninth-Grade Early Warning Indicators to Improve Chicago Schools," *Journal of Education for Students Placed at Risk (JESPAR)* 18:1 (2013): 68–83, doi: 10.1080/10824669.2013.745181, 69.

9. 同上，以及作者在 2019 年 9 月与佩吉 · 庞德的交流。

10. Elaine Allensworth and John Easton, "The On-Track Indicator as a Predictor of High School Graduation" (Chicago: University of Chicago Consortium on Chicago School Research, June 2005), 18.

11. 2019 年 3 月对佩吉 · 庞德的采访。

12. Allensworth and Easton, "The On-Track Indicator," 7.

13. Chicago Public Schools, "Elementary and High School Guide," https://cps.edu/SiteCollectionDocuments/gocps/GoCPS-ES-and-HS-Guide-2019-20-English.pdf.

14. 2018 年 3 月对萨拉 · 邓肯的采访。

15. 同上。

16. 2018 年 3 月对伊莱恩 · 艾伦斯沃思的采访。

17. 2019 年 3 月对佩吉 · 庞德的采访。

18. 同上。

19. 同上。

20. "Mayor Emmanuel and CPS Announce Record High Graduation Rate of 78.2 Percent," Chicago Public Schools，news release, September 3, 2018, https://cps.edu/News/Press_releases/Pages/PR1_9_3_2018.aspx.

21. 2019 年 6 月与伊莱恩 · 艾伦斯沃思的交流。我之前催促过艾伦斯沃思给出一个大概的数字。此处只是一个基于实际情况估算的数字。

22. "Education and Lifetime Earnings," Social Security Administration, https://www.ssa.gov/policy/docs/research-summaries/education-earnings.html, fig. 1, using gross numbers (without controls).

23. 研究来自Trafton Drew, Melissa L.-H. Vo, and Jeremy M. Wolfe, "The Invisible Gorilla Strikes Again: Sustained Inattentional Blindness in Expert Observers," *Psychological Science* 24, no. 9 (2013): 1848–53. 感谢德鲁允许我在本书引用这个大猩猩的图像。

24. Helen Gurley Brown, *Sex and the Office* (1964), Kindle version, location 1426. 引用自 Tamar Lewin 的一篇文章，"Sexual Harassment in the Workplace: A Grueling Struggle for Equality," *New York Times,* November 9, 1986.

25. Lewin, "Sexual Harassment in the Workplace."

26. Lin Farley, "I Coined the Term 'Sexual Harassment.' Corporations Stole It," *New York Times,* October 17, 2018

27. Brooke Gladstone, "Sexual Harassment, Revisited," *On the Media*, WNYC radio, October 27, 2017, https://www.wnyc.org/story/sexual-harassment-revisited/?tab=transcript.

28. Farley, "I Coined the Term 'Sexual Harassment.'"

29. Stephen Davies, "The Great Horse-Manure Crisis of 1894," Fee, September 1, 2004, https://fee.org/articles/the-great-horse-manure-crisis-of-1894/.

30. Elizabeth Kolbert, "Hosed: Is There a Quick Fix for the Climate?," *The New Yorker,* November 8, 2009.

31. 引用以及细节来自 2019 年 1 月的采访和 2019 年 5 月的通信。

32. 2016 年 OECD 国家剖宫产率（每 1 000 名安全出生的新生儿），https://www.statista.com/statistics/283123/cesarean-sections-in-oecd-countries/.

33. Agência Nacional de Saúde Suplementar (Brasil), *Cartilha nova organização do cuidado ao parto e nascimento para melhores resultados de saúde: Projeto Parto Adequado—fase 1,* Agência Nacional de Saúde Suplementar, Sociedade Beneficente Israelita Brasileira Hospital Albert Einstein, Institute for Healthcare Improvement. Rio de Janeiro: ANS, 2016, 11.

34. Olga Khazan, "Why Most Brazilian Women Get C-Sections," *The Atlantic,* April 14, 2014, https://www.theatlantic.com/health/archive/2014/04/why-most-brazilian-women-get-c-sections/360589/. Also: https://www.thestar.com/news/world/2015/10/07/luxury-birthing-spawns-caesarean-section-epidemic-in-brazil.html.

35. 2015 年 7 月对保罗 · 伯伦的采访，以及 Marina Lopes, "Brazilian Women Are Pushing Back Against Rampant C-sections," Vice, December 7, 2016, https://www.vice.com/en_us/article/9a38g8/brazil-c-sections-natural-births.

36. Khazan, "Why Most Brazilian Women Get C-Sections."

37. C. C. Palma and T. M. S. Donelli, "Violência Obstétrica em Mulheres Brasileiras," *Psico* 48, no. 3 (2017): 216–30, table 3.

38. *Denúncia da Parto do Princípio motiva Ação do Ministério Público Federal*, Parto de Princípio website, https://www.partodoprincipio.com.br/den-ncia—altas-taxas-de-ces-reas.
39. “Reducing Health Inequities in Brazil,” Institute for Healthcare Improvement, http://www.ihi.org/communities/blogs/reducing-health-inequities-in-brazil-institutional-racism-and-the-effects-on-maternal-outcomes.
40. 2015年7月对保罗·伯伦的采访，以及2015年12月3日对乔尔·巴伦德的采访。“Changing Culture, Changing Care: Reducing Elective C-Section Rates in Brazil,” http://www.ihi.org/communities/blogs/_layouts/15/ihi/community/blog/itemview.aspx?List=7d1126ec-8f63-4a3b-9926-c44ea3036813&ID=179.
41. 引自2019年9月与保罗·伯伦的邮件往来。“NICUs After Elective C-section,” Clinical Perinatology 35, no. 2 (June 2008): 373–vii, doi: 10.1016/j.clp.2008.03.006.
42. Joelle Baehrend, “Changing Culture, Changing Care: Reducing Elective C-Section Rates in Brazil,” IHI blog, December 3, 2015.
43. 2018年11月20日对保罗·伯伦的采访。
44. Pedro Delgado, Paulo Borem, and Rita Sanchez, “The Birth of the Parto Adequado Collective in Brazil,” Presentation for Institute for Healthcare Improvement National Forum 2015, Orlando, Florida, http://app.ihi.org/FacultyDocuments/Events/Event-2613/Presentation-12655/Document-10253/Presentation_C11_Collaborative_to_Reduce_CSection_Rates_in_Brazil.pdf.
45. Agência Nacional de Saúde Suplementar (Brasil), *Cartilha nova organização do cuidado ao parto e nascimento para melhores resultados de saúde: Projeto Parto Adequado—fase 1,* 33; 35 hospitals: “Parto Adequado” project website, Agencia Nacional de Saúde Suplementar, accessed September 7, 2019: http://www.ans.gov.br/gestao-em-saude/parto-adequado.
46. Agência Nacional de Saúde Suplementar (Brasil), *Cartilha nova organização do cuidado ao parto e nascimento para melhores resultados de saúde: Projeto Parto Adequado—*

fase 1, 34.

47. “适当分娩项目”网址，Agencia Nacional de Saúde Suplementar, http://www.ans.gov.br/gestao-em-saude/parto-adequado, accessed September 7, 2019.

48. 同上。

49. 2019 年 9 月与佩德罗·德尔加多的交流。

50. “Brazil-Healthcare,” International Trade Administration, US Department of Commerce, https://www.export.gov/article?id=Brazil-Healthcare, accessed September 19, 2019. 此处显示是 6 300 家医院：https://thebrazilbusiness.com/article/healthcare-industry-in-brazil.

51. 2018 年 12 月对杰奎琳·托雷斯的采访。

52. 2018 年 11 月对丽塔·桑切斯的采访。

53. 这一观点要感谢麻省理工学院的高级讲师史蒂夫·斯皮尔，他帮助组织建立学习和改进的文化。他说过的一些话让我印象深刻：改进工作始于“难以忍受的挫折”。

第 3 章　缺乏责任心：这个问题轮不到我来解决

1. Richard Todd, “The Sustainable Industrialist: Ray Anderson of Interface,” *Inc.*, November 6, 2016, https:// www.inc.com/magazine/20061101/green50_industrialist.html.

2. 同上。

3. https://www.interface.com/US/en-US/about/mission/The-Interface-Story-en_US.

4. 安德森出生于佐治亚州西点市。引自 Ray Anderson, *Mid-course Correction. Toward a Sustainable Enterprise: The Interface Model* (White River Junction, VT: Chelsea Green, 1998), 23. 凭借足球奖学金入读佐治亚理工学院：同上，第 24 页。进入地毯行业摸爬滚打：在创立英特飞之前，在 Deering-Milliken 和 Callaway Mills 公司工作约 14 年 : https://www.raycandersonfoundation.org/biography.

5. Anderson, *Mid-course Correction,* 29.

6. David Grayson, Chris Coulter, and Mark Lee, *All In: The Future of Business Leadership* (New York: Routledge, 2018), 138.

7. Anderson, *Mid-course Correction,* 36.

8. https://www.interface.com/US/en-US/about/mission/The-Interface-Story-en_US. 时年38岁……将地毯砖大规模引入美国：Anderson, *Mid-course Correction,* 28, 34. 准确来说，英特飞刚成立时其实是两个不同的实体，这两个实体的名字后来都被弃用了。为了简化起见，我们将其称为英特飞。

9. Grayson, Coulter, and Lee, *All In,* 132.

10. 2018年11月对康妮·汉斯勒的采访和通话记录。

11. Grayson, Coulter, and Lee, *All In,* 133–34.

12. Paul Hawken, *The Ecology of Commerce: A Declaration of Sustainability* (New York: Harper- Collins, 1993).

13. Paul Vitello, "Ray Anderson, Businessman Turned Environmentalist, Dies at 77," *New York Times,* August 10, 2011.

14. Anderson, *Mid-course Correction,* 40.

15. Charles Fishman, "Sustainable Growth—Interface, Inc.," *Fast Company,* March 31, 1998, http://www.fastcompany.com/33906/sustainable-growth-interface-inc. Also: interview with Connie Hensler, November 2018, call notes. Nylons are plastics: https://www.explainthatstuff.com/nylon.html.

16. 2018年12月与珍妮·福雷斯特的书信沟通。

17. World Health Organization, "Fact Sheet: Tobacco," https://www.who.int/news-room/fact-sheets/detail/tobacco.

18. D. T. Miller, D. A. Effron, and S. V. Zak, "From Moral Outrage to Social Protest: The Role of Psychological Standing," in D. Ramona Bobocel, Aaron C. Kay, Mark P. Zanna, and James M. Olson, eds., *The Psychology of Justice and Legitimacy* (New York: Psychology Press, 2010), 117–38.

19. A. Shelness and S. Charles, "Children as Passengers in Automobiles: The Neglected Minority on the Nation's Highways," *Pediatrics* 56, no. 2 (1975): 271–84.

20. A. Shelness and S. Charles, "Children as Passengers," 271.

21. 同上。

22. J. Hedlund, S. H. Gilbert, K. A. Ledingham, and D. F. Preusser, *How States Achieve High Seat Belt Use Rates*. US Department of Transportation, National Transportation Safety Administration, August 2008, publication no. HS–810 962, https://crashstats.nhtsa.dot.gov/Api/Public/ViewPublication/810962. Most didn't use seat belts: A. Shelness and S. Charles, "Children as Passengers," 271.

23. https://crashstats.nhtsa.dot.gov/Api/Public/ViewPublication/810962; A. Shelness and S. Charles, "Children as Passengers," 272.

24. A. Shelness and S. Charles, "Children as Passengers," 272.

25. A. Shelness and S. Charles, "Children as Passengers," 282.

26. 哈佛大学公共卫生教授戴维·海明威在《当我们睡觉时：成功预防伤害和暴力的故事》（*While We Were Sleeping: Sucess Stories in Injury and Violence Prevention*, Berkeley and Los Angeles, CA: University of California Press, 2009）一书中写道，发表于《儿科学》上的那篇文章"为全美的儿科医生和倡导者敲响了警钟"。

27. Robert Grayson, "Robert S. Sanders, MD: Interviewed by Robert Grayson, MD," Oral History Project, Pediatric History Center, American Academy of Pediatrics, April 20, 2004, 33. 感谢拉里·科恩建议我了解这个故事。

28. 同上。

29. 2018 年 9 月对帕特·桑德斯的采访。

30. 2018 年 9 月对帕特·桑德斯的采访；Robert Sanders Jr., *Dr. Seat Belt: The Life of Robert S. Sanders, MD, Pioneer in Child Passenger Safety* (Armstrong Valley: 2008).

31. Robert Grayson, "Robert S. Sanders," 31, 32.

32. 2018 年 9 月对帕特·桑德斯的采访。

33. 同上。

34. House and Senate journals of the State of Tennessee's General Assembly (1977).

35. Bill Mitchell, "Is Your Child Riding in a Safe Seat?" *Tennessean,* July 16, 1978.

36. Robert Grayson, "Robert S. Sanders."

37. Mitchell, "Is Your Child Riding in a Safe Seat?"

38. Robert Grayson, "Robert S. Sanders."

39. Larry Daughtrey, "Child Death Told at Auto Hearing," *Tennessean,* February 18, 1981.

40. Associated Press, "Youngsters Fight Car Safety Seats: Troopers," *Tennessean,* October 29, 1980.

41. Larry Daughtrey, "House Passes Bill Closing Loophole in Child Seat Law," *Tennessean,* March 5, 1981.

42. J. Y. Bae, E. Anderson, D. Silver, and J. Macinko, "Child Passenger Safety Laws in the United States, 1978–2010: Policy Diffusion in the Absence of Strong Federal Intervention," *Social Science & Medicine* 100 (2014): 30–37, table 2.

43. S.P. Teret, A.S. Jones, A. F. Williams, and J. K. Wells, "Child Restraint Laws: An Analysis of Gaps in Coverage," *American Journal of Public Health* 76, no. 1 (1986): 31–34, 31.

44. National Center for Statistics and Analysis, Occupant protection in passenger vehicles. *Traffic Safety Facts 2016,* Report No. DOT HS 812 494 (Washington, DC: National Highway Traffic Safety Administration, 2018), 7, table 6.

45. 安德森的顿悟和启动演讲的故事，*Mid-course Correction,* 39–40.

46. Vitello, "Ray Anderson, Businessman Turned Environmentalist, Dies at 77."

47. David Grayson, Chris Coulter, and Mark Lee, *All In: The Future of Business Leadership* (New York: Routledge, 2018), 132.

48. Anderson, *Mid-course Correction,* 43.

49. 锅炉 / 排放的细节、收入增加，以及"第一笔 2 亿美元"引自 Charles Fishman, "Sustainable Growth—Interface, Inc.," *Fast Company,* March 31, 1998, http:// www.

fastcompany.com/33906/sustainable-growth-interface-inc.

50. 2018年11月对戴维·格尔森的采访，00:14:20；2018年11月对康妮·汉斯勒的采访及通话记录。1997年雷·安德森的讲话，https://youtu.be/Uos8SQi9Vqc?t=1277. Mission Zero: https://www.interface.com/EU/en-GB/about/index/Mission-Zero-en_GB#.
51. https://www.interface.com/EU/en-GB/about/index/Mission-Zero-en GB#; Gray, Coulter, and Lee, *All In,* xvi.
52. 2019 年 1 月对埃里克 · 纳尔逊的采访。
53. Gray, Coulter, and Lee, *All In,* xvii.
54. 2015 年 10 月对戴维 · 格尔森的采访。
55. 化石燃料和水的使用量的统计数据，以及安德森对英特飞进展的评估均引自 Cornelia Dean, "Executive on a Mission: Saving the Planet," *New York Times,* May 22, 2007, http:// www.nytimes.com/2007/05/22/science/earth/22ander.html.
56. Vitello, "Ray Anderson, Businessman Turned Environmentalist, Dies at 77."
57. Grist staff, "Paul Hawken Pays Tribute to Green-Biz Visionary Ray Anderson," Grist, August 13, 2011, https://grist.org/sustainable-business/2011-08-12-paul-hawken-pays-tribute-to-green-biz-visionary-ray-anderson/.
58. 2015年12月对米丽亚姆·特纳的采访。Also: http://net-works.com/about-net-works/locations/philippines/; https://www.econyl.com/blog/architecture-design/net-works-fishing-nets-arrived-in-ajdovscina-for-regeneration/; https://www.youtube.com/watch?time_continue=10&v=1HCfLMVgub8.
59. 通过对彭博新闻社的 TILE 与标准普尔 500 指数（1993 年 12 月 31 日—2018 年 12 月 31 日）的计算。
60. 2019 年 2 月对珍妮 · 福雷斯特的采访，2019 年 3 月通过电子邮件跟进。"道恩"和"艾伦"的对话来自福雷斯特的回忆。

第 4 章　隧道视野：我现在没法处理这个问题

1. 约翰 · 汤普森于 2018 年 11 月 21 日对作者调查的答复。

2. 里奇 · 马里萨于 2018 年 11 月 20 日对作者调查的答复；2019 年 1 月对马里萨的采访。

3. Sendhil Mullaina than and Eldar Shafir, *Scarcity: Why Having Too Little Means So Much* (New York: Henry Holt, 2013), 28.

4. 同上。

5. 同上，117。

6. 2019年1月对安妮塔·塔克的采访。原始研究参见Anita L. Tucker, Amy C. Edmondson, and Steven Spear, "When Problem Solving Prevents Organizational Learning," *Journal of Organizational Change Management* 15, no. 2, (2002): 122–37.

7. Risha Sikka, Kate Kovich, and Lee Sacks, "How Every Hospital Should Start the Day," *Harvard Business Review,* December 5, 2014, https://hbr.org/2014/12/how-every-hospital-should-start-the-day.

8. Dan Gilbert, "If Only Gay Sex Caused Global Warming," *Los Angeles Times,* July 2, 2005, http://articles.latimes.com/2006/jul/02/opinion/op-gilbert2.

9. Mario J. Molina and F. S. Rowland, "Stratospheric Sink for Chlorofluoromethanes: Chlorine Atom-Catalysed Destruction of Ozone," *Nature* 249 (1974), 810–12, https://www.nature.com/articles/249810a0.

10. Wendy Becktold, "'Ozone Hole' Shows That We Avoided Planetary Disaster Before," Sierra Club, April 10, 2019, https://www.sierraclub.org/sierra/ozone-hole-shows-we-avoided-planetary-disaster-before-pbs-documentary.

11. 来自 PBS 纪录片 *Ozone Hole: How We Saved the Planet,* 2019, https://www.pbs.org/show/ozone-hole-how-we-saved-planet/.

12. 同上，同时参见Justin Gillis, "The Montreal Protocol, a Little Treaty That Could," *New York Times,* December 9, 2013, https://www.nytimes.com/2013/12/10/science/

the-montreal-protocol-a-little-treaty-that-could.html.

13. 同上。

14. PBS, *Ozone Hole: How We Saved the Planet,* https://www.pbs.org/show/ozone-hole-how-we-saved-planet/ at 00:11:50.

15. Sean Davis, "Lessons from the World Avoided," TEDxTalk, October 11, 2017, https://www.youtube.com/watch?v=sTCnJa_P8xY at 00:08:17.

16. Brad Plumer, "The Ozone Layer Is On Pace for a Full Recovery by 2050, Scientists Say," Vox, September 10, 2014, https://www.vox.com/2014/9/10/6132991/ozone-layer-starting-to-recover.

17. Ben Casselman, "Everyone Files Their Taxes at the Last Minute," FiveThirtyEight, April 15, 2016, https://fivethirtyeight.com/features/everyone-files-their-taxes-at-the-last-minute/.

18. Shari Roan, "F. Sherwood Rowland Dies at 84; UC Irvine Professor Won Nobel Prize," *Los Angeles Times,* March 12, 2012, https://www.latimes.com/local/obituaries/la-me-sherwood-rowland-20120312-story.html.

19. "Gloria's Shock," *All in the Family,* season 5, episode 7, 1974; Stephen O. Anderson and K. Madhava Sarma, *Protecting the Ozone: The United Nations History* (London: Earthscan, 2012), 375.

20. PBS, *Ozone Hole: How We Saved the Planet,* April 10, 2019.

21. Sebastian Grevsmühl, "Revisiting the 'Ozone Hole' Metaphor: From Observational Window to Global Environmental Threat," *Environmental Communication* 12, no. 1 (2018): 71–83.

22. Kerri Smith, "Past Cast: Discovering the Ozone Layer Hole," *Nature,* May 31, 2019, https:// www.nature.com/articles/d41586-019-01582-z#MO0.

23. 同上。

24. PBS, *Ozone Hole: How We Saved the Planet,* April 10, 2019.

25. James Maxwell and Forest Briscoe, "There's Money in the Air: The CFC Ban and

DuPont's Regulatory Strategy," *Business Strategy and the Environment* 6, no. 5 (1998): 276–86, 282.

26. Richard E. Benedick, "Human Population and Environmental Stress in the Twenty-First Century," *Environmental Change & Security Project Report* 6 (2000): 5–18, 13.
27. PBS, *Ozone Hole: How We Saved the Planet,* April 10, 2019.
28. Guy Darst, "Hodel Offends Environmentalists with Lotion-and-Hats Policy," *Associated Press,* May 30, 1987, https://www.apnews.com/006054380f941f9735f0fb0201ef2056.
29. PBS, *Ozone Hole: How We Saved the Planet,* at 00:33:20, April 10, 2019.
30. Davis, "Lessons from the World Avoided," TEDxTalk, https://www.youtube.com/watch?v=sTCnJa_P8xY, 00:08:39.

第二部分　上游领导者需要解决的 7 个问题

第 5 章　如何团结合适的人

1. Inga Dóra Sigfúsdóttir, Planet Youth Workshop presentation, March 2019.
2. 2019 年 6 月对因加 · 朵拉 · 西格福斯多提的采访。
3. I.D. Sigfúsdóttir, A. L. Kristjánsson, T. Thorlindsson, and J. P. Allegrante, "Trends in Prevalence of Substance Use Among Icelandic Adolescents, 1995–2006," *Substance Abuse Treatment, Prevention, and Policy* 3, no. 1 (2008), 12; Inga Dóra Sigfúsdóttir, Planet Youth Workshop presentation, March 2019, graph, p. 35.
4. 同上。
5. Mayor Dagur Eggertsson, Planet Youth Workshop lecture, March 2019.
6. European School Survey Projection Alcohol and Other Drugs (ESPAD), 1995 report, Eggertsson appendix II, 62 (p. 223 of document).

7. ESPAD report, 1995, 71.

8. 同上，第 67 页。

9. Sigfúsdóttir, Kristjánsson, Thorlindsson, and Allegrante, "Trends in Prevalence of Substance Use," 21; Inga Dóra Sigfúsdóttir, Planet Youth Workshop presentation, March 2019, graph, p. 11. Concerned leaders: *Drug-free Iceland Final Report,* May 2003, https://www.landlaeknir.is/servlet/file/store93/item10661/IAE_final2003.pdf.

10. *Drug-free Iceland Final Report,* 7, https://www.landlaeknir.is/servlet/file/store93/item10661/IAE_final2003.pdf.

11. 同上。

12. Andie Fontaine, "Population Figures: ReykvikingarVastly Outnumber Other Icelanders," *Reykjavík Grapevine,* January 29, 2019, https://grapevine.is/news/2019/01/28/population-figures-reykvikingar-vastly-outnumber-other-icelanders/.

13. Comparea, http:// www.comparea.org/ISL+US_KY.

14. Inga Dóra Sigfúsdóttir, Planet Youth Workshop lecture, March 2019；2019 年 1 月对阿尔菲 · 克里斯蒂安森的采访。

15. 2019 年 6 月对因加 · 朵拉 · 西格福斯多提的采访。

16. Sigfúsdóttir, Kristjánsson, Thorlindsson, and Allegrante, "Trends in Prevalence of Substance Use," 12; friends who drink/smoke: I. D. Sigfúsdóttir, T. Thorlindsson, Á. L. Kristjánsson, K. M. Roe, and J. P. Allegrante, "Substance Use Prevention for Adolescents: The Icelandic Model," *Health Promotion International* 24, no. 1 (2008): 16–25, 17, 24.

17. 同上，第 24 页。

18. Sigfúsdóttir, Kristjánsson, Thorlindsson, and Allegrante, "Trends in Prevalence of Substance Use," 12.

19. 同上，第 8、12 页。

20. Planet Youth Workshop presentation, March 2019, at 00:16:56–19:16.
21. Sigfúsdóttir, Kristjánsson, Thorlindsson, and Allegrante, "Trends in Prevalence of Substance Use," 12.
22. *Drug-free Iceland Final Report,* May 2003, 23–26, https://www.landlaeknir.is/servlet/file/store93/item10661/IAE_final2003.pdf.
23. 与因加 · 朵拉 · 西格福斯多提的私下交流。
24. 2019 年 3 月对因加 · 朵拉 · 西格福斯多提的采访。
25. *Drug-free Iceland Final Report,* 23.
26. 同上；2019 年 3 月对因加 · 朵拉 · 西格福斯多提的采访。
27. 2019 年 3 月对因加 · 朵拉 · 西格福斯多提的采访。
28. Sigfúsdóttir, Thorlindsson, Kristjánsson, Roe, and Allegrante, "Substance Use Prevention for Adolescents," 22; *Drug-free Iceland Final Report,* 23; interview with Inga Dóra Sigfúsdóttir, March 2019.
29. BBC News, "How Iceland Saved Its Teenagers," December 3, 2017, https://www.youtube.com/watch?v=cDbD_JSCrNo.
30. Biography: Metropolitan State University of Denver, MSU Denver Experts Guide, "Harvey Milkman," https://www.msudenver.edu/experts/allexperts/milkman-harvey.shtml.
31. 2019 年 3 月对哈维 · 米尔克曼的采访。
32. Emma Young, "Iceland Knows How to Stop Teen Substance Abuse, But the Rest of the World Isn't Listening," *Mosaic Science,* January 17, 2017, https://mosaicscience.com/story/iceland-prevent-teen-substance-abuse/; Margret-Lilja-Gudmundsdottir, Planet Youth workshop presentation, March 2019, 16–17.
33. Margret-Lilja-Gudmundsdottir, Planet Youth Workshop presentation, March 2019.
34. Young, "Iceland Knows How to Stop Teen Substance Abuse."
35. ICSRA website, Youth in Iceland survey, http://www.rannsoknir.is/en/youth-in-iceland/.

36. *Drug-free Iceland Final Report,* 9.

37. Sigfúsdóttir, Thorlindsson, Kristjánsson, Roe, and Allegrante, "Substance Use Prevention for Adolescents," 22.

38. 同上，第21页；Inga Dóra Sigfúsdóttir, Planet Youth Workshop presentation, March 2019, graph, p. 31.

39. Sigfúsdóttir, Thorlindsson, Kristjánsson, Roe, and Allegrante, "Substance Use Prevention for Adolescents," 22; Inga Dóra Sigfúsdóttir, Planet Youth Workshop presentation, March 2019.

40. Inga Dóra Sigfúsdóttir, Planet Youth Workshop presentation, March 2019; Sigfúsdóttir, Kristjánsson, Thorlindsson, and Allegrante, "Trends in Prevalence of Substance Use," 12.

41. 2019 年 3 月对哈维 · 米尔克曼的采访；2019 年 3 月对因加 · 朵拉 · 西格福斯多提的采访。

42. Q&A, Planet Youth website, https://planetyouth.org/the-method/qa/.

43. 2019 年 3 月对因加 · 朵拉 · 西格福斯多提的采访。

44. 邓恩加入反家庭暴力工作：所有的引用均来自 2018 年 10 月对凯莉 · 邓恩的采访。一些细节则来自雷切尔 · 路易丝 · 斯奈德。Rachel Louise Snyder, "A Raised Hand," *The New Yorker,* July 15, 2013, 35.

45. 该中心最初的名字是"妇女危机中心"，后来以附近普拉姆岛上一家酒店的老板珍妮 · 盖格的名字命名，她死于一次离奇的坠落事件。在她死后，她的家人向该中心捐赠了 100 万美元以纪念她；https://jeannegeigercrisiscenter.org/about-us/who-is-jeanne-geiger/; http://archive.boston.com/news/local/articles/2005/02/27/fatal_fall_stirs_more_questions/.

46. Description of Dorothy Giunta- Cotter's death in Snyder, "A Raised Hand," 34.

47. 2018 年 10 月对凯莉 · 邓恩的采访。

48. 杰奎琳 · 坎贝尔从事家庭暴力研究工作。2018 年 10 月对杰奎琳 · 坎贝尔的采访。

49. E. Petrosky, J. M. Blair, C. J. Betz, K. A. Fowler, S. P. Jack, and B. H. Lyons, “Racial and Ethnic Differences in Homicides of Adult Women and the Role of Intimate Partner Violence: United States, 2003–2014,” *Morbidity and Mortality Weekly Report* 66, no. 28 (July 21, 2017): 741–46.
50. 2018 年 10 月对杰奎琳 · 坎贝尔的采访。
51. J. Campbell, D. Webster, and N. Glass, “The Danger Assessment: Validation of a Lethality Risk Assessment Instrument for Intimate Partner Femicide,” *Journal of Interpersonal Violence* 24 (2009): 653–74.
52. Danger Assessment questionnaire (2018 version), https://www.dangerassessment.org/uploads/DA_2018%20pdf.pdf.
53. 2018 年 10 月对凯莉 · 邓恩的采访。
54. Snyder, “A Raised Hand,” 37.
55. 同上。
56. 2018 年 10 月对罗伯特（博比）· 怀尔的采访。
57. 2018 年 10 月对凯莉 · 邓恩的采访。
58. 2018 年 10 月对罗伯特（博比）· 怀尔的采访。
59. 同上。
60. Jeanne Geiger Crisis Center promotional video,*Doug Gaudette: DV Advocacy,* https://vimeo.com/117406066.
61. Domestic Violence High Risk Team website, http://dvhrt.org/impact. Numbers for first 12 years (2005–2017).
62. Dave Rogers, “Stats Show Need for Domestic Violence Team,” (*Newburyport*) *Daily News,* November 2, 2013, https://www.newburyportnews.com/news/local_news/stats-show-need-for-domestic-violence-team/article_e86 c086b-6f3b-530a-84a2-0a237bbeb7a8.html；2019 年 6 月 13 日与凯莉 · 邓恩的沟通。
63. 与凯莉 · 邓恩的沟通和采访。凯莉 · 邓恩在 2019 年 6 月的一封邮件中表示：“在团队成立之前，10 年间有 8 例与家庭暴力相关的死亡案例，全部发生在马萨诸塞州的埃姆斯伯里镇。埃姆斯伯里毗邻纽伯里波特，是‘家庭暴力高风险团队’所涉社区之一。自团队成立以来，在‘家庭暴力高风险团队’覆盖的所有社区（包括埃姆斯伯里）没有发生任何一起与家庭暴力相关的杀人案。2014 年，马萨诸塞州索尔兹伯里的一名警察在一名嫌疑人试图杀妻后开枪打死了他，不过我们不认为这是一起与家庭暴力相关的谋杀。”

64. 2019 年 3 月对乔 · 麦卡侬的采访。

65. 麦卡侬是 Billions 研究所的共同创始人，曾是医疗保险和医疗补助创新中心学习与传播部门的主任。他之前领导了一个叫作“抢救 10 万生命大作战”（100 000 Lives Campaign）的项目，帮助提升医疗的安全性：“Overview of the 100,000 Lives Campaign,” https://www.ihi.org/Engage/Initiatives/Completed/5MillionLives Campaign/Documents/Overview%20of%20the%20100K%20 Campaign.pdf.

66. US Interagency Council on Homelessness, “Mayor’s Challenge to End Veteran Homelessness,” https://www.usich.gov/solutions/collaborative-leadership/mayors-challenge/.

67. 2018 年 11 月对拉里 · 莫里西的采访。

68. Conor Dougherty, “Crisis Plus Five: Welcome to Rockford, the Underwater Mortgage Capital of America,” *Wall Street Journal,* September 7, 2013.

69. US Census Quick Facts, https:// www.census.gov/quickfacts/rockfordcityillinois.

70. 2018 年 10 月对拉里 · 莫里西的采访。

71. 2018 年 11 月对拉里 · 莫里西的采访。

72. 同上。

73. 2018 年 10 月对拉里 · 莫里西的采访。

74. Erica Snow, “A City Solves Veteran Homelessness,” *Wall Street Journal,* December 5, 2018.

75. 2018 年 11 月对詹妮弗 · 耶格的采访。

76. 对耶格办公室的描述来自作者 2018 年 11 月参观办公室时的观察。

77. 2018 年 10 月对拉里 · 莫里西的采访。

78. Community Solutions, "Housing First: The Cheapest, Most Effective Solution to Homelessness," https://www.community.solutions/sites/default/files/housingfirstfact sheet-zero2016.pdf.

79. 2018 年 11 月对詹妮弗 · 耶格的采访。

80. 2018 年 11 月对安吉 · 沃克的采访。

81. US Department of Housing and Urban Development, "PIT and HIC Guides, Tools and Webinars," https:// www.hudexchange.info/programs/hdx/guides/pit-hic/#general-pit-guides-and-tools.

82. 2018 年 11 月对安吉 · 沃克的采访。

83. 同上。

84. 2018 年 11 月对拉里 · 莫里西的采访。

85. 2018 年 11 月对詹妮弗 · 耶格的采访。

86. 2018 年 10 月对贝丝 · 桑德尔的采访。

87. 2018 年 11 月对安吉 · 沃克的采访。156 名老兵被安置的故事来自 2018 年 11 月对詹妮弗 · 耶格的采访。

88. 2018 年 11 月对安吉 · 沃克的采访。青少年无家可归人口：2018 年 11 月对詹妮弗 · 耶格的采访。

89. 2018 年 11 月对安吉 · 沃克的采访。

90. 2018 年 11 月对詹妮弗 · 耶格和安吉 · 沃克的采访。

91. 同上。罗克福德是该州和全美驱逐率最高的城市之一。在"驱逐实验室"（Eviction Lab）的美国大型城市驱逐率排名中，罗克福德位列前 50 名：Eviction Lab, "Eviction Rankings," https://evictionlab.org/rankings/#/evictions?r=United%20States&a=0&d=evictionRate&l=50.

92. 2019 年 5 月与詹妮弗 · 耶格的邮件往来。

93. 2018 年 11 月对安吉 · 沃克的采访。

94. 2019 年 6 月对詹妮弗 · 耶格的采访。

第 6 章　如何改变系统

1. 2019 年 4 月对安东尼 · 伊顿的采访。
2. Anthony Iton, "Change the Odds for Health," TEDxSanFrancisco, November 4, 2016, https://www.youtube.com/watch?v=0H6yte4RXx0.
3. Suzanne Bohan and Sandy Kleffman, "Day I: Three East Bay ZIP Codes, Life-and-Death Disparities," *East Bay Times,* December 2, 2009, https://www.eastbaytimes.com/2009/12/02/day-i-three-east-bay-zip-codes-life-and-death-disparities/. Assisted by Matt Beyers: https://www.eastbaytimes.com/2009/12/03/how-bay-area-news-group-examined-health-inequities-in-the-east-bay/.
4. Iton, "Change the Odds for Health."
5. Julie Washington, "Where You Live Determines How Long You Live," *Plain Dealer,* December 19, 2018, https://www.cleveland.com/healthfit/2018/12/where-you-live-determines-how-long-you-live.html.
6. 2018 年 11 月对安东尼 · 伊顿的采访。
7. Michael Krasny, "Tony Iton on How to Fix California's Health Care Gap," KQED, July 5, 2018, https:// www.kqed.org/forum/2010101866101/tony-iton-on-how-to-fix-californias-health-care-gap.
8. Iton, "Change the Odds for Health."
9. Noel Hynd, "Giant-Sized Confession: A Groundskeeper's Deeds," *Sports Illustrated,* August 29, 1988, https://www.si.com/vault/1988/08/29/118286/giant-sized-confession-a-groundskeepers-deeds.
10. 2018 年 11 月对安东尼 · 伊顿的采访。
11. "This Is Water," Kenyon College Commencement Address, 2005, https://fs.blog/2012/04/david-foster-wallace-this-is-water/.
12. Centers for Disease Control and Prevention (CDC), "Ten Great Public Health Achievements: United States, 1900–1999," *Morbidity and Mortality Weekly*

Report 48, no. 12 (1999): 241; Centers for Disease Control and Prevention (CDC), "Achievements in Public Health, 1900–1999: Fluoridation of Drinking Water to Prevent Dental Caries, *Morbidity and Mortality Weekly Report* 48 (1999): 933–40. J. O'Connell, J. Rockell, J. Ouellet, S. L. Tomar, and W. Maas, "Costs and Savings Associated with Community Water Fluoridation in the United States," *Health Affairs* 35, no. 12 (2016): 2224–32.

13. National Highway Traffic Safety Administration, "Motor Vehicle Traffic Fatalities and Fatality Rates, 1899–2017," 2019, https://cdan.nhtsa.gov/tsftables/tsfar.htm
14. 同上。List of improvements: Susannah Locke, "You're Less Likely to Die in a Car Crash Nowadays—Here's Why," Vox, April 6, 2014, https://www.vox.com/2014/4/2/5572648/why-are-fewer-people-dying-in-car-crashes.
15. National Highway Traffic Safety Administration, "Motor Vehicle Traffic Fatalities and Fatality Rates, 1899– 2017."
16. Federal Highway Administration, "High Friction Surface Treatments: Frequently Asked Questions," March 2014, https://www.fhwa.dot.gov/innovation/everydaycounts/edc-2/pdfs/fhwa-cai-14-019_faqs_hfst_mar2014_508.pdf.
17. 同上。
18. 来自 Bex Rad, "Our Secret's Out," *Medium,* September 6, 2016, https://medium.com/vanmoof/our-secrets-out-f21c1f03fdc8. 以及：May Bulman, "What Happened When a Bike Company Started Putting TVs on the Sides of Its Delivery Packages," *Independent,* September 25, 2016, https://www.independent.co.uk/news/world/europe/vanmoof-bikes-flatscreen-tv-huge-reduction-delivery-damages-printing-giant-tv-side-of-box-a7328916.html.
19. Charlie Shaw, "32 People Share the Funniest Thing They've Heard a Kid Say," *Thought Catalog,* April 15, 2014, https://thoughtcatalog.com/charlie-shaw/2014/04/32-people-share-the-funniest-thing-theyve-heard-a-kid-say/.
20. DonorsChoose, "Impact," https://www.donorschoose.org/about/impact.html,

accessed September 13, 2019.

21. 2019 年 8 月与查尔斯 · 贝斯特的书信交流。

22. 加州捐赠基金会,“建设健康社区”,https://www.calendow.org/building-healthy-communities/.

23. 同上。

24. 2018 年 11 月对安东尼 · 伊顿的采访。

25. 加州捐赠基金会,“建设健康社区”,https://www.calendow.org/building-healthy-communities/.

26. KFSN ABC 30, “#Parks4All Bus Ad Controversy,” 2015, https://www.youtube.com/watch?v=F_4q8yZRXG4.

27. KFSN ABC 30, “#Parks4All Initiative for More and Better Parks,” 2015, https://www.youtube.com/watch?v=asV3d6uYCrI.

28. Ezra David Romero, “City of Fresno Rejects Controversial Bus Banner,” KVPR, May 27, 2015, https://www.kvpr.org/post/city-fresno-rejects-controversial-bus-banner.

29. SuzanneBohan, *Twenty Years of Life: Why the Poor Die Earlier and How to Challenge Inequity* (Washington, DC: Island Press, 2018), Kindle edition, location 1334 of 4552.

30. George Hostetter, “Skate Park Is First Taste of City's Parks Pivot,” *Sun,* April 13, 2016, http://sjvsun.com/news/fresno/skate-park-is-first-taste-of-citys-parks-pivot/.

31. Tim Sheehan, “Some Fresno Schools Will Double as Parks on Weekends,” *Fresno Bee,* April 29, 2016, https://www.fresnobee.com/news/local/article74778512.html.

32. Tim Sheehan, “There's a Shortage of Parks in Southeast Fresno: One Group Steps Up with Plans to Help,” *Fresno Bee,* February 8, 2018, https://www.fresnobee.com/news/local/article 199207409.html.

33. California Climate Investments, “About California Climate Investments,” http://

www.caclimateinvestments.ca.gov/about-cci; TCC grants: California Strategic Growth Council, "Transform Fresno: Transformative Climate Communities," and, http://sgc.ca.gov/programs/tcc/docs/20190201-TCC_Awardee_Fresno.pdf.

34. Johnny Magdaleno, "How This Community Fought for $70 Million in Cleanup Funds—and Won," Next City, August 13, 2018, https://nextcity.org/features/view/how-this-community-fought-for-70-million-in-cleanup-funds-and-won.

35. 2019 年 1 月对萨拉 · 雷耶斯的采访。

36. Brianna Calix, "How Much Good Can Be Done in Five Years with $66 Million in Southwest Fresno?" *Fresno Bee,* February 26, 2019, https://www.fresnobee.com/article226807669.html.

37. Brianna Calix, "Teen's Data Shows Air Quality Is Worse in South Fresno. He's Taking His Work to Schools," *Fresno Bee,* December 17, 2018, https://www.fresnobee.com/news/local/article222580890.html.

38. Central Valley Health Policy Institute, "Community Benefits Needs Assessment in South Fresno," California State University, Fresno, 2017, http://www.fresnostate.edu/chhs/cvhpi/documents/Community%20Benefits%20Report%20CVHPI%208-3.pdf.

39. 来自 2019 年 9 月安东尼 · 伊顿提供的材料。

40. 2019 年 4 月对安东尼 · 伊顿的采访。

41. Tracy Vanderneck, "Does the Nonprofit Industry Have an Employment Problem?," *NonProfit PRO,* May 18, 2017, https://www.nonprofitpro.com/post/nonprofit-industry-employment-problem/.

42. 2019 年 4 月对桑德拉 · 凯勒登的采访。

第 7 章　在哪里找到抓手

1. Steven Gray, "Chicago Confronts a Crime Wave," *Time,* August 3, 2008, http://

content.time.com/time/nation/article/0,8599,1828287,00.html.

2. 关于“芝加哥大学犯罪实验室”成立的背景知识来自 2018 年和 2019 年对延斯 · 路德维格和罗丝安娜 · 安德的多次采访，以及 2018 年 8 月对哈罗德 · 波拉克的采访。还参考了 University of Chicago Urban Labs, “Our Approach,” https://urbanlabs.uchicago.edu/about.

3. 同上。还参考了 University of Chicago Crime Lab, “Testimony of Harold Pollack, PhD, March 13, 2013,” https://blogs.chicagotribune.com/files/mandatory-minimums-testimony20130313.pdf.

4. 2018 年 3 月对罗丝安娜 · 安德的采访。

5. 2018 年 8 月对哈罗德 · 波拉克的采访。

6. Rob Waters, “A Conversation with Tony D: How ‘Becoming a Man’ Got to the White House,” *Forbes,* March 9, 2016, https://www.forbes.com/sites/robwaters/2016/03/09/a-conversation-with-tony-d-how-becoming-a-man-got-to-the-white-house/#5c0f2e81666b.

7. 2018 年 8 月对托尼 · D 的采访。

8. S. B. Heller, A. K. Shah, J. Guryan, J. Ludwig, S. Mullainathan, and H. A. Pollack, “Thinking, Fast and Slow? Some Field Experiments to Reduce Crime and Dropout in Chicago,” *Quarterly Journal of Economics* 132, no. 1 (2017): 1–54, 3.

9. 2018 年8 月8 日对托尼 · D 的采访，00:14:30, 00:17:30；J. Lansing and E. Rapoport, *Bolstering Belonging in BAM and Beyond: Youth Guidance's Becoming a Man (BAM) Program Components, Experiential Processes, and Mechanisms,* a Report to Youth Guidance (Chicago: Chapin Hall at the University of Chicago, 2016), 43–44.

10. J. Lansing and E. Rapoport, *Bolstering Belonging in BAM and Beyond,* 44.

11. 同上，第 63 页。

12. 2018 年 8 月对延斯 · 路德维格的采访。

13. S. B. Heller, A. K. Shah et al., “Thinking, Fast and Slow?,” 1–54.

14. 2018 年 8 月对“青年指导”小组的采访。

15. S. B. Heller, A. K. Shah, et al., "Thinking, Fast and Slow?," 8.
16. 2018 年 8 月 8 日对哈罗德 · 波拉克的采访。
17. RCT results from S. B. Heller, A. K. Shah, et al., "Thinking, Fast and Slow?," 20.
18. 2018 年 8 月对哈罗德 · 波拉克的采访。
19. S. B. Heller, A. K. Shah, et al., "Thinking, Fast and Slow?," 2.
20. From Chip Heath and Dan Heath, *Decisive: How to Make Better Choices in Life and Work* (New York: Random House, 2013), 70.
21. Kaiser Permanente Institute for Health Policy, "Saving Lives Through Better Sepsis Care," *Kaiser Permanente Policy Story,* 1, no. 4 (2012), https:// www.kpihp.org/wp-content/uploads/2019/03/KP-Story-1.4-Sepsis-Care.pdf.
22. Corgan, "About Corgan," https://www.corgan.com/about-corgan/. Anticipate: Robin Young and Jack Mitchell, "40 Years in 5 Minutes: Age Simulation Suit Aims to Increase Empathy in Building Design," WBUR, June 3, 2019, https://www.wbur.org/hereandnow/2019/06/03/age-simulation-suit.
23. 芝加哥估计有 2 716 540 人；City of Chicago, "Facts & Statistics," https://www.chicago.gov/city/en/about/facts.html, accessed October 2019.
24. Jens Ludwig, "Crime in Chicago: Beyond the Headlines," presentation to the City Club of Chicago, January 29, 2018.
25. Philip J. Cook and Jens Ludwig, *Gun Violence: The Real Cost* (New York: Oxford University Press, 2000), 112. 注释：书中提到的是 100 万美元，但这个数字是 1998 年的价格，按 2018 年的价格水平折算相当于大概 150 万美元。
26. 2018 年 3 月对罗丝安娜 · 安德的采访。还参考 Patrick Smith, "A Program Gives Jobs to Those Most at Risk for Violence: Can Chicago Afford It?," NPR, June 6, 2019, https:// www.npr.org/local/309/2019/06/06/730145646/a-program-gives-jobs-to-those-most-at-risk-for-violence-can-chicago-afford-it.
27. Diane Hasselman, Center for Health Care Strategies, *Super-Utilizer Summit: Common Themes from Innovative Complex Care Management Programs,*

October 2013, https://www.chcs.org/media/FINAL_Super-Utilizer_Report.pdf.

28. 2019 年 8 月对卡梅拉 · 罗凯蒂的采访。

29. Mahita Gajanan, "US Doctors Advised to Screen Child Patients for Signs of Hunger," *Guardian,* October 23, 2015, https://www.theguardian.com/us-news/2015/oct/23/doctors-child-patients-hunger-food-pediatricians. Marissa Cabrera and Maureen Cavanaugh, "Report Explores How Doctors Can Help Patients Fight Food Insecurity," KPBS, November 16, 2016, https://www.kpbs.org/news/2016/nov/16/report-how-doctors-can-help-fight-food-insecurity/.

30. 关于哈肯萨克市子午线健康中心的故事来自 2019 年 8 月对卡梅拉 · 罗凯蒂的采访、2019 年 8 月对院长邦妮 · 斯坦顿的采访，以及 2019 年 9 月对学生阿米拉 · 麦卡琴的采访。罗凯蒂分享了更多关于课程安排的资料。一部分细节则来自劳里 · 派恩（2018 年 5 月 30 日）。"Seton Hall University and Hackensack Meridian Health Celebrate Opening of School of Medicine with Ribbon-Cutting Attended by Gov. Murphy and Key Lawmakers," Hackensack Meridian School of Medicine at Seton Hall University, https://www.shu.edu/medicine/news/celebrating-opening-of-school-of-medicine.cfm.

31. Bryan Stevenson, "The Power of Proximity," Fortune CEO Initiative 2018, https://www.youtube.com/watch?v=1RyAwZIHo4Y.

第 8 章　如何得到问题预警

1. 关于领英的故事以及"流失率"的早期预警来自 2018 年 9 月对丹 · 沙佩罗的采访、2019 年 9 月对罗丽 · 萨茜娜及 2019 年 9 月对阿卡娜 · 塞卡的采访。

2. 关于犹太保健集团推出的"紧急医疗服务"以及他们提前部署救护车的故事来自 2019 年 8 月对艾伦 · 施瓦伯格和乔纳森 · 沃什科的采访，以及后续对指挥中心的一次拜访，还有 2019 年 9 月对沃什科的一次额外采访。其他细节的出处会在后面单独列出。

3. US Department of Transportation, "EMS System Demographics," NHTSA, June 2014, https://www.ems.gov/pdf/National_EMS_Assessment_Demographics_2011.pdf, 5.
4. 2019 年 10 月与乔纳森·沃什科的书信交流。关于全美平均响应时间则来自 Howard K. Mell et al., "Emergency Medical Services Response Times in Rural, Suburban, and Urban Area," *JAMA Surgery* 152, no. 10 (October 2017): 983–84.
5. "Return of Spontaneous Circulation," *EMT Prep,* 2018, https://emtprep.com/free-training/post/return-of-spontaneous-circulation-rosc.
6. Alex Greer, "Earthquake Preparedness and Response: Comparison of the United States and Japan," *Leadership and Management in Engineering* 12, no. 3 (2012): 111–25.
7. IBM Watson TV commercial, *Watson at Work: Engineering,* 2017, https://www.ispot.tv/ad/wIha/ibm-watson-watson-at-work-engineering, accessed April 30, 2019.
8. Oscar Rousseau, "AI, Sensors, and the Cloud Could Make Your Buildings Lift Safer," *Construction Week Online,* February 18, 2019, https://www.constructionweekonline.com/products-services/169357-ai-sensors-and-the-cloud-could-make-your-buildings-lifts-safer.
9. George Nott, "IoT, Cloud and Machine Learning Giving Elevator Giants a Lift," *Computerworld,* November 26, 2018, https://www.computerworld.com.au/article/649993/iot-cloud-machine-learning-giving-elevator-giants-lift/.
10. "Heart Rhythm Monitoring with a Smartwatch," *Harvard Heart Letter,* Harvard Health Publishing, April 2019, https://www.health.harvard.edu/heart-health/heart-rhythm-monitoring-with-a-smartwatch.
11. Phil Hopkins, "WTIA/APIA Welded Pipeline Symposium," *Learning from Pipeline Failures* (March 2008), 12.
12. Alex Dunham, "Dubai Buses Get Safer Thanks to Facial Recognition Technology," *TimeOut Dubai,* October 18, 2016, https://www.timeoutdubai.com/aroundtown/

news/74054-dubai-buses-get-safer-thanks-to-facial-recognition-technology.

13. "CPR Statistics," American Heart Association, https://cprblog.heart.org/cpr-statistics/.

14. Manny Fernandez, "A Phrase for Safety After 9/11 Goes Global," *New York Times,* May 10, 2010, https:// www.nytimes.com/2010/05/11/nyregion/11slogan.html?pagewanted=1&hp.

15. "Thyroid Cancer," *Mayo Clinic,* https:// www.mayoclinic.org/diseases-conditions/thyroid-cancer/symptoms-causes/syc-20354161.

16. Hyeong Sik Ahn, Hyun Jung Kim, and H. Gilbert Welch, "Korea's Thyroid-Cancer 'Epidemic' : Screening and Overdiagnosis," *New England Journal of Medicine* 371 (November 6, 2014):1765–67, https://www.ecmstudy.com/uploads/3/1/8/8/31885023/nejm-koreas_thyroid-cancer_epidemic-screening_&_overdiagnosis.pdf.

17. 同上，第 1766 页。

18. Gil Welch, "Cancer Screening & Overdiagnosis," 2018, YouTube, https://www.youtube.com/watch?v=lwfZFskoifw, 00:24:59.

19. 同上，00:24:15。

20. Gil Welch, *Less Medicine, More Health: 7 Assumptions That Drive US Medical Care* (New York: Beacon Press, 2015), 57.

21. 同上，第 57–58 页。

22. Sohee Park, Chang-Mo Oh, Hyunsoon Cho, Joo Young Lee, et al., "Association Between Screening and the Thyroid Cancer 'Epidemic' in South Korea: Evidence from a Nationwide Study," *BMJ* 355 (November 30, 2016), https://www.bmj.com/content/355/bmj.i5745.

23. Gina Kolata, "Study Points to Overdiagnosis of Thyroid Cancer," *New York Times,* November 5, 2014, https://www.nytimes.com/2014/11/06/health/study-warns-against-overdiagnosis-of-thyroid-cancer.html.

24. Welch, “Cancer Screening & Overdiagnosis,” YouTube, https://www.youtube.com/watch?v=lwfZFskoifw, 00:22:50.

25. 同上，00:24:59。

26. B. J. Drew, P. Harris, J. K. Zègre-Hemsey,T. Mammone, D. Schindler, R. Salas-Boni, et al., “Insights into the Problem of Alarm Fatigue with Physiologic Monitor Devices: A Comprehensive Observational Study of Consecutive Intensive Care Unit Patients,” *PLoS ONE* 9, no. 10 (2014): e110274, https://doi.org/10.1371/journal.pone.0110274.

27. Sandy Hook Advisory Commission, *Final Report of the Sandy Hook Advisory Commission* (March 6, 2015), http://www.shac.ct.gov/SHAC_Final_Report_3-6-2015.pdf.

28. 除非另有说明，关于“桑迪·胡克的承诺”的故事都来自 2018 年秋和 2019 年对妮可·霍克利和保拉·芬博的多次采访，以及与芬博和其他工作人员的书信交流。“桑迪·胡克的承诺”组织提供的两份内部培训文件更是丰富了本段故事：“Gun Violence in America Factsheet” and “Know the Signs.” Also see Hockley’s powerful 2016 speech: “All Gun Violence Is Preventable If You Know the Signs,” TEDxWakeForestU, https://www.youtube.com/watch?v=2DD4wmwBUzc.

29. Lois Beckett, “Sandy Hook Mom: ‘For Christ’s Sake, Why Be So Defeatist?,’ ” *Guardian,* October 4, 2017, https://www.theguardian.com/us-news/2017/oct/04/sandy-hook-mother-nicole-hockley-gun-control.

30. David Frum, “The American Exception,” *The Atlantic,* August 4, 2019, https://www.theatlantic.com/ideas/archive/2019/08/guns-are-american-exception/595450/.

31. Sandy Hook Promise, Evan, 2016, https://www.youtube.com/watch?v=A8syQeFtBKc.

32. “Organizational Accomplishments,” Sandy Hook Promise, https://www.sandyhookpromise.org/impact_historical; “Say Something Anonymous Reporting System,” https://www.saysomething.net/.

33. “Press Release: Attorney General Shapiro Announces Strong Start for Safe2Say School Safety Reporting Program,” Office of Attorney General Josh Shapiro, January 23, 2019, https://www.attorneygeneral.gov/taking-action/press-releases/attorney-general-shapiro-announces-strong-start-for-safe2say-school-safety-reporting-program/.
34. Myles Snyder, “New School Safety Hotline Gets Over 600 Tips in First Week,” ABC27, January 23, 2019, https:// www.abc27.com/news/pennsylvania/new-school-safety-hotline-gets-over-600-tips-in-first-week/.
35. 2019 年 1 月与“桑迪 · 胡克的承诺”组织的邮件沟通。
36. WLYN News, Facebook post, January 24, 2019, https://www.facebook.com/wylnnews/photos/a.165259930225293/2112671945484072/?type=3&theater.
37. Nicole Hockley, “All Gun Violence Is Preventable,” TEDxWakeForestU, https://www.youtube.com/watch?v=2DD4wmwBUzc.

第 9 章　怎么知道你成功了

1. 通常认为出自约翰 · F. 肯尼迪；援引自约翰 · F. 肯尼迪图书馆：https://www.jfklibrary.org/learn/about-jfk/life-of-john-f-kennedy/john-f-kennedy-quotations.
2. Matt Ford, “What Caused Crime to Decline in the US?,” *The Atlantic,* April 15, 2016, https:// www.theatlantic.com/politics/archive/2016/04/what-caused-the-crime-decline/477408/.
3. 2019 年 4 月对延斯 · 路德维格的采访。
4. 故事源于 2019 年 1 月对凯蒂 · 崔的采访，2019 年 3 月对凯蒂 · 崔、拉曼迪普 · 约森及克里斯托弗 · 科克利的采访，还有随后的书面沟通，以及与崔和科克利的书信往来以及他们提供的资料。援引自其他出处的细节信息请参阅以下尾注。
5. Meghan E. Irons, “Boston’s Rich and Poor Neighborhoods Show Sidewalk Repair Disparity,” *Boston Globe,* March 4, 2018.

6. 同上。

7. Daniel Kahneman, *Thinking, Fast and Slow* (New York: Farrar, Straus and Giroux, 2011),12. Google Books link: https://books.google.com/books?id=TA7Q27RWlj0C&printsec=frontcover&dq=kahneman+fast+and+slow&hl=en&sa=X&ved=2ahUKEwiG1b3bo6vkAhXic98KHeGuCM8Q6AEwAHoECAAQAg#v=onepage&q=kahneman%20fast%20and%20slow&f=false.

8. Susan Athey and Michael Luca, "Economists (and Economics) in Tech Companies," *Journal of Economics* 33, no. 1 (Winter 2019): 209–30, https://doi.org/10.1257/jep.33.1.209.

9. Gywn Bevan and Christopher Hood, "What's Measured Is What Matters: Targets and Gaming in the English Public Health Care System," *Journal of Public Administration* 84, no. 3 (2006): 517–38, http://citeseerx.ist.psu.edu/viewdoc/download?doi=10.1.1.454.2524&rep=rep1&type=pdf.

10. Police Department, City of New York, *CompStat Report,* August 25, 2019, https://www1.nyc.gov/assets/nypd/downloads/pdf/crime_statistics/cs-en-us-city.pdf. Note that the people who died from the attacks on 9/11 are not counted in these figures (even though they were clearly murdered).

11. Chris Smith, "The Controversial Crime-Fighting Program That Changed Big-City Policing Forever," *New York,* March 2, 2018, http://nymag.com/intelligencer/2018/03/the-crime-fighting-program-that-changed-new-york-forever.html.

12. "NYPD and CompStat," *Big Data in New York City Management,* School of International and Public Affairs Case Consortium at Columbia, Columbia University, http://ccnmtl.columbia.edu/projects/caseconsortium/casestudies/127/casestudy/www/layout/case_id_127_id_886.html.

13. New York City Police Department, "6th Precinct," https://www1.nyc.gov/site/nypd/bureaus/patrol/precincts/6th-precinct.page.

14. PJ Vogt and Alex Goodman, "The Crime Machine: Vols. 1 and 2," *Reply All,* October 12, 2018, https://gimletmedia.com/shows/reply-all/76h967/127-the-crime-machine-part-i. 衷心感谢锐利传媒允许我分享这些摘录的内容。

15. 同上，第 2 卷。https://gimletmedia.com/shows/reply-all/n8hwl7.

16. 同上。贝兹参与了一起诉讼。在诉讼中，警察行动中心的几名黑人和拉丁裔官员起诉纽约警察局，声称因为警察局，他们没有达到逮捕和传票的"配额"，所以导致他们受到了不公平的惩罚。参见：Dana Sauchelli, Frank Rosario, and Leonard Greene, "NYPD Targets Minority Officers with Quota Punishments: Suit," *New York Post,* March 2, 2015, https://nypost.com/2015/03/02/nypd-targets-minority-officers-with-quota-punishments-suit/. The suit was later thrown out.

17. 同上。

18. Elaine Allensworth, Kaleen Healey, Julia Gwynne, and René Crispin, *High School Graduation Rates Through Two Decades of Change: Research Summary* (Chicago: University of Chicago Consortium on School Research, June 2016).

19. Andrew S. Grove, *High Output Management* (New York: Random House, 1978; rev. ed. 2015), 18.

20. Al Baker, "Updated NYPD: Anti-Crime System to Ask: 'How We Doing?,' " *New York Times,* May 8, 2017, https://www.nytimes.com/2017/05/08/nyregion/nypd-compstat-crime-mapping.html.

第 10 章　如何避免造成伤害

1. 澳大利亚环境和能源部澳大利亚南极局麦夸里岛站信息，http://www.antarctica.gov.au/living-and-working/stations/macquarie-island。

2. 每年有 358 万只海象到达麦夸里岛。塔斯马尼亚公园和野生动物服务麦夸里岛世界遗产地区信息，https://www.parks.tas.gov.au/index.aspx?base=394.

3. 澳大利亚环境和能源部，“World Heritage Places—Macquarie Island,” https://www.environment.gov.au/heritage/places/world/macquarie-island; Macquarie Island is actually a UNESCO World Heritage Centre, “World Heritage List,” https://whc.unesco.org/en/list/629/.

4. 澳大利亚环境和能源部,“Macquarie Island: From Rabbits and Rodents to Recovery and Renewal,” Commonwealth of Australia, 2014, 1；蓝鹱，澳大利亚环境和能源部物种概况和威胁数据库，http://www.environment.gov.au/cgi-bin/sprat/public/publicspecies.pl?taxon_id=1059.

5. Craig Campbell, “‘Miraculous’ St. Peter Bird Is Able to Walk on Water,” *Sunday (Glasgow) Post,* September 16, 2016.

6. 澳大利亚环境和能源部，“Macquarie Island: From Rabbits and Rodents,” 1.

7. 澳大利亚环境和能源部澳大利亚南极局，“Macquarie Island Station: A Brief History,” http://www.antarctica.gov.au/about-antarctica/history/stations/macquarie-island.

8. “The Pest Problem,” Macquarie Island Pest Eradication Project, Tasmania Parks and Wildlife Service.

9. Miss Cellania, “Messing with Mother Nature: The Macquarie Island Ecosystem,” Mental Floss, March 27, 2012, http://mentalfloss.com/article/30307/messing-mother-nature-macquarie-island-ecosystem; Nick Holmes, “Unintended Consequences,” *The Pulse,* July 27, 2018, podcast, at 36:53.

10. 关于麦夸里岛的故事来自 2018 年 9 月对基思 · 斯普林格、达娜 · 伯格斯特伦、亚历克斯 · 特罗、杰米 · 柯克帕特里克、基思 · 布鲁姆、苏 · 罗宾逊和尼克 · 霍尔姆斯的采访。其他来源包括 Dana Bergstrom, ArkoLucier, Katie Kiefer, et al., “Indirect Effects of Invasive Species Removal Devastate World Heritage Island,” *Journal of Applied Ecology* 46, no. 1 (2009): 73–81. Tasmania Parks and Wildlife, “Plan for the Eradication of Rabbits and Rodents on Subantarctic Macquarie Island,” Biodiversity Conservation Branch, Department of Primary

Industries and Water, Tasmania, March 2007. Tasmania Parks and Wildlife Service, *Evaluation Report: Macquarie Island Pest Eradication Project,* "Timeline," August 2014, https://parks.tas.gov.au/Documents/Evaluation_Report_Macquarie_Island_Pest_Eradication_Project.pdf. Tasmania Parks and Wildlife Service, "Macquarie Island Pest Eradication Project," August 2014, https://www.parks.tas.gov.au/file.aspx?id=31160.

11. 补充一件有意思的事情：公园的护林员们也帮忙控制了杂草的疯长，因为他们发现，原来这种杂草还挺好吃。参见Laura Williams and Alex Fergus, "Macquarie Island Weed Hunters," This Week at Macquarie Island, February 17, 2017, http://www.antarctica.gov.au/living-and-working/stations/macquarie-island/this-week-at-macquarie-island/2017/this-week-at-macquarie-island-17-february-2017/macquarie-island-weed-hunter.

12. Donella Meadows. "Dancing with Systems," Donella Meadows Archives, Donella Meadows Project, Academy for Systems Change, http://donellameadows.org/archives/dancing-with-systems/.

13. Benjamin Weiser, "Comptroller Aims to Curb Personal-Injury Claims Against New York City," *New York Times,* July 9, 2014, https://www.nytimes.com/2014/07/09/nyregion/comptroller-aims-to-curb-personal-injury-claims-against-new-york-city.html.

14. Office of the New York City Comptroller Scott M. Stringer, *ClaimStat: Protecting Citizens and Saving Taxpayer Dollars,* July 2014, 2.

15. Benjamin Weiser, "Comptroller Aims to Curb Personal-Injury Claims," *New York Times,* July 9, 2014.

16. 2019 年 8 月对戴维·索尔顿斯托尔的采访。

17. Office of the New York City Comptroller Scott M. Stringer, "Comptroller Stringer Releases ClaimStat: New Data-Driven Analysis of Legal Claims to Help Save Taxpayer Dollars and Make the City Safer," press release, July 9, 2014, https://

comptroller.nyc.gov/newsroom/comptroller-stringer-releases-claimstat-new-data-driven-analysis-of-legal-claims-to-help-save-taxpayer-dollars-and-make-the-city-safer/, accessed September 25, 2019.

18. 2019 年 8 月对戴维 · 索尔顿斯托尔的采访。

19. Office of the New York City Comptroller Scott M. Stringer, "ClaimStat Alert: Protecting Kids on NYC Playgrounds," March 2015, https://comptroller.nyc.gov/wp-content/uploads/documents/ClaimStat_Playground_February_2015.pdf.

20. 2019 年 8 月对戴维 · 索尔顿斯托尔的采访。

21. Island Conservation, "Mission and History," https://www.islandconservation.org/mission-and-history/.

22. E. S. Zavaleta, R. J. Hobbs, and H. A. Mooney, "Viewing Invasive Species Removal in a Whole-Ecosystem Context," *Trends in Ecology & Evolution* 16, no. 8 (2001): 454–59.

23. 2015 年 12 月对尼克 · 霍尔姆斯的采访。

24. Dale Hartley, "The Cobra Effect: Good Intentions, Perverse Outcomes," *Psychology Today,* October 8, 2015, https://www.psychologytoday.com/us/blog/machiavellians-gulling-the-rubes/201610/the-cobra-effect-good-intentions-perverse-outcomes.

25. Stephen Dubner and Steven Levitt, "The Cobra Effect," *Freakonomic* spodcast, October 11, 2012, episode 96.

26. 故事来自 2018 年 11 月对阿曼塔 · 英博的采访及 2019 年 8 月的后续沟通。

27. 2018 年 11 月对伊桑 · 伯恩斯坦的采访。同时参考：Ethan S. Bernstein and Stephen Turban, "The Impact of the 'Open' Workspace on Human Collaboration," *Philosophical Transactions of the Royal Society B: Biological Sciences* 373 (1753), July 2, 2018, https://royalsocietypublishing.org/doi/full/10.1098/rstb.2017.0239.

28. Donella Meadows, "Dancing with Systems," 3.

29. 2019 年 8 月 15 日与英博的沟通。State Library Victoria website, https://www.

slv.vic.gov.au.

30. 2019 年 3 月对安迪 · 哈克巴斯的采访。

31. Jim Afremow, *The Champions Comeback: How Great Athletes Recover, Reflect and Re-Ignite* (New York: Rodale, 2016), Google https://books.google.com/books?id=8iu5CwAAQBAJ&pg=PA76&dq=#v=onepage&q&f=false, p. 76.

32. 关于 Summit 集团及其改革会议的故事来自 2019 年 8 月对乔迪 · 格伦登和杰米 · 诺的采访。

33. "*The Accountant,* 2016," IMDb website, https://www.imdb.com/title/tt2140479/.

34. Tatiana Homonoff, Lee-Sien Kao, Doug Palmer, and Christina Seybolt, *Skipping the Bag: Assessing the Impact of Chicago's Tax on Disposable Bags,* Chicago Mayor's Office, September 2018, 3.

35. 同上。

36. Chris Edwards and Jonna Meyhoff Fry, *Life Cycle Assessment of Supermarket Carrier Bags: A Review of the Bags Available in 2006,* UK Environmental Agency, 2011, 8.

37. Alexia Elejalde-Ruiz, "The Result of Chicago Plastic Bag Bank: Shopping Bags to Be Sturdier," *Chicago Tribune,* June 20, 2015, https://www.chicagotribune.com/business/ct-plastic-bag-ban-0622-biz-20150622-story.html.

38. "State Plastic and Paper Bag Legislation," National Conference of State Legislatures, August 15, 2019, http://www.ncsl.org/research/environment-and-natural-re sources/plastic-bag-legislation.aspx.

39. Greg Rosalsky, "Are Plastic Bags Garbage," *Planet Money* newsletter, April 9, 2019, https:// www.npr.org/sections/money/2019/04/09/711181385/are-plastic-bag-bans-garbage.

40. Rebecca L. C. Taylor, "Bag Leakage: The Effect of Disposable Carryout Bag Regulations on Unregulated Bags," *Journal of Environmental Economics and Management* 93 (2019): 254–71, 17 in downloaded version.

41. Paul Sisson, "What Is Causing an Outbreak That Has Infected 181 People and Killed Four?," *San Diego Union-Tribune,* June 24, 2017.

42. Donella Meadows, "Dancing with Systems," 3.

43. Tatiana Homonoff et al., *Skipping the Bag.*

44. Donella Meadows, "Dancing with Systems," 2.

第 11 章　谁来为没有发生的事情买单

1. A. A. Clark, "Restriction and Prevention of the Dangerous Communicable Diseases," *Proceedings of the Sanitary Convention,* Battle Creek, Michigan, June 25 and 26, 1890, 23.

2. 这些计算来自E. Arias, J. Xu, and K. D. Kochanek, "United States Life Tables, 2016," *National Vital Statistics Report* 68, no. 4 (2019), 48, table 19; 49, table 20.

3. Amanda Ruggeri, "Do We Really Live Longer Than Our Ancestors?" BBC, October 3, 2018, http://www.bbc.com/future/story/20181002-how-long-did-ancient-people-live-life-span-versus-longevity.

4. Rebecca Tippett, "Mortality and Causes of Death, 1900 vs. 2010," Carolina Demography, University of North Carolina at Chapel Hill, June 16, 2016, https://demography.cpc.unc.edu/2014/06/16/mortality-and-cause-of-death-1900-v-2010.

5. 美国疾病控制与预防中心,"Achievements in Public Health, 1900 to 1999: Control of Infectious Diseases," *Morbidity and Mortality Weekly Review,* July 30, 1999, https://www.cdc.gov/mmwr/preview/mmwrhtml/mm 4829a1.htm.

6. Tippett, "Mortality and Causes of Death."

7. Laura Helmuth, "Why Are You Not Dead Yet?," Slate, September 5, 2013, https://slate.com/technology/2013/09/life-expectancy-history-public-health-and-medical-advances-that-lead-to-long-lives.html. 这个系列包括一个名为"悲惨命运"的互动游戏，根据不同的时间框架来观察你死亡的概率和原因，包括 1890 年，即

克拉克教授发表演讲的那一年。

8. 1900年的平均寿命：E. Arias, J. Xu, and K. D. Kochanek, "United States Life Tables, 2016," *National Vital Statistics Report* 68, no. 4 (2019), 49, table 20.

9. 2019 年 6 月对约翰·奥尔巴赫的采访。

10. A. B. Martin, M. Hartman, B. Washington, and A. Caitlin, "National Health Care Spending in 2017: Growth Slows to Post-Great Recession Rates, Share of GDP Stabilizes," *Health Affairs* 38, no. 1 (January 2019), 102, exhibit 5. 你也许会好奇，为什么这和第 1 章中强调的上下游 1∶1 的比例不同。回想一下，上游部分包括帮助人们提升健康水平的支出，比如养老金、失业保险、公共住房等。我们在这里特别讨论的是在人口健康方面的支出，这与减少死亡和疾病的发生率有关。换句话说，"上游健康"是一个超集，其中有一小部分就包括公共卫生。

11. 2018 年 8 月对朱莉·帕夫林的采访。

12. 2019 年 8 月对帕特里克·康威的采访。

13. 来自丹的提示：我费了很大力气，还是无法找到这一评论的原始出处。我印象中好像有作者（们）吹嘘过核磁共振扫描的普及率。我可能是在某场演讲中听到过。至于事实本身，即美国在核磁共振扫描方面是世界领先的国家之一，参见以下来源（准确来说，他们并不是在吹嘘）：I. Papanicolas, L. R. Woskie, and A. K. Jha, "Health Care Spending in the United States and Other High-Income Countries," *JAMA* 319, no. 10 (2018): 1024–39.

14. 2019 年 1 月对黛安娜·尹的采访。

15. 美国职业安全与健康管理局，"Healthcare: Safe Patient Handling," https://www.osha.gov/SLTC/healthcarefacilities/safepatienthandling.html.

16. Centers for Disease Control and Prevention, "Ten Great Public Health Achievements: United States, 2001–2010," *Mobility and Mortality Weekly Report,* May 20, 2011, https://www.cdc.gov/mmwr/preview/mmwrhtml/mm6019a5.htm?scid=fb2423.

17. Andy Goodman, "The Story of David Olds and the Nurse Home Visiting Program," Robert Wood Johnson Foundation, July 25, 2006, 7–8.
18. 该项目的详细信息来自多个渠道:Nurse-Family Partnership, "Nurses and Mothers," https://www.nursefamilypartnership.org/wp-content/uploads/2018/11/Nurses-Mothers.pdf; Nurse-Family Partnership, "Overview," https://www.nursefamilypartnership.org/wp-content/uploads/2019/07/NFP-Overview.pdf; Goodman, "The Story of David Olds," 11; Joan Riemer, "This Nurse Helps New Moms When They're Most Vulnerable," *Woman's Day,* January 8, 2019, https://www.womansday.com/life/real-women/a25805099/nurse-family-partnership-facts/; T. R. Miller, "Projected Outcomes of Nurse-Family Partnership Home Visitation During 1996–2013, USA," *Prevention Science* 16, no. 6 (2015): 765–77; Michelle Andrews, "'Pay for Success' Approach Used to Fund a Program That Supports New Moms," Shots: Health News from NPR, August 9, 2017, https://www.npr.org/sections/health-shots/2017/08/09/542110282/pay-for-success-approach-used-to-fund-a-program-that-supports-new-moms.
19. T. R. Miller, "Projected Outcomes of Nurse-Family Partnership," 777; Nurse-Family Partnership, "Research and Outcomes," https://www.nursefamilypartnership.org/wp-content/uploads/2018/11/Research-Trials-and-Outcomes.pdf.
20. Ted R. Miller, *Nurse-Family Partnership Home Visitation: Costs, Outcomes, and Return on Investment,* HSBA (September 2012; revised April 30, 2013), https://www.researchgate.net/publication/264972035_Nurse-Family_Partnership_Home_Visitation_Costs_Outcomes_and_Return_on_Investment_Executive_Summary.
21. Miller, "Projected Outcomes of Nurse-Family Partnership," 765–77.
22. Nurse-Family Partnership, "Nurse-Family Partnership: Outcomes, Costs and Return on Investment in the US," 2019.
23. Pay for Success, "What Is the 'Wrong Pockets Problem'?," Urban Institute, https://pfs.urban.org/faq/what-wrong-pockets-problem.

24. South Carolina's Department of Health and Human Services, "Fact Sheet: South Carolina Nurse-Family Partnership Pay for Success Project," 2016, https://www.scdhhs.gov/sites/default/files/021616%20SC%20NFP%20PFS%20Fact%20 Sheet.pdf.
25. 2018 年 11 月对克里斯蒂安 · 苏拉的采访。
26. Nonprofit Finance Fund, Pay for Success, "South Carolina Nurse-Family Partnership," December 7, 2017, https://www.payforsuccess.org/project/south-carolina-nurse-family-partnership.
27. 2018 年 11 月 6 日对克里斯蒂安 · 苏拉的采访，00:06:29.
28. South Carolina's Department of Health and Human Services, "Fact Sheet: South Carolina Nurse-Family Partnership Pay for Success Project."
29. 2019 年 2 月对布兰登 · 里登尔的采访。
30. Perry Undem Research & Communications, *The Revolving Door: A Report on US Hospital Readmissions,* Robert Wood Johnson Foundation, February 2013, 3, 34.
31. CMS.gov, Centers for Medicare & Medicaid Services, "Accountable Care Organizations (ACOs)," https://www.cms.gov/Medicare/Medicare-Fee-for-Service-Payment/ACO/index.html.
32. 2019 年 8 月对法尔扎德 · 莫斯塔沙瑞的采访；"Our Company," Aledade, https://aledade.com/our-company/.
33. 2019 年 8 月对乔纳森 · 利利的采访。
34. "Capitation Payments, Investopedia, https://www.investopedia.com/terms/c/capitation-payments.asp; "How Kaiser Permanente Providers Are Paid," https://healthy.kaiserpermanente.org/static/health/en-us/pdfs/cal/ca_how_providers_are_paid.pdf; Kaiser Permanente, "About," 12 million: https:// about.kaiserpermanente.org/who-we-are/fast-facts.
35. J. Pines, J. Selevan, F. A. McStay, M. George, and M. McClellan, *Kaiser Permanente–California: A Model for Integrated Care for the Ill and Injured,* Center for Healthcare Policy at Brookings, May 4, 2015, https://www.brookings.edu/wp-content/

uploads/2016/07/KaiserFormatted_150504RH-with-image.pdf.

36. Andrea T. Feinberg, Jonathan R. Slotkin, Allison Hess, and Alistair R. Erskine, "How Geisinger Treats Diabetes by Giving Away Free, Healthy Food," *Harvard Business Review,* October 25, 2017, https://hbr.org/2017/10/how-geisinger-treats-diabetes-by-giving-away-free-healthy-food.

37. Yasmeen Abutaleb, "US Healthcare Spending to Climb 5.3 Percent in 2018: Agency," Reuters, February 14, 2018, https://www.reuters.com/article/us-usa-healthcare-spending/us-healthcare-spending-to-climb-53-percent-in-2018-agency-idUSKCN1FY2ZD.

38. "Nike Inc., Reports Fiscal 2018 and Fourth Quarter and Full Year Results," June 28, 2018, https://news.nike.com/news/nike-inc-reports-fiscal-2018-fourth-quarter-and-full-year-results.

第三部分　极端上游

第 12 章　忧天小鸡：遥远而不可能的威胁

1. *Y2K Family Survival Guide with Leonard Nimoy,* 1999, https://www.youtube.com/watch?v=EEhEQEG43RU.

2. 关于“千年虫”的故事来自 2019 年 5 月对科斯基宁的两次采访和一段来自他未出版的回忆录初稿。其他出处请见以下单独说明。

3. Bert Caldwell, "Bank Regulators Feel Confident Federal Reserve Prints Extra $50 Billion in Currency," *Spokesman Review,* December 4, 1999; Ruth Simon, "Wall Street Deploys Troops to Battle Y2K—Nervous Investors Hoard Cash Gold as Chaos Hedges," *Wall Street Journal,* December 22, 1999.

4. President's Council, *The Journey to Y2K: Final Report of the President's Council on Year 2000 Conversion,* March 29, 2000, https://itlaw.wikia.org/wiki/The_

Journey_to_Y2K:_Final_Report_of_the_President%27s_Council_on_Year_2000_Conversion.

5. 同上。

6. 同上。

7. 2019 年 5 月对科斯基宁的采访。

8. David Robert Loblaw, "Millennium Bug Is a Misnomer," *Just a Number* blog, 1999, http://www.angelfire.com/oh/justanumber/whatitis.html.

9. David Robert Loblaw, "You Got Conned and I Told You So," *Globe and Mail,* January 6, 2000, https://www.theglobeandmail.com/opinion/you-got-conned-and-i-told-you-so/article765168/.

10. 2019 年 3 月对马丁 · 托马斯的采访。

11. 2019 年 3 月对马杜 · 贝里瓦的采访。

12. Richard Campanella, "How Humans Sank New Orleans," *The Atlantic,* February 6, 2018, https://www.theatlantic.com/technology/archive/2018/02/how-humans-sank-new-orleans/552323/.

13. Christopher Cooper and Robert Block, *Disaster: Hurricane Katrina and the Failure of Homeland Security* (New York: Henry Holt, 2006), author's note.

14. 同上，第 2 和第 6 页。

15. Create hurricane response plans Madhu Beriwal, "Preparing for a Catastrophe: The Hurricane Pam Exercise," Statement Before the Senate Homeland Security and Governmental Affairs Committee, January 24, 2006.

16. 同上，第 2 页。

17. 同上，第 4 页。

18. Christopher Cooper and Robert Block, *Disaster: Hurricane Katrina,* 1.

19. 同上，第 19 页。

20. Madhu Beriwal, "Preparing for a Catastrophe," 6.

21. Scott Gold, "Trapped in an Arena of Suffering," *Los Angeles Times,* September 1, 2005,

https://www.latimes.com/archives/la-xpm-2005-sep-01-na-superdome1-story.html.

22. Chart, Madhu Beriwal, "Preparing for a Catastrophe," 7.

23. 2019 年 3 月 26 日对马杜 · 贝里瓦的采访，00:23:50。

24. "Hurricane Evacuation Contraflow Videos," Texas Department of Transportation, https:// www.txdot.gov/driver/weather/hurricane-contraflow-vids.html.

25. "Mass Evacuations: Using Multiple Contraflow Loading Points," US Department of Homeland Security, Lessons Learned.

26. 同上。

27. Tony Reichhardt, "Hurricane Ivan Highlights Future Risk for New Orleans," *Nature,* September 22, 2004, https://www.nature.com/articles/431388b.

28. "Mass Evacuations: Using Multiple Contraflow Loading Points," US Department of Homeland Security, Lessons Learned.

29. Johnny B. Bradberry, "Written Testimony Before the US Senate Committee on Homeland Security and Governmental Affairs," January 31, 2006, 4.

30. "Mass Evacuations: Using Multiple Contraflow Loading Points," US Department of Homeland Security, Lessons Learned.

31. Bradberry, "Written Testimony," 8, 9.

32. 同上，第 10 页。

33. 同上，第 11 页。

34. 2019 年 3 月 12 日对艾弗 · 范 · 海登的采访，00:30:05。

35. Beriwal, "Preparing for a Catastrophe."

36. Christopher Cooper and Robert Block, Disaster: *Hurricane Katrina,* 21.

37. "FEMA Budget So Complex It Defies Consensus," Associated Press, September 24, 2005, http://www.nbcnews.com/id/9460436/ns/us_news-katrina_the_long_road_back/t/fema-budget-so-complex-it-defies-consensus/#.XPV8RYhKhDE.

38. *2019 Verizon Data Breach Investigations Report,* https://enterprise.verizon.com/resources/executivebriefs/2019-dbir-executive-brief.pdf.

39. 2019 年 5 月对唐 · 林格尔斯泰的采访。

40. 同上；“Education Technologies: Data Collection and Unsecured Systems Could Pose Risks to Students,” Federal Bureau of Investigation, Public Service Announcement, September 13, 2018, https://www.ic3.gov/media/2018/180913.aspx.

41. 2019 年 5 月对唐 · 林格尔斯泰的采访，以及后续通信和网络钓鱼测试数据。

42. Nick Bostrom, “The Vulnerable World Hypothesis,” 2018, https://nickbostrom.com/papers/vulnerable.pdf.

43. Rob Stein, “DNA Printing, A Big Boon to Research, But Some Raise Concerns,” NPR, May 7, 2015, https:// www.npr.org/sections/health-shots/2015/05/07/404460240/dna-printing-a-big-boon-to-research-but-some-raise-concerns.

44. *Y2K Family Survival Guide with Leonard Nimoy,* https://www.youtube.com/watch?v=EEhEQEG43RU.

45. “Self-Defeating Prophecy,” https:// www.oxfordreference.com/view/10.1093/oi/authority.20110803100453214.

46. 想了解更多关于博斯特罗姆的工作可以参考以下材料：Raffi Khatchadourian, “The Doomsday Invention: Will Artificial Intelligence Bring Us Utopia or Destruction?,” *The New Yorker,* November 23, 2015, https:// www.newyorker.com/magazine/2015/11/23/doomsday-invention-artificial-intelligence-nick-bostrom.

47. Bruce Schneier, *Click Here to Kill Everybody: Security and Survival in a Hyper-connected World* (New York: Norton, 2018).

48. Michael Meltzer, *When Biospheres Collide: A History of NASA's Planetary Protection Programs* (US National Aeronautics and Space Administration, 2010), BiblioGov, 215.

49. Nuclear fallout shelters: Robert Klara, “Nuclear Fallout Shelters Were Never Going to Work,” History, October 16, 2017, updated September 1, 2018, https://www.history.com/news/nuclear-fallout-shelters-were-never-going-to-work; biological

warfare: Joshua Lederberg, “The Infamous Black Death May Return to Haunt Us,” *Washington Post,* August 31, 1968, https:// www.nlm.nih.gov/hmd/lederberg/pdf/bbabtv.pdf; Cuban Missile Crisis: “Cuban Missile Crisis,” Wikipedia, https://en.wikipedia.org/wiki/Cuban_Missile_Crisis; duck and cover in schools: Sarah Pruitt, “How ‘Duck-and-Cover’ Drills Channeled America’s Cold War Anxiety,” March 26, 2019, https://www.history.com/news/duck-cover-drills-cold-war-arms-race.

50. Michael Crichton, *The Andromeda Strain* (New York: Centesis Corporation, 1969).

51. Michael Meltzer, *When Biospheres Collide,* 18.

52. Erin Mahoney, “New Report Addresses Limiting Interplanetary Contamination During Human Missions,” NASA, November 2, 2016, updated August 6, 2017, https://www.nasa.gov/feature/new-report-addresses-limiting-interplanetary-contamination-during-human-missions.

53. Michael Meltzer, *When Biospheres Collide,* 32.

54. Caleb Scharf, “How the Cold War Created Astrobiology: Life, Death and Sputnik,” *Nautilus,* January 21, 2016, http://nautil.us/issue/32/space/how-the-cold-war-created-astrobiology-rp.

55. https://sma.nasa.gov/sma-disciplines/planetary-protection.

56. 2019 年 5 月对凯瑟琳 · 康利的采访。

第 13 章　该你来上游了

1. 除非另有说明，“爸爸娃娃”的故事来自 2019 年 1 月和 7 月对特里西娅 · 戴尔的采访，以及 2019 年 1 月对埃琳娜 · 格蕾丝 · 戴尔的采访，以及以下文章：Noelle McGee, “Ex-Danville Woman’s Toys Bring Comfort to Military Children,” *(Champaign, IL) News-Gazette,* December 2, 2007, https://www.news-gazette.com/news/ex-danville-womans-toys-bring-comfort-to-military-children/article_89ace243-46da-51a9-a52a-

e6e295b28902.html.

2. Stephanie Heinatz, "Dolls Help Children of Deployed Parents," *Chicago Tribune,* September 12, 2001, https://www.chicagotribune.com/news/ct-xpm-2006-09-12-0609120147-story.html.

3. 公司官网，https://daddydolls.com/HugAHero.

4. 2019 年 1 月对利兹 · 伯恩的采访。

5. Caleb Scharf, "How the Cold War Created Astrobiology," *Nautilus,* January 21, 2016, http://nautil.us/issue/32/space/how-the-cold-war-created-astrobiology-rp.

6. Pagan Kennedy, *Inventology: How We Dream Up Things That Change the World* (New York: Houghton Mifflin Harcourt, 2016), introduction, ix–x.

7. 来自史蒂夫 · 索斯兰于 2018 年 12 月提交的调查回复以及后续通过电子邮件的随访。

8. 2019 年 7 月对莫林 · 比索格纳诺的采访。

9. 关于北卡罗来纳州"援助计划"的故事改编自我和我哥哥多年前写的专栏文章。Chip and Dan Heath, "Why True Grit Matters in the Face of Adversity," *Fast Company,* March 2011, https:// www.fastcompany.com/1722712/why-true-grit-matters-face-adversity.

10. North Carolina General Statute 367 (1993), North Carolina General Assembly, https://www.ncleg.net/Sessions/1993/Bills/House/PDF/H957v5.pdf, 2.

11. 2019 年 8 月对帕特里克 · 康威的采访；关于规定的说明参见以下网址：https://innova tion.cms.gov/about/.

12. 除非另有说明，有关糖尿病预防项目推广工作的故事来自 2019 年 4 月对达沙克 · 桑葛维的采访、2019 年 8 月对帕特里克 · 康威的采访，以及桑葛维关于这个故事的展示：Darshak Sanghavi, "Quality Talks 2018," YouTube. https://www.youtube.com/watch?v=-LYWUqc2mSc, November 8, 2018.

13. Research Behind the National DPP, Centers for Disease Control and Prevention, https://www.cdc.gov/diabetes/prevention/research-behind-ndpp.htm, accessed

October 9, 2019.

14. 同上。

15. Unnamed actuary, "Subject: Ethical Concerns in Using Lifetime Costs for Scoring Proposals," official correspondence to CMS Chief Actuary, December 15, 2015.

16. Paul Spitalnic, "Certification of Medicare Diabetes Prevention Program," Office of the Actuary, CMS, March 14, 2016.

17. Robert Baden-Powell, Introduction, Scouts.org, https://www.scout.org/node/19215?language=en.